Das Laonomicon

laonomicon

KIM GALLAGHER

Bibliografische Information der Deutschen Nationalbibliothek:
Die Deutsche Nationalbibliothek verzeichnet diese Publikation in
der Deutschen Nationalbibliografie; detaillierte bibliografische
Daten sind im Internet über dnb.dnb.de abrufbar.

Verlag: BoD • Books on Demand GmbH, In de Tarpen 42, 22848 Norderstedt
Druck: Libri Plureos GmbH, Friedensallee 273, 22763 Hamburg

ISBN: 978-3-7597-8531-2

an die Grossen Alten

Inhalt

Vorwort

Es fing an, als ich in der Schule geärgert und ausgelacht wurde. Als ich in die 9. Klasse kam, hatte ich die Idee, ein Philosophiebuch zu schreiben. Ich dachte, wenn ich dieses Buch schreiben würde, werden die Menschen ein anderes Bild von mir bekommen und mich nicht mehr verspotten und auslachen.

Dass dieses Buch zu einem magischen Tagebuch geworden ist, hätte ich nie gedacht.

Auch dann nicht, als ich noch mit meinem 1. Ex-Partner (RS) zusammenlebte und meine Tochter am 9.1.2004 auf die Welt kam. Mein Ex-Partner (RS) betrieb schwarze Magie. Er erzählte mir von einem Wesen Namens Abyssus. Ich stand bald in Kontakt mit diesem Wesen und stellte mit der Zeit fest, dass es der grosse Cthulhu aus dem Magiebuch Necronomicon war. Bald machte ich mit Cthulhu einen Deal. Ich bat ihn, mir Magie beizubringen. Mit einem gefährlichen schwarzmagischen Ritual bat ich ihn, in Zukunft meine Tochter zu beschützen, damit sie später alle ihre Ziele auch erreichen kann.

In meinem Buch aber werden ausschliesslich weissmagische Rituale beschrieben - von mir ausgedacht und noch völlig unbekannt.

Viel Spass beim Lesen und Ausprobieren!

KAPITEL 1

Mein Lebenslauf

Ich kam mit einem angeborenen Hirntumor auf die Welt und hatte von meinem ersten Geburtstag an täglich epileptische Anfälle. Mein Wesen veränderte sich sehr und mein Verhalten bekam autistische Züge. Meine Entwicklung wurde gestört. In meinem 6. Lebensjahr wurde der wachsende Tumor dann erfolgreich operiert und ich hatte von da an keine Anfälle mehr. Ich war ein sehr fröhliches Kind, lebte aber weiter in meiner eigenen Fantasiewelt. Meine Schulzeit verbrachte ich an eine Rudolf-Steiner-Schule. Anfangs noch glücklich in meiner eigenen Welt wurde ich zusehends in die Realität geholt. In der Schule wurde ich später wegen meiner Gutgläubigkeit und Ehrlichkeit (Anderssein) oft gehänselt und blossgestellt. Ich konnte mich schlecht wehren, obwohl meine Mutter zuhause mit mir mit Rollenspielen mich zu wehren übte. Ich fühlte mich wie eine Ausserirdische und mir ging es zusehends schlechter. Mit 15 traute ich mich nicht mehr aus dem Haus zu gehen. Im Nachhinein könnte man dies eine Agoraphobie, also eine Angsterkrankung nennen, weshalb meine Mutter für mich eine Psychologin suchte. Mit 16 Jahren begann ich mein Buch zu schreiben, ich wollte über die «Zeit» schreiben.

Kurz bevor ich in die 9. Klasse kam, verstarb der Oberstufenlehrer. Das Thema Tod war nun ein grosses Thema. Ich dachte viel über den Tod nach und über die Ablösung in eine andere Zeit. Albert Einstein sagte einst, dass man nach dem Tod in eine andere Zeit gehen würde. So ist bei der liegenden 8 auf der linken Seite die Geburt bis zum Tod und auf der rechten Seite die Totenwelt. Man könnte auch sagen, links ist die Vergangenheit, weil man sich dort in langsamen Schritten Wissen aneignet und in der Totenwelt rechts hat man Einsichten, welche man im irdischen Leben erst allmählich bekommt. Bei einem frühen Tod ist die Schlaufe kleiner und es wird gesagt, dass junge Seelen schneller wiedergeboren werden. Ich bin zur Erkenntnis gelangt, dass innere Schönheit äusserlich hässlich und äusserliche Schönheit innerlich hässlich aussehen kann. So ist der Ausdruck vom Buch Necronomicon, „Book of black Earth" der Planet Yuggoth gemeint – der Planet, der hinter Pluto liegt.

Innen ist unsere Erde heiss, aus Magma und Lavagestein. Alle Planeten sind innen hell und aussen dunkel, was wiederum zum Namen „Black Earth" passt, die Erde jedoch nennt sich „Blue Earth". Kometen, die im All herumsausen, haben einen kalten Kern und eine heisse Oberfläche. Durch die Geschwindigkeit haben sie dadurch eine heisse Oberschicht. So würde man sie „White Earth" nennen.

Den Mars würde man „Red Earth" und die Venus „Toxic Earth", den Merkur „Sunny Earth", den Jupiter „Storm Earth", den Saturn „Death Earth", den Neptun „Quiet Earth", den Uranus „Coloured Earth" und den Pluto „Iced Earth" nennen! Dies nur nebenbei.

Ausgrenzung (Gedanken)

Wegen meiner eigenen Erfahrung machte ich mir sehr viele Gedanken. Ich finde, dass Fremde auf keinen Fall ausgegrenzt werden sollen und ihnen die Einreise in die Schweiz nicht verwehrt werden darf. Denn nur gemeinsam sind wir genug stark, dem Terror zu trotzen – mit Abschiebung gelingt keine Terrorbekämpfung. Nur wenn wir uns mehr um Einwanderer kümmern würden, gelänge eine richtige Einwanderungspolitik. Wir sehen einen gemobbten Menschen (Kriegsopfer, Flüchtling) vor uns, der verstossen wird ohne Spezialbetreuung. Es ist doch nur logisch, dass Personen gewalttätig werden, wenn sie in ihrer Vergangenheit nur Krieg und Elend gesehen haben. Ohne diese Spezialbetreuung gibt es immer wieder Gewaltopfer, welche aus anderenMenschen wiederum Gewaltopfer machen! Darum finde ich Unterstützung inklusive Integration und Arbeit sehr wichtig. Ansonsten kann es keinen Frieden geben!!

KAPITEL 2

Das Gute und das Böse (Zeit)

Das Gute, welches eigentlich das Böse ist. Das Böse, welches eigentlich das Gute ist. Es ist wie es scheint, aber nicht ist. Doch eigentlich sind beide Welten neutral und beide können möglich sein. Das Gute, das äusserlich schön aussieht, kann innerlich kalt sein. Das Böse, das äusserlich hässlich aussieht, kann innerlich gefühlvoll und warmherzig sein. Das Gute und das Böse sind fast gleich mächtig. Jeder Gegensatz wird wie ein Netz zusammengefügt, was man zeitliche Natur nennt und sich in der Natur in Farbe widerspiegelt. Für mich war es schwierig herauszufinden, was die Zeit ist und wie viele Kreisläufe sie eigentlich hat.

Es existieren viele Gebilde, die der Zeit ähneln, aber keine sind.

Die Zeit, besteht aus 4 Kreisläufen:

· einen für die Macht von Gut und Böse

· einen für die Weite, das sichtbare Universum

· einen für die Vergangenheit

· und einen für die Zukunft.

Zwischen Höhe und Weite entsteht Formation und zwar dort, wo sich bei Macht und Weite in der Mitte ein Quadrat bildet. Dort innen entsteht die Gegenwart. Die Zukunft und die Vergangenheit bilden die diagonal angeordneten Kreisläufe, die den Grund wie das Runen G=X ergeben. In der Mitte gibt es eine Raute, das aber nicht die Raute meiner 3D-Puzzlepyramide ist, sondern ein Quadrat, das auf einer seiner Ecken steht. Die zwei Kreisläufe Macht und

Weite sind sozusagen Gegenwartskreisläufe. In dem Quadrat, das auf einer seiner Ecken steht, gibt es innen wieder die 4 zeitlichen Kreisläufe. So läuft Sichtbares und Unsichtbares synchron, wie wir es von Galaxien kennen.

Zwei Welten

KAPITEL 3

Vom Ursprung der Formen

Der Ursprung aller Formen bildet 3 Spiralen:

- Die Formationsspirale

- Die Dimensionsspirale

- Die Pentagrammspirale

Die Formationsspirale ist auch eine Zahlenspirale und bildet verzogene Formen. Wie die Farben des Regenbogens verschmelzen sie miteinander. Es bildet sich bei der Formationsspirale ein Regenbogen aus Zahlen. Die 3 Spiralen führen von Null bis in die Unendlichkeit. Der Winkel der Formationsspirale geht von einem Dreieck aus und ergibt den Winkel zum Quadrat, dann zum Fünfeck, dann zum Sechseck usw. Diese Formationsspirale zeigt mit ihrer Form die Dimensionen an, welche die höheren Zahlen brauchen. Diese Spirale wird wegen den Zahlstellen langsam breiter.

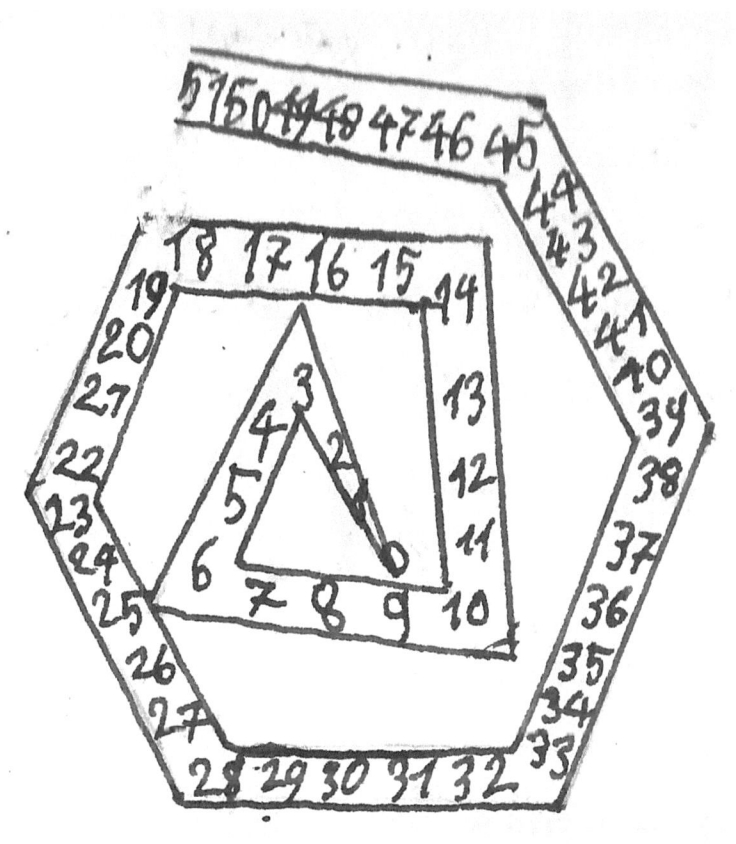

Formationsspirale

Die Dimensionsspirale ist eine regelmässige Spirale. Jede Seite beträgt 4 Zahlen. Sie ist eine Quadratspirale und zeigt die Grössen der verschiedenen Dimensionen an. Mit dieser Spirale kann man auch Primzahlen berechnen, was ich in einem anderen Teil erklären werde. Die Pentagramm Spirale beträgt 5 Zahlen.

Zahlenpentagramm

Hier fängt man an mit Nachfahren. Die Pentagrammspirale ist die Machteinteilung aller Sterne. Diese ist das grosse Pentagramm, bei dem das kleine Pentagramm in der Mitte vom Anfang aller Sternformen abgeleitet wird. Die 5-fache 5 bedeutet, die reisende 5=5x5=25 davon die Quersumme =7 und das bei allen Quadratzahlen. Das bedeutet für das Hexagramm 6x6=36, Quersumme =9 oder 7x7=49, Quersumme =3 usw.

Die Spitze der Spirale ist das Decagramm. Die Formationsspirale ist gelb, die Pentagrammspirale ist rot und die Dimensionsspirale blau. Die Formation als Ursprungsfarbe ist gelb für die Erde, die Pentagrammspirale für Feuer ist rot für die Sterne. Die Dimensionsspirale ist für Wasser, darum ist sie blau sowie für unser Universum, und die Farben weiss und schwarz stehen für die Luft und den Äther. So sind Weiss und Schwarz für das Gute und das Böse, wie beim Kapitel: Das Gute und das Böse. Bei der Pentagrammspirale steht das nach oben Gerichtete für das Gute und das nach unten Gerichtete für das Böse.

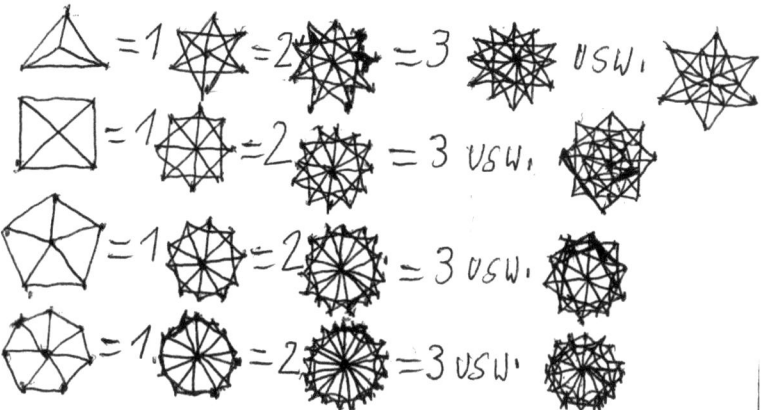

Die verschiedenen Pyramidenformen und ihre Sternzusammensetzung

Diese Formationsberechnung habe ich herausgefunden, als ich den Merkabahkristall (zwei ineinander verschlungene Tetraeder) studiert habe und herausgefunden habe, dass alle Formen, die dreidimensional sind, eine gerade Anzahl an Ecken haben. Die geraden Eckzahlen von dreidimensionalen Formen ergeben einen näheren Zugang zum Kreis als die Primzahlen. Primzahlen gibt es nicht in 3D-Formen, ohne dass sie zu geraden Zahlen zusammenwachsen; also gleich und gleich zusammen verbinden.

Zur Formationsspirale bin ich gekommen, als es mir sehr schlecht ging. Ich machte die Formationen langsam ausfindig, um den Grund der Macht von den Sternen zu ergründen. Auch habe ich schlussendlich herausgefunden, wie der unendliche Raum mit der Göttlichkeit entstanden ist.

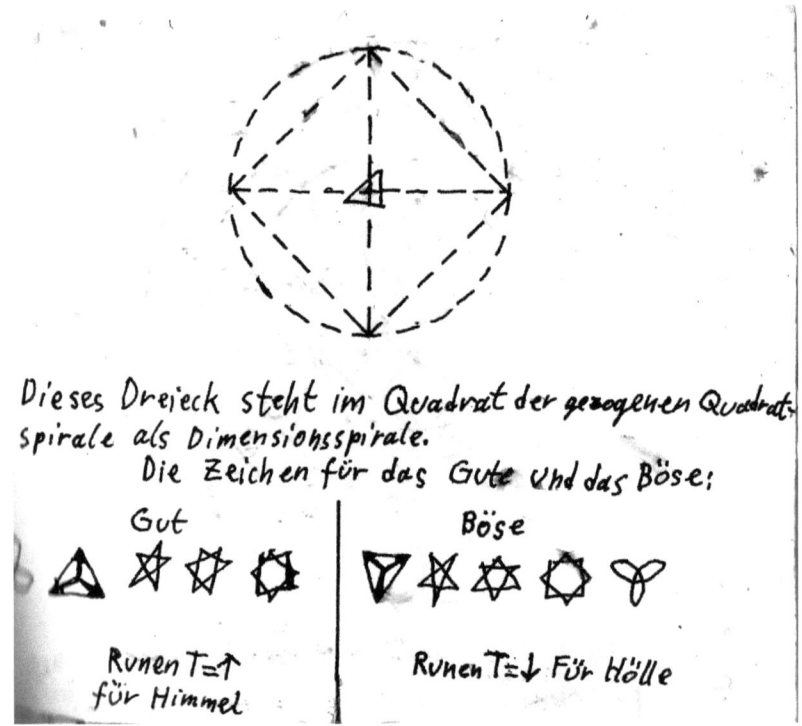

Dieses Dreieck steht im Quadrat der gezogenen Quadratspirale als Dimensionsspirale.
  Die Zeichen für das Gute und das Böse:

  Gut | Böse

  Runen T=↑ | Runen T=↓ Für Hölle
  für Himmel |

Ewiger Raum und die Anordnung der 3 Spiralen in der Mitte

Dieses Dreieck steht im Quadrat der gezogenen Quadratspirale als
Dimensionsspirale.

Die Zeichen für das Gute und das Böse in Bilder.

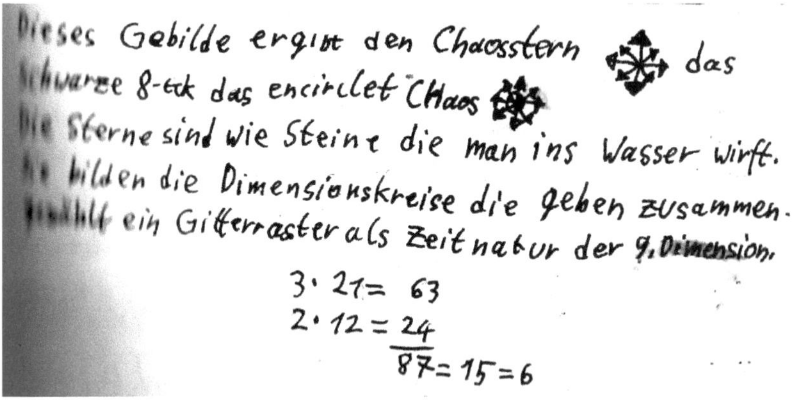

Dieses Gebilde ergibt den Chaosstern das
schwarze 8-eck das encirclet Chaos
Die Sterne sind wie Steine die man ins Wasser wirft.
Sie bilden die Dimensionskreise die geben zusammen.
Sie bildet ein Gitterraster als Zeitnatur der 9. Dimension.

$$3 \cdot 21 = 63$$
$$2 \cdot 12 = 24$$
$$87 = 15 = 6$$

Chaossterne

Dieses Gebilde ergibt den Chaosstern. Das schwarze Achteck
entzirkelt Chaos.

Die Sterne sind wie Steine, die man ins Wasser wirft. Sie bilden
die Dimensionskreise. Sie geben zusammengezählt ein Gitterraster als Zeitnatur der 9. Dimension.

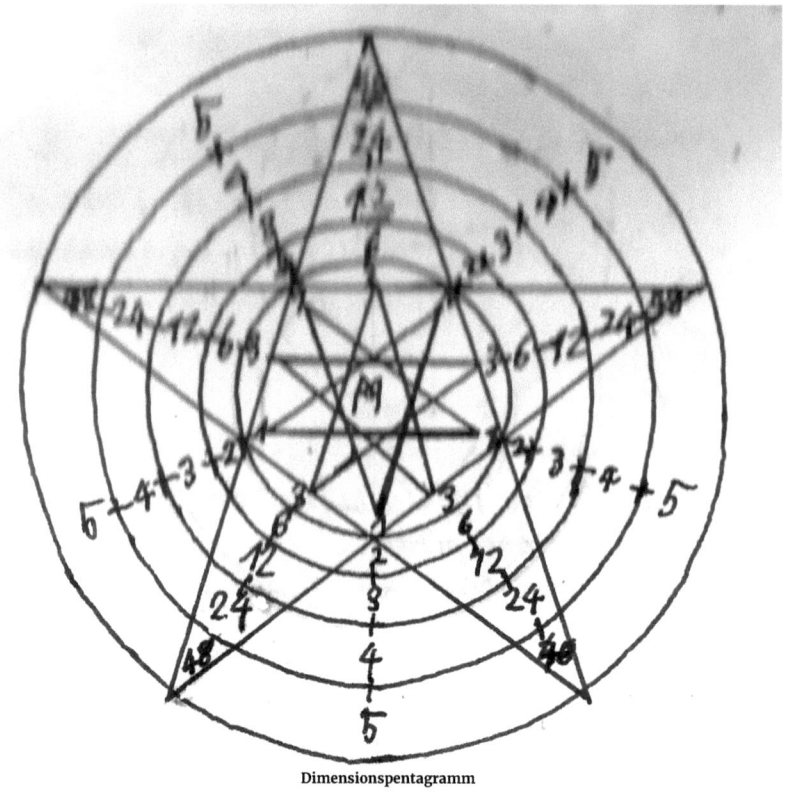

Dimensionspentagramm

Das Runen E steht für Einheit

Das Runen M steht für den Mittelpunkt.

Das Runen N steht für Neutralität

Das Runen P steht für Pferchung und steht für das Zusammenzählen der Zahlen.

Das Runen G von der esoterischen Runenlehre steht für Grundform.

1	3	5	7	9	2	4	6	8	1	3	5	7	9	2	4	6	8	1	3
2	6	1	5	9	4	8	3	7	2	6	1	5	9	4	8	3	7	2	6
3	9	6	3	9	6	3	9	6	3	9	6	3	9	6	3	9	6	3	9
4	3	2	1	9	8	7	6	5	4	3	2	1	9	8	7	6	5	4	3
5	6	7	8	9	1	2	3	4	5	6	7	8	9	1	2	3	4	5	6
6	9	3	6	9	3	6	9	3	6	9	3	6	9	3	6	9	3	6	9
7	3	8	4	9	5	1	6	2	7	3	8	4	9	5	1	6	2	7	3
8	6	4	2	9	7	5	3	1	8	6	4	2	9	7	5	3	1	8	6
9	9	9	9	9	9	9	9	9	9	9	9	9	9	9	9	9	9	9	9

Quersummengitterraster

In der Mitte des Quadrates sind auf der linken Kolonne von oben nach unten rechts alle Zahlen rückwärts und links alle Zahlen vorwärts. Das ist der Mittelpunkt des Dekagramms. Das Gitterraster aus 10er-Kolonnen besteht aus Zahlen von 1 bis 9 und dies von oben nach unten und von rechts nach links. Ich kam darauf, als ich es am Pentagramm getestet habe. Das zählt für alle Zahlen:

(1+2)x5=15=6   (5+6)x5=55=1

(2+3)x5=25=7   (6+7)x5=65=2

(3+4)x5=35=8   (7+8)x5=75=3

(4+5)x5=45=9   (8+9)x5=85=4

Wenn man weiter nachrechnet, wiederholt es sich immer wieder. Man könnte noch mehr errechnen, wenn man das möchte. Zum Beispiel in neue Pentagrammformen usw. Testet es mal aus! Das ist die Unendlichkeit der Zahlen, und man sieht die zeitliche Natur und zwar die, die nicht vom Universum veränderbar ist! Deswegen ist es die zeitliche Natur.

Es gibt auch Gitterraster, die mehreckig sind. Das sind die sogenannten Mischgitterraster, die man oftmals im Orient sieht. Manche sind 7eckige Sterngitterraster, welche eigentlich unendlich sind. Sie sind zum Beispiel als 2-dimensionelle Matrizen in den Dimensionen der Pentagrammspirale vorhanden. Diese Zeitnaturmatrizen sind variierbar und von den Formen immer unterschiedlich. Sie zeichnen sich in den Flächen innerhalb von jeder Form in einen zeitlosen Zustand. Darum wird aus jeder Form eine Zeitnaturflächenmatrix und der Ursprung ist das Quadratgitterraster. Die platonischen Körper als 3-dimensionellen Sterne sind deswegen zwischen und in den Hohlräumen der Zeitnatur, weil die 3-Dimensionalität sich in jeder Sternform in der unmittelbaren Gegenwart abspielt. Dadurch komm ich zu dem Schluss, dass Zeitlosigkeit in der statischen Zeitnatur beginnt und das als statische Gegenwart existiert. Zeit kann auch zeitlos wirken, doch die Zeit ist überall. Ab der 2. Dimension verbindet sich alles so, dass dadurch der gesamte unendliche Kosmos durch die Zeitnaturmatrix individuell gestaltet wurde. Ganz nach der Zeitnaturmatrix wurde gleichzeitig das sichtbare Universum in der Gegenwart erschaffen. Dadurch entstanden auch die runden 2-dimensionalen Mandalas. (Siehe die beiden Bilder auf Seite 7). Darum ist im Geist alles möglich!

Ich kam zu diesem Dimensionspentagramm, als ich einmal auf einem Filmcover die chinesischen Zeichen sah, die sich in der Mitte verdichtet haben. Dasselbe auch bei den Zahlen. Es ist das Ergebnis der Addition in den Dimensionen, in drei Verdoppelungsschritten zu den Sternspitzen zulaufend, zu sehen. Sterne sind im eigentlichen Sinne unendliche Reihenabfolgen einer Zahl. So sind alle Formen, die es zu einer Zahl gibt, im spitzigsten Stern einer Zahl zu finden. Beim zeitlichen Geschehen sehen wir nur die Kreise: Macht und Weite. Die Kreise von Zukunft und Vergangenheit sehen wir nicht. Die Vergangenheit sehen wir nur bis zu einem bestimmten Punkt.

Zukunft und Vergangenheit bilden das Diagonalquadrat, das eine Nuance kleiner ist als das gerade Gitterraster. Doch es sind beide gleichermassen vorhanden. Im Gitterraster bedeutet das die Macht und die Weite. Sie stehen für die Vergangenheit. So ist es ersichtlich, dass je älter Seelen sind umso mächtiger sind sie. Die Diagonalstriche für die Zukunft und die Gegenwart sind der leere Raum zwischen dem Gitterraster.

Das Gitterraster der Sterne in der Pentagrammspirale bedeutet: 8 Stufen gegen unten und 8 Stufen bis zur 9er Breite. Die Quersummenreihe ist in der 9er Dimension als Wirbel und nennt sich Freidimension. Sie steht für die Rune D für Durchgang. Diese Durchgänge entstehen in dieser Dimension 8 Mal bis zur 100er Grenze.

Das ist die Bedeutung des entzirkelten Chaos-Amuletts, welches in der Zeitschrift «Nuclear Blast» einmal zum Kauf angeboten wurde.

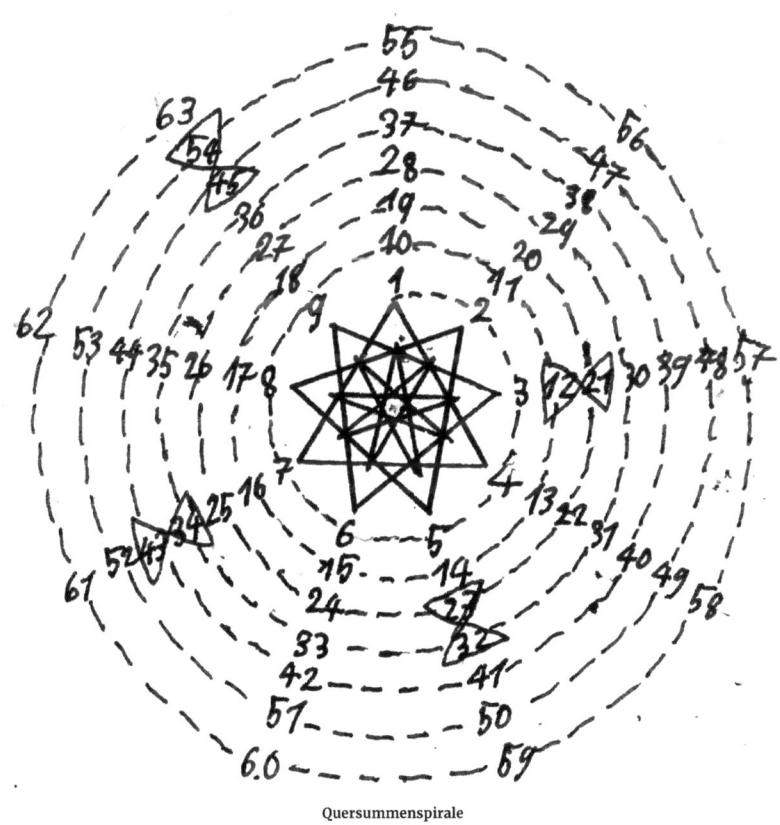

Quersummenspirale

Dieser Wirbel kann sich auch gegen innen drehen, so dass die grössten Zahlen nach innen gehen. Dieses Phänomen hat aber eine verschlingende Wirkung, wie das schwarze Loch es ist. Diese Dimension hat aber eine ausgehende Wirkung der Formen. Die ziehende Wirkung gegen innen von 1 bis unendlich, steht für den Ursprung der Zahlen, also ist die Freidimension, die Ursprungsdimension des Novagramms und somit auch die 2. Dimension der Durchgang.

Auf die Quersummenreihe bin ich gekommen, als ich mit verschiedenen Sternen testete, wie sie mit den Zahlen zusammenpassen. Das Novagramm ist also der Stern gewesen, um die Quersummen einfach zu berechnen. Ich dachte zuerst an eine Formationszahlenspirale, bis ich merkte, dass diese Zahlenspirale ganz einfach war.

Bei der 3er-Reihe existiert eine Quersummenreihe von 1-36 einfach mit 3 Wiederholungen ohne Doppelquersummen.

Bei der den Zahlen 39-63 existiert 3x die Wiederholung der Quersummen mit Doppelquersumme 39=12=3 und die restlichen Quersummen sind einfach.

Bei der Zahl 66-90 sind auch wieder 3x die Doppelquersummen

66=12=3, 69=15=6 und 72=9. Dabei kommt die Doppelquersummenreihe 93-99, bei dem alle Zahlen 1x eine Doppelquersumme ergeben. Danach fängt das ganze wieder von vorne an. Je grösser die Zahl, desto grösser werden die Runen-Ds.

Bei ungeraden stelligen Zahlen, sind immer in der Mitte die Zahl gleich und die   anderen vertauscht. So ist bei den geraden stelligen Zahlen die Teilung in der Mitte.

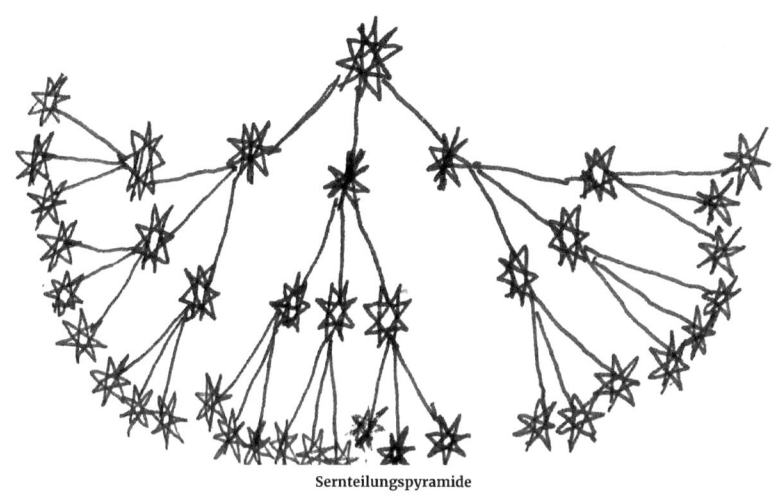

Sernteilungspyramide

Dekagramm bedeutet: Kreise der Zeit, stille Zeit.

Novagramm bedeutet: Zeitliche Natur

Oktagramm bedeutet: Universelle Zeit

Heptagramm bedeutet: weltliche Natur

Hexagramm bedeutet: lebende Zeit

Pentagramm bedeutet: Explosionszeit,

Quadrat bedeutet: Teilungszeit

Dreieck bedeutet: schwirrende Zeit

So wie der Lebenslauf der Dinge abfolgt, beweist die Lebensform der Dinge von der stillen Zeit des Decagramms zur schwirrenden Zeit der Ionen.

Es ist eigentlich das Teilungsrad des Dekagramms von der zeitlichen Natur, vom Atom bis zum Ion.

Die 3er-Teilung steht für das Dreieck der zeitlichen Gegebenheit der Sterne, die im Grunde genommen zur 4er-Teilung des Gebildes von Zeit bis Ion bildet.

Im eigentlichen Sinne kommt zuerst das Gebilde 1 inmitten der zeitlichen Gegebenheit des Dekagramms und dann teilt sich jedes Rad von der 2. Stelle als 4er-Dimension nach aussen.

Die Trinitätszahlen 3-9-27 usw. als Trinitätsteilung und die Quadratzahlenteilung.

Die schnellste Teilungsform, die es gibt von 4x4=16x16=256 usw.

Die normale Quadratzahlenteilung fängt mit 1x1=1 an und bedeutet: Platz 1 das Decagramm. 2x2=4 usw. bedeutet der Anfang des Quadrats. Die Quadratzahlenreihe ist eine ewige Pyramide, die man Gottespyramide nennt. Sie nennt man deswegen Gottespyramide, weil sie den Raum symbolisiert, bei der die Zeitnatur entstand.

Über die Sterneinteilung habe ich in einem Buch über atomare Kernspaltung gelesen. Weil alles aus Molekülen und Atomen besteht, habe ich die Sterne so angeordnet und habe dabei gemerkt, dass das Dekagramm und der Zeitkreislauf eine Einheit bilden.

So teilt es sich in die Vergangenheit, Gegenwart und Zukunft ein, so dass in jedem Stern Vergangenheit, Gegenwart und Zukunft entsteht.

Wenn man diese Sterne als Universen versteht, geht aus den senkrechten Linien

die Verbindung der sichtbaren Gegenwart unseres Universums hervor und teilt sich in ein Universum der Vergangenheit. Das leere Universum beinhaltet Vergangenheit und Zukunft und in der Mitte die Gegenwart. Das volle Universum der Zukunft ist im Diagonalquadrat vom leeren Universum enthalten. Vergangenheit und Zukunft sind beide Male unsichtbar.

So ist unser Universum aufgebaut.

Die normale Quadratzahlenteilung breitet sich langsam aus.

Sie gehört zur Dimensionsspirale, in der die Pyramidenberechnung seinen Platz einnimmt.

Die schnelle Quadratzahlenberechnung der Reihe 1 teilt sich an einer Stelle so oft wie die vorherige Zahl in einem Strahl.

Die Art der Teilung sieht so aus: Bild A – das Böse, Bild B – das Gute.

Sternteilungspyramide

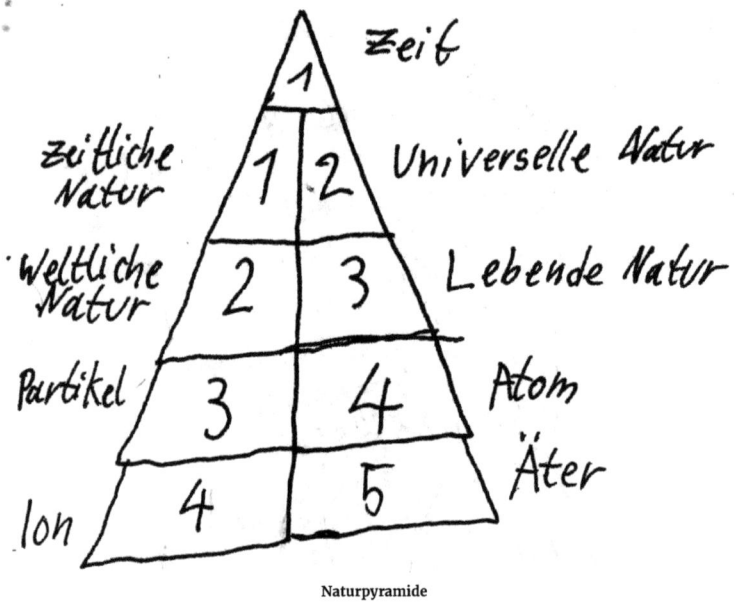

Naturpyramide

Formationsverschiebung der zwei Arten der Formationsbildung, ist die Teilung von

leichter und fester Formation, die insgesamt zum Kleinsten nach aussen fester werden.

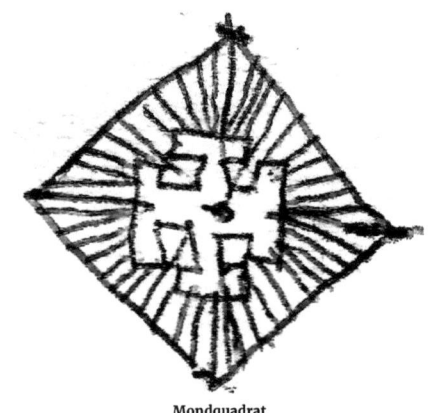

Mondquadrat

Die Teilung 2 der Dreiecksteilung, sind die Zwischenräume, in dem die 4er - Teilung entsteht.

Die 4er-Teilung der Zeitnatur ist im Dreieck, die 8er-Teilung im 6-Eck, die 16er- Teilung im 9-Eck und die 32er-Teilung im 12-Eck.

Die zeitliche Natur hat 2 Kreisläufe: Die Macht und die Weite.

Die weltliche Natur hat 3 Kreisläufe: Wasser, Feuer und Erde kreisen in der Luft.

Die Teilung 8 ist für die 4 Kreisläufe, die bewirken, dass alles seinen Lauf nimmt.

Die Partikel haben 5 Kreisläufe: Stein, Wolle, Haare, Luft und Farbe.

Die Ionen haben 6 Kreisläufe: Stein, Eisen, Wasser, Feuer, Luft und Metall.

Die Elemente sind die Teilungen der Strahlenquadrate von 4 bis 32.

Es hat 11er Reihenquadrate für 22 bis 88 welche der universellen Natur angehören.

Die 11 steht für die universelle Zeit.

Die Aufteilung der Strahlenquadrate als Strahlenformation entsteht so:

0 = Raum

5,5 = Gott

11 = zeitliche Natur

16,5 = Engel und Dämonen

22 = Sonne

27,5 = Alien 3

33 = Erde

38,5 = Alien 2

44 = Mond

49,5 = Alien 1

55 = Trabant

60,5 = Mensch

66 = Komet

71,5 =Tier

77 = Stein

82,5 = Insekten

88 = Sand

93,5 = Bakterien

99 = Partikel

104,5 = Wasser und Feuer

110 = Ion

115 = Äther

Zu den Sternen gibt es bestimmte Räder wie beschrieben, vom Dreieck zum 10- Stern (Dekagramm), zum 21er-Eck im 36er-Eck. Das bedeutet, die Trinität ist in der Vollkommenheit, welche dreifach reisend ist und in der Vollkommenheit des Möglichen steht.

Die 2er-Dimension ist im Runen-D in der liegenden 8 und im 20-Eck im Quadrat. Dies bedeutet: Die Unendlichkeit der Dualität von Gut und Böse ist in deren Vollkommenheit

Das Dreieck ist im 10-Eck und dieses 10-Eck ist im 19-Eck und das Ganze wiederum im 5-Eck. Das bedeutet, dass die Dreifaltigkeit im

Zeitkreislauf der Einheit ist und dies ist der Durchgang zur höchsten Dimension. Das 5-Eck ist das grosse Pentagramm.

Die Doppeldimension Quadrat im 9-Eck und dies im18-Eck und wiederum im 66-Eck bedeutet: Im Kosmos in der 9. Dimension sind beide Kräfte vorhanden. Sie verschmelzen zusammen und werden durch das schwarze Loch zu einem grossen Dimensionssprung geleitet.

Das Pentagramm ist im Dreieck und dies im 17-Eck und das Ganze im 10-Eck. Dies bedeutet, dass die 5 Elemente in der Dreifaltigkeit des Seins, in der reisenden Dimension, in der Vollkommenheit beider Kräfte sind.

Der 6-Stern ist im Quadrat und dies im 16-Eck und das Ganze ist im 12-Eck. Dies bedeutet, dass die Vergangenheit im Quadrat ist, in dem das Gute und das Böse, welche eine Einheit bilden, sich in der 8 der beiden Kräfte im Gesamten, in der 12. Dimension sind.

Der 7-Stern ist im 5-Eck und dies im 15-Eck und das Ganze im 14-Eck. Dies bedeutet, dass die reisende Dimension zum grossen Pentagramm, das sich durch 3 geteilt hat, in der göttlichen Vollkommenheit des Seins, in der Gegenwart befindet.

Der 8-Stern ist im 6-Eck und dies ist im 14-Eck und das Ganze wiederum im 16-Eck. Das bedeutet: Die Zukunft ist in der Gleichberechtigung aller Wesenheiten zur göttlichen Ordnung, in der doppelten Kraft beider Kräfte wie das Gut und das Böse.

Der 9-Stern ist im 7-Eck und dies im 13-Eck und das Ganze wiederum im 18-Eck. Dies bedeutet: Die Neutralität in der reisenden Dimension wird in der Illumination zur höchsten Kraft von beiden Kräften (Gut und Böse).

Der 10-Stern ist im 8-Eck und dies ist im 12-Eck und das Ganze wiederum im 20-Eck. Das ist unser Sonnensystem mit der geballten Kraft beider Seiten.Dieses Zahlendiagramm beweist, dass es zu jeder Dimension der 4 eine 4er Kombination gibt.

Warum gerade diese Formen, fragt man sich?

Dies, weil jede Zahl in jeder Dimension vorhanden ist und deswegen einen eigenen Raum hat. Im Grunde genommen müssten es 12 ineinander geschachtelte Formen geben und dies zu jeder Zahl, da es maximal 12 Dimensionen gibt.

Ich habe aber alle Zahlenreihen der Verschachtelung bis in die 4. Dimension ausgelegt.

Die Kriterien sind: eine magische Zahlensymbolik nachzustellen, in verschiedene Zeitnaturräder, wie das Rad des aufgestiegenen Schakals und dies ist in jeder Dimension einzeln angeordnet. Dies gilt aber nur bis zur 10 und hat mit dem Hexeneinmaleins zu tun. Dieses Thema erwähne ich später.

All das sind neun verschiedene Zahlenkombinationen.

Vom Anfang bis zur Steigerung zum 10-Stern entwickelt sich dies bis zum 8-Eck der Zeit. Dies ist in der Pentagrammspirale bis zur Dimensionsspirale in der Formationsspirale.

KAPITEL 4

Die Wächtersymbolreihe

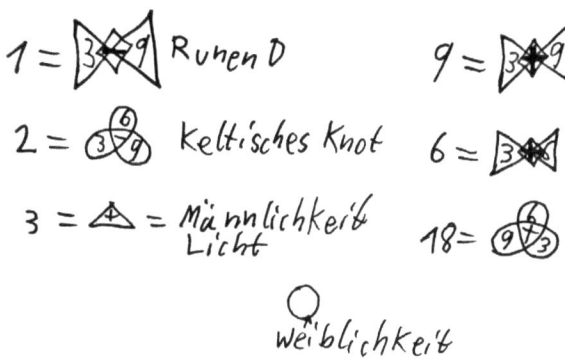

Wächtersymbolreihe

Die grosse Wächtersymbolreihe geht davon aus, dass jede Zahl eine Trinität ist, welche das göttliche Prinzip von Gut und Böse darstellt. Es handelt sich hierbei um keltische Symbole, die man mit der Hilfe der Wächtersymbole zu Sternen zusammenführt. So werden daraus die – und die + Sterne. Ob ein Stern ein – oder ein + im Zentrum besitzt, hängt von der Teilung der Zahlen ab. So entstehen die Formen. Die grosse Wächtersymbolreihe sieht so aus:

1:3=0,33333
Es zählen nur die Ergebnisse der Zahlen hinter dem Komma oder auch alles die gleiche Zahl hinter dem Komma steht.

1:6=0,16666
Das ergibt ein Runen-D 3-9 und diese kommt in der Reihe 3,1,3,1 dazwischen vor.

1:9=0,11111

2:3=0,66666

Das bedeutet, dass 9x eine gleiche Zahl hinter dem Komma steht, bis die hinterste Zahl eine andere ist.

2:6=0,33333

Das bedeutet ein keltisches Knot 3-6-9.Diese kommt in der Reihe1,3,1,3 dazwischen vor.

2:9=0,22222

3:3=1

Dies bedeutet, dass die 3 nur durch die 1 teilbar ist.

3:6=0,5

Dies ist ein Dreieck mit einem + , weil sie bei der Teilung aufgeht.

3:9=0,33333

Diese Dreiecke kommen in der Reihe immer im Abstand von 12,6,12,6 vor.

6:3=2

Das bedeutet, dass 2 Rechnungen aufgehen und somit das Runen-D.

6:6=1

3+6 ergeben und kommt immer mit dem Abstand von 12,6,12,6 vor.

6:9=0,66666

9:3=6

Das bedeutet, dass 2 Rechnungen aufgehen und somit ein Runen-D

9:6=1,5

3+9 ergibt. Diese Zahl kommt immer alle von 18 Zahlen vor.

9:9=1

18:3=6

Das bedeutet, dass alle Rechnungen aufgehen und somit ein

keltisches Knot 3+6+9 ergibt und kommt auch alle 18 Zahlen vor, aber versetzt.

18:6=3

18:9=2

Wenn man zwei gleichen Sorten von Berechnungen zusammen-nimmt, ergibt sich

beim Runen-D ein 12-Stern. Es kommt immer auf die Quer-summe an, aus welchen Formen die Sterne bestehen.

6+12=18=9, weil eine 9 nicht in der Rechnung aufgeht, ergibt sich ein 12-Stern aus Dreiecken, weil die Zahl 3 auch in der 9 seinen Platz findet.

Bei einzelnen Zahlen ist das so:

Bei der 12=3 Quersumme, bedeutet, dass der 12-Stern aus Quad-raten besteht.

Bei der 24=6 Quersumme, bedeutet, dass der 12-Stern aus 2 Sech-secken besteht, wie wenn ein keltisches Knot 18=9 Quersumme, ein 18-Stern aus 2 Neunecken besteht.

Diese Rechnungen sind Symbole, die entstehen, wenn eine Zahl durch 3 geteilt wird.

Die Zahlen sind Trinitäten, die so funktionieren wie oben bei den Rechnungen dargestellt wurde.

Bei der Rechnung 12=3 zu 6+12=18=9, gibt es eine Doppellinie und somit ein Runen-H, für Hochrechnung Hexagramm.

Dies ist auch für das Runen-T für Thron.

Das Runen TH steht für den Namen, Thor.

Das Runen ST steht für Stand.

Das Runen EA steht für Einigkeit Anfang.

Das Runen Wan bedeutet Wandlung.

Das Runen Sol bedeutet Solar.

Das Runen UI bedeutet unter irdisch.

Die Rune Wolfsangl bedeutet Wächter.

Die Rune Wendhorn steht für Wende.

Die Rune Erda steht für Erdung.

Die Rune Fyrvedal steht für Freya.

Das Runen Doppel E steht für Einheit und Eintracht.

Die oben abgebildeten Rechnungen, ergeben ein Runen-N, das bedeutet, dass alles aus der Zahl 3 besteht und eine Zahl durch eine Steigerung durch die Zahl 3 entsteht. (Also 3 Berechnungen durch Zahlen, die aus 3er Schritten bestehen und das bedeutet Neurechnung).

Die sternförmige Rune, deutet auf das Hexagramm hin und hat die Form einer Schneeflocke. Somit deutet es auf das Schöpfungsrad bei der Hexagramm Umrandung bei der universellen Natur hin.

Bei jeder neuen Wächtersymbolreihe, ergibt sich das gleiche Muster; nämlich, dass das Gute die grösseren Trinitäten sind und das Böse die kleineren Trinitäten, die von der Anzahl mehr sind.

Wenn es keine Zahlenmutationen aus doppelten Primzahlquadraten gäbe, gäbe es nur einen Primzahlenabstand.

Wenn die Mutationen nicht präsent sind, so wäre das Gute gleich wie das Böse. Mutationen entstehen durch die Multiplikation von 2 verschiedenen Primzahlen, jene die Zahl 3 übersteigt. Das ist die kleine Wächtersymbolreihe. Denn das Gute besitzt somit 89 Trinitäten mehr Zahlen, als das Böse.

Die volle Energie steht für die Zahlen, die durch 3,6, oder 9 teilbar sind und die Halben sind jene, die nicht durch 3,6 oder 9 teilbar sind und eine immer gleiche Zahlenreihe hinter dem Komma ergeben bis bei der 10. Stelle am Schluss die Zahl anders ist. Die mit unterschiedlichen Zahlen hinter dem Komma zählt man deswegen nicht. Bei den Wächtersymbolen sind die Primzahlen die halben und die teilbaren Zahlen die Ganzen. So sind es 220x für das Gute und 131x für das Böse. Das ist die kleine Wächtersymbolreihe. In der umgekehrten Form ist das Böse dominanter.

Bei den vollen Trinitäten (+) sind 746 Symbole vorhanden und bei den leeren (–) Trinitäten sind 29 Symbole enthalten bei 2000 Zahlen. (Bild der Trinitäten). Bei diesem Zeichen handelt es sich um 2 verschiedene Energien, die volle und die leere Energie. Die 746 ganzen Symbole vermehren sich umso mehr, was das Gute ist und die 29 leeren Symbole minimieren sich umso mehr, was das Böse ist, weil Zahlenreihen bei jeder neuen Primzahl beginnen. Die Wächtersymbole gehen aber minimierter immer gleichberechtigt weiter in Form des Chaossterns und das entzirkelt Chaos-Symbol, einfach umgekehrt. Aus dem Grund sind dann die vollen Symbolelemente die Primzahlen und die leeren Symbole die teilbaren. Darum ist unten und links das Böse und oben und rechts das Gute. Die volle Energie entlädt sich an einer anderen Stelle.

Die Runen-Ds, die keltischen Knots und die Dreiecke geben dabei die Richtung an und wie oft sie vorkommen, wie in den Bildern vorhin beschrieben wurde. Das sind die keltischen Symbole, die dort vorkommen.

Das Runen-L steht für die Längenberechnung und ist bei den Berechnungen 3+6, 3+9 und 3+6+9er Symbole als keltische Buchstaben zu finden.

Das Runen-F steht für Futura, die Zukunft. Die Wächtersymbole sind Tunnels, um mit dem Geist an andere Orte und Zeiten zu reisen.

Durch die Konstellationen der Zeichen von Primzahlen steht das Hexagramm für die Zahl 99,999%+0,001%=1 Trinität des Guten und ergibt das Ganze, wenn man beide Seiten betrachtet und erachtet, dass zuerst etwas da ist als Einzelelement. Das schwarze aufgerichtete Kreuz im weissen Stern mit dem leuchtenden Mittelpunkt bedeutet das Leid, um äusserlich und innerlich zu scheinen. Das Symbol von der Musikband «Morbit Angel» bedeutet: Wenn das dunkle Universum das Licht vom nächsten Überuniversum in sich hineinzieht, entstehen Sterne und enden als schwarzes Loch. (Siehe die 9 Persönlichkeitswirbel). Darum stimmt es mit dem Musikalbum von Moonspell: Alpha Nuar und Omega White überein. Zuerst existierte im Universum die Dunkelheit, bevor das Licht dazu kam. Dadurch heisst es im «Rad, des aufgestiegenen Schakal», dass unser Universum sich im Uhrzeigersinn dreht. So ist das für das Jugend das Runen-J, Mutter und Mann mit der Rune-M. Anderseids ist auch das nach oben gerichtete Runen-Y das Yang und also das Licht und das Runen-Y das nach unten gerichtet ist, das Yin für das Weibliche, der Schatten. Ausserdem steht es auch für Anfang und Zukunft. Wenn man dahinter steht, ist aber das Licht dominanter, was wiederum das Gute im Herzen und das dunkle Äussere widerspiegelt. Das ist wiederum das Weibliche. Dies ist das Zeichen, dass Mann und Frau gleichberechtigt sind. Es ist das innere Licht, das dominiert und das ist das gute Herz. Dass das Licht rechts ist und der Schatten links, hat vor allem mit unseren Lichtverhältnissen in unserem Universum zu tun, welches wir gerade sehen und wie wir in der Natur zeitlich in unserem Universum stehen.

Die 3er-Reihe ist eine 3= Primzahl= -, dann ist 6 die Spitze nach oben und rechts ist der Kreis als 9. Somit ist die Trinität vollendet.

Die Wächtersymbole mit der Spitze nach oben=6, mit den beiden Minus-Zeichen und das volle Zeichen mit den beiden Kreisen als 9er Quersummenzahlen, ergeben immer einen 3er-Rhythmus. Die anderen beiden Wächtersymbole mit dem Minus-Zeichen und dem Kreis nach links und das in der entgegengesetzten Richtung weisende Symbol, gehören auch dazu. Bei den +3 Trinitäten, die nur durch 3 geteilt sind, ergibt es das Positive, das überwiegt. Diese minimieren sich auch immer mehr, wegen der Primzahlen. Warum ich auf die Zahl 3 komme, ist, weil man mit den Teilungen die meisten Primzahlen erhält. Mit der 3,9-Reihe bekommen alle Primzahlen vor, ausser die Zahl 2 und 3. Somit ist das Yin und Yang wirklich aufgebaut.

Wenn man das alles weiss, kann man auch in hohen Lagen immer wieder Primzahlen finden. Eine KI müsste auf diese Wächtersymbolreihe programmiert sein, dass sie alle 3,9-Komponenten durch alle vorherigen Primzahlen teilen. Das spart etwa einen Drittel der heutigen Rechenzeit mit einem Supercomputer. So könnte man eine immerwährende Primzahlenreihe ermitteln.

KAPITEL 5

Die zeitlichen
Gegebenheiten Teil 1

Ich bin zu der Erkenntnis gelangt, dass der 10-Stern in unserem Gehirn Amygdala beheimatet ist. Jene dunklen Wolken im Gehirn, die im Bild unten über dem 10-Stern-Labyrinth abgebildet sind, waren wahrscheinlich die Anfänge einer psychischen Krankheit, welche bei mir in meinem 14.Lebensjahr festgestellt worden ist (Angststörung). Ich war so empfindlich wie ein Satellit und extrem empfänglich für alles. Ich schlief damals nicht mehr ausreichend, etwa 4-6 Stunden am Tag und hatte immer wieder Ängste, nicht gut genug für die Umwelt sein zu können.

Mit 16 Jahren ging der Zustand bei mir wieder vorbei, was damit zusammenhing, dass mein Buch von 100 A5 Seiten fertig geschrieben war und ich somit keine Schlafstörungen mehr hatte. Ich war bei jeder philosophischen Erkenntnis, zum Teil um 3.00 Uhr morgens aufge-wacht und habe weitergeschrieben. So ging es mir auch während der Zeit als ich mit meinem Ex Partner RS zusammenwohnte, nachdem ich meine Tochter NG bekam und mein Ex Partner RS mich schlecht behandelte. Damals schlief ich sogar nur noch 3-5 Stunden am Tag!

Nachts schrieb ich an meinem Buch unter widerlichsten Bedingungen und magischen Einflüssen.

Es geschah sozusagen ein magischer Kampf zwischen uns beiden, den ich aber nicht weiter schildern möchte, weil es sehr gefährlich war.

10 Stern-Labyrinth

In der Magie ist die 1. Stufe die Kreisläufe. Man kreist um das Zentrum und hat die Macht, in die Mitte zu schauen.

Bei der 2. Stufe ist man im Labyrinth und hat die Macht, vor und zurück, in die Zukunft, wie auch in die Vergangenheit zu schauen.

In der 3. Stufe ruht man im Zentrum und kann alles überblicken und überall hinreisen und sich ewig Wissen aneignen.

Dieses Gebilde ist auch in unserem Kopf:

Dabei steht die 1. Stufe für den Anfang, die 2. Stufe für das 10-Stern-labyrinth und die 3. Stufe für die Kreisdimension.

Veränderungen, die wir vornehmen wie z.B. Dinge wie sich das Rauchen abzugewöhnen, erfolgen nacheinander.

Die 1. Stufe steht dafür, dass man mit den Problemgedanken auf-zuhöhrt, die 2. Stufe ist für die Uhrsachenforschung und die 3. Stufe für das Ansehen des Problems.

Danach setzt die Heilung ein. Von der Stufe 3 zur 2 und dann zur 1 retour und wir haben es geschafft und sind geheilt!

Das Ganze ist ein schwerer Kraftakt in unserem Gehirn und geht deshalb sehr lange, bis die gewünschte Veränderung erreicht ist.

Hier ein Beispiel:

Der senkrechte Kreislauf steht für das Problem: Schmerz, Stress, Sucht und Unzufriedenheit.

Der waagrechte Kreislauf ist das Auslösende: Situationen wie Mobbing, Konzentrationsverlust, Schwäche und Ohnmacht. Der Kreislauf von links nach rechts steht auch wieder für die Vergangenheit. Dies betrifft Situationen wie: zu wenig Aufmerksamkeit, zu wenig Liebe, Niedergeschlagenheit und Trauma.

Der Kreislauf von rechts nach links ist für die Erwartung und Lösung des Problems und ist die Zukunft: Nichtraucher zu sein, Gewohnheiten ablegen, Entspanntheit erlangen trotz stressiger Arbeit und kein Mobbing mehr zu haben. Erst dann ist die Heilung in Sicht.

Die 1. Stufe ist die Mitte des Dekagramms als ruhender Pol.

Die 2. Stufe ist der irrende Pol und die 3. Stufe, der reisende Pol, der wie die Neutronen und Protonen eines Atoms bei den 4 Kreisläufen vorbeischwirrt.

Mit 16 Jahren bin ich darauf gekommen, als ich in meinem gekauften Atomphysikbuch gelesen habe, dass ein Atom Ionen und Protonen-kreisläufe besitzt. So merkte ich auch, dass alle energetisch feinstof-fliche Form wie unser Geist oder das Universum oder die Sterne ein Gefüge besitzen und auch die Zeit. So steht der senkrechte Kreislauf für das Unsichtbare, die seelische Dimension der Natur, inklusive Parallelwelten und das Feinstoffliche, sowie die Länge eines Gegenstands oder Körpers. Der Kreislauf, der waagrecht liegt, steht für das sichtbare Universum, in dem wir leben, das verfestigt ist und durch Bilder erforscht werden kann. Beim Feinstofflichen kann man nur anhand von Sensoren die Schwingungen wahrnehmen. So steht der waagrechte Kreislauf auch für die Breite, um Formationen herstellen zu lassen, wie bei einer Orange.

Formherstellung durch die 4 Kreisläufe

Wenn man die Zeit nimmt, so verschieben sich die 4 Kreisläufe nebeneinander, um eine Form entstehen zu lassen. Bei dem Quadrat mit dem Stern entsteht eine Kugelform, wie die Orange. Wenn die Kreisläufe je nach dem weiter auseinander liegen, gibt es grössere oder kleinere Formen. Dabei gilt die Formation senkrecht=nah beieinander und waagrecht=weit auseinander. Je nach Form sind diese Kreisläufe unterschiedlich angeordnet. Je länger die Proportionen in die Länge gehen, umso länger werden die senkrechten Kreisläufe. Die waagrechten Kreisläufe werden aber kürzer, weil sie nur die Grösse begrenzen, aber trotzdem so angereiht sind, dass sie die

Breite zulassen, wie bei einer Bohne. Danach sind die 1.2. und 3. Stufe abgebildet und zwar so, dass sie verzogen vorkommen. Da das Dekagramm ein Doppelpentagramm ist, steht er in der Mitte des Hexagramms.

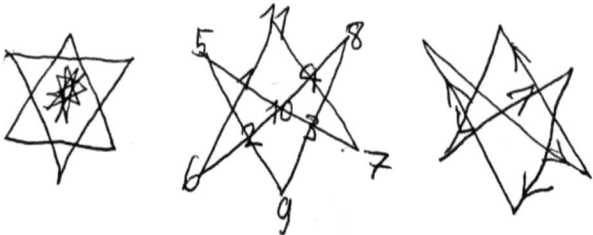

Hexagramm mit 10 Stern in der Mitte

Die Anordnung des 4er-Wirbels sieht so aus: Bild vom verbundenen Hexagramm mit Anordnung der 11 Persönlichkeiten:

Inmitten des 4er-Wirbels steht das Hexagramm und der verbundene 6-Stern darin.

Von diesen 11 Persönlichkeiten gehören 2 Doppelpersönlichkeiten und die 9 Einzelpersönlichkeiten zu der zeitlichen Dimension.

Die 11. Persönlichkeit steht für die Vergangenheit. Sie ist die extreme Doppelpersönlichkeit.

Die 9. steht für die neutrale Persönlichkeit der Gegenwart und die 10. Persönlichkeit für die Zukunft der zerrissenen Persönlichkeit.

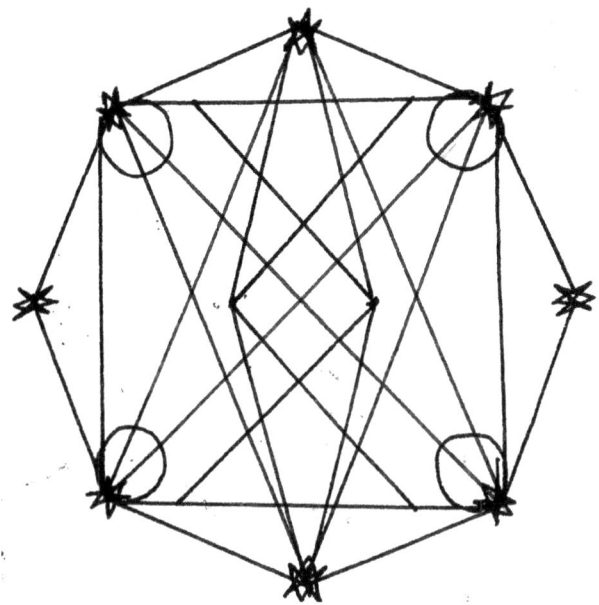

Buddhistisches Persönlichkeitsrad

Auf dieses Rad bin ich gekommen, als ich herausfinden wollte, wie die zeitlichen Persönlichkeiten ausgesehen haben und habe das „Rad des aufgestiegenen Schakals", auf das ich später zu sprechen komme, zu einem anderen Rad umfunktioniert habe.

Zu meinem grössten Erstaunen sah ich dieses Rad in einer Bibliothek, als buddhistisches Rad. So habe ich das „Rad des aufgestiegenen Schakals" von 5 auf 6 erweitert und ein verzerrtes, verbundenes Hexagramm mit 2 verzerrten Pentagrammen daraus gemacht, mit dem nordischen Knoten, wo die Kreise nach innen gerichtet waren anstatt nach aussen.

Das verbundene Hexagramm, gehört zu den sichtbaren Kreisen. Darum umrandet es das 8-Eck. Dieser Stern ist in der Mitte und das bedeutet, dass er auch zur Gegenwart gehört und zwar zur Vorgegenwart.

Die Gegenwart aus 2 verzerrten Pentagrammen bedeutet, dass die Gegenwart neutral ist und sich überall ausbreitet. Das 8-Eck ist die

Zukunft als Umrandung von der Vergangenheit und der Gegenwart, jene Form, die das ganze Gebilde einzäunt, wie die Zäumung beim Runen-Z beschrieben wurde. Dieses Rad ist sozusagen ein Zäumungsrad der Zukunft, als Persönlichkeitsidentifikation der 3 Zeiten. Es ist auch die Zerteilung und die Zeiteinteilung zum Zeitkreislauf der Einheit.Der umgekehrte nordische Knoten steht für die 4 Wirbel des Es ist auch die Zeiteinteilung des verbundenen Hexagramms. Dieses Rad bedeutet der Kreis der Einheit von Vergangenheit, Gegenwart und Zukunft und sieht so aus:

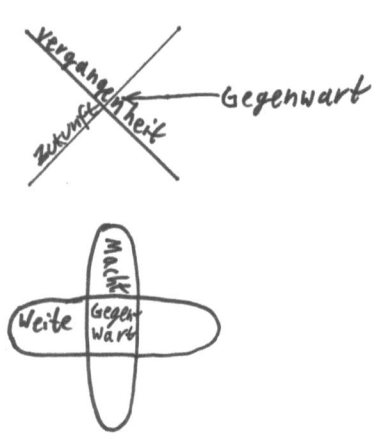

Zeitkreislauf und deren Einteilung

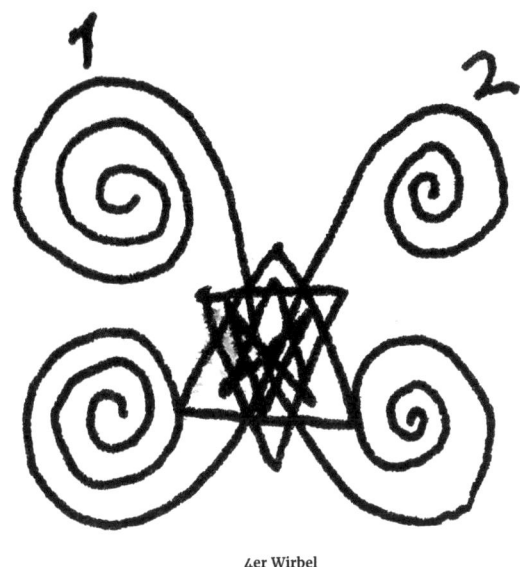

4er Wirbel

Der Wirbel 1 als S-Form ist für das Böse und der Wirbel 2 für das Gute.

Umgekehrt sieht das aus, wie wenn 2 Galaxien aufeinandertreffen.

In der Mitte ist der Neutralitätswirbel. Die Persönlichkeiten erkennt man mit aussen hell oder dunkel für das Aussehen, Verhalten und das Herz.

Dies zählt auch für das dunkle Schöne wie:

Aussehen- schön, Verhalten- gut und Herz gut in: gut/gut/gut, böse/gut/gut, gut/böse/gut, böse/böse/böse, böse/gut/böse, gut/böse/böse, böse/böse/gut, böse/ gut/gut.

Der Neutralitätswirbel bleibt unergründlich.

Als Gitterraster sieht das Ganze so aus:

Persönlichkeitsgitterraster

Das Gitterraster besteht aus Wirbel. Jeder Punkt in diesem Gitterraster ist ein Wirbel. Darin gibt es ein Wellennetz wie bei DNA-Strängen. Ein einfaches Wellennetz sieht so aus, als würde man betrunken Auto fahren. Ein Doppelwellnetz ergibt bei den Überkreuzungen einen Wirbel, der dadurch entsteht, dass eine erhöhte Aktivität an den Kreuzpunkten vorhanden ist. Beim 4er Netzwirbel verstärkt sich ein Punkt um das 4-Fache. Dieses Netz sieht so aus:

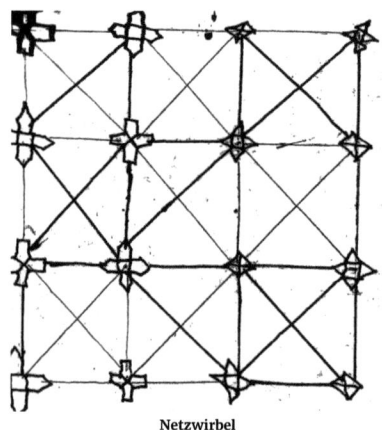

Netzwirbel

Jene Formen, die nach aussen zeigen, sind auseinander gerichtete Wirbel, und wenn die Formen nach innen zeigen, sind alle Wirbel auf demselben Haufen wie bei einem schwarzen Loch.

Die abweichenden Wirbel bedeuten die Orientierung nach aussen und die verbundenen Wirbel, jene 4er Wirbel, die nach innen gerichtet sind, bedeuten: Alles beginnt mit der Neutralität, die vielfältig in ihrer Natur im Innern vorhanden ist.

Die Nummer 4 ist die eigentliche Glückszahl und ist in der Mitte von allem wie beim Kapitel "Vom Ursprung der Formen" genannt worden ist.

So liegt auf dieser Zahl die meiste Last, weil der Zeitkreislauf der Macht und jener der Weite sich kreuzen und zwar so, dass es in der Mitte ein Quadrat gibt. Darum besitzt das „Rad des aufgestiegenen Schakals" für jeden Kreuzpunkt der beiden Kreisläufe ein 9 Stern.

Trotzdem gibt es nie eine Glückszahl und eine Pechzahl, weil die Last alles normalisiert, sodass man im Nachhinein ein Durcheinander bekommt.

Ein Mensch in einem unglaublich grossen Zerstörersinn wäre auf alles so wütend, dass er vor bebender Wut nicht vom Fleck käme und knallrot stehen bleiben würde.

Da merkt man, dass die viel zu grosse Wut nur ein zitterndes Wesen ist, das auf alles wütend ist und vor lauter wütendem Beben nicht angreifen kann.

Bei zu guten Dingen wird es einem plötzlich langweilig, wenn man zum Beispiel zu viel Geld hat und nicht weiss, wohin damit.

Wenn alle Menschen auf der Erde das gleiche Problem hätten und das Geld vor lauter Langeweile in die Abfuhr zum Verbrennen werfen würden, um wieder normal zu leben......

Das Gute ist durch die Vergangenheit und der kleinen Vorzukunft bestimmbar.

Das Gute z.B. ist, wenn man mit Geld reich werden kann.

Das Faule daran ist, unzufrieden zu werden.

Dies ist aber nur so, wenn man nicht weiss, was mit dem Geld anzufangen ist!

Das Gute steht im Vordergrund, wenn das Seelische und das Aussehen gut ist.

Wenn man in der Vergangenheit Negatives wie, Operationen, Lähmungen oder Krieg erlitten hat, könnte man im Guten helfen, damit jene Situationen nicht mehr wiederkehren.

Im Negativen überträgt man den Krieg auf andere Personen, die man trifft.

Gefährlich wird das Böse durch eine kurze Anerkennung, die wieder abfällt und man immer noch in der vorherigen Situation gefangen bleibt.

Dadurch gibt es eine Welle des Hasses im Gehirn und man will sich mit aller Kraft aus dieser Situation befreien. Man wird zäher und unerbittlicher.

Doch wenn man sich endlich befreit hat und sich auf alles stürmt was Anerkennung und Liebe verspricht, kann man seiner seelischen Vereisungen ein Stück weit entkommen und überbrücken.

Es gibt ein Spruch, der heisst: Wer jagt gewinnt und wer nicht jagt verliert.

Ein Spruch von mir: Wenn das Leben die Hölle ist, so kämpfe wie ein Teufel und mit allen Mitteln, die einem zur Verfügung stehen!

Dies soll möglichst ohne Gewalt erreicht werden. Das ist leider nicht so einfach wie es klingt. Man muss enorm zäh sein, um so was zu bewerkstelligen, ansonsten kann schon mal ein Absturz erfolgen und zwar im seelischen Zustand.

Deshalb sollte man nie aufgeben zu kämpfen, aber nicht bis zur völligen Erschöpfung.

Wenn man Hilfe braucht, dann sollte man sich nicht schämen.

Wenn man das Gute sieht, wird es auf die Handlung umgesetzt.

Ist zum Beispiel die Handlung gut und der Gedanke negativ, gibt es eine Szene.

Wenn man jemandem, den man hasst, ein Geschenk bringt und denkt: "Was ist das für ein Arschloch!". Er bekommt z.B. bei einer Verlosung ein Geschenk oder einen Preis, so ist in dieser Szene meist das Böse im Guten. Dies ist zwar gut gemeint, aber mit negativen Gedanken.

Wenn man z.B. das Negative sieht, meint derjenige, in den sie oder er verliebt ist und ihn voller Schüchternheit komisch, fast wie verachtend anschaut und danach meint, dass jene schauende Person ihn oder sie hassen würde.

Das ist so bei Menschen, bei denen das Negative im Negativen seelisch äusserlich ist. So denken die meisten negativ denkenden Menschen. Was ist das für ein Monster der äusserlich und innerlich böse ist?

Wenn die Tat unschuldig böse ist, aber äusserlich böse aussieht, meint das Gegenüber, dass diese Person auch böse sei, was aber nicht stimmt.

Er ist ein lebender Mensch wie wir auch. Er wird zwar ins Gefängnis geschickt,

damit er zur Vernunft kommt. Ich finde aber, dass man jene Menschen nicht zur Vernichtung ihrer selbst zwingen sollte.

Ein Mensch, der von Natur aus böse aussieht und zum Spass mordet und quält, lebt in einer unheimlichen Welt aus Angst, keinen Raum zu bekommen und rächt sich darum auf schreckliche Art und Weise. Dadurch steht das Böse im Vordergrund.

Ein solcher Mensch ist reif für das Gefängnis mit Therapie, bis er aufhört, den Egoisten zu spielen!

So ist es auch mit dem Guten.

Ich sage mir: „Ich bin mein bester Freund und auch mein stärkster Feind!"

Das heisst, wenn wir etwas Böses tun, gibt man meistens den Anderen die Schuld.

Dies gilt auch dann, wenn man wirklich nichts Schlimmes getan hat, aber schuldig gesprochen wird.

Der beste Freund kann einem am besten helfen.

Gedanken über die gute Persönlichkeit:

Wenn man für etwas in der Arbeit kämpft und den Lohn kaum beachtet, kommt man umso mehr zu seinem Lohn. Vor allem dann, wenn man sich nicht von der Strömung der Zeit treiben lässt und z.B. einfach nur einen Beruf des Geldes wegen wählt, der einem nicht gefällt oder langweilt.

Alle Menschen sollten einen Beruf haben, der für einen bestimmt ist und einem gefällt!

KAPITEL 6

Mein Vorschlag zur Abschaffung der Billiglohnarbeit

Was ich total gemein finde ist, dass Markenprodukte die verschiedenen Kulturen des Geldes wegen ausnutzen. In der Zeitung stand darüber ein Bericht, in dem ich gelesen habe, dass die Menschen in fernen Kulturen Kleidung für einen Monatslohn von einem Kaffee Crème herstellen. In den Läden bei uns werden diese Kleider dann für viel Geld verkauft! Obwohl die Chefs der Markenkleider wissen, dass jene Menschen in 3. Weltländern ganz arm sind. Solche Chefs sollte man unverzüglich suspendieren und vor Gericht stellen. Wer nicht gerecht sein will, muss büssen, sollte es heissen.

Das sollte meiner Meinung nach immer so sein!

Wer nicht hören will, muss fühlen.

Diese Wahrheit kann ganz scharf einschneiden, wenn man nicht aufpasst, was man tut. Das ist bei Vielem so. Solche Schleier oder Illusionen fühlen sich an wie Panzerglas. Es ist sehr schwer, sich zu überwinden, etwas gegen diese Missstände zu tun, weil man meint, dass man vergebens um das Problem herum kämpft.

Ich denke, wenn jemand einen dicken Schleier vor dem Gesicht hat, dass es ihm wie Stahl vorkommt und nicht ausbrechen oder sich rauskämpfen kann, wird er sich wahrscheinlich umbringen.

Man muss sein Ego kritisieren und kontrollieren, damit man nicht durch diese Probleme irritiert wird. Das kann sehr schwierig sein, vor allem wenn man in einem Kriegsgebiet lebt!

Jeder Weg, den man zu lange geht, führt in die Irre, wenn man kein Seil für das Markieren des Weges hat.

In Asien oder anderen Ländern müssen Menschen unter widerlichsten Bedingungen arbeiten, wie zum Beispiel beim Färben von Kleidern in der Kleiderfärberei oder heutzutage auch das Bleichen von Jeans, welches ohne Schutzhandschuhe oder Mundschutz ausgeführt wird. Die Menschen, darunter auch Kinder, werden von den Mitteln sehr krank.

Ich habe mir sehr viele Gedanken darüber gemacht.

Fairtrade sollte Schule machen! Der Westen, d.h. die reichen Länder müssen helfen!

Wenn dies so wäre und zum Trend würde, hat Krieg keinen Platz mehr.

Alle wüssten, dass sie so die Ernte zerstören würden und ihr Hab und Gut mit!

Das gilt für alle Kulturen auf der ganzen Welt. Ist der Krieg um Religionen denn so wichtig?

Mit Bomben hat Religion nichts zu tun!

Wer sein Leben liebt und sich nicht in Hungersnot begeben möchte, sollte keinen Religionskrieg anfangen!

Der Kontinent funktioniert nur mit den verschiedenen Religionen als Einheit.

Erst dann können Hilfsprojekte gegen die Armut funktionieren!

Hört auf, für Waffen euer Geld zu investieren und den Preis der Armut zu leben!

Krieg ist keine Errungenschaft! Er ist der Weg in die Armut!

Denkt daran: Wenn keine Waffen zur Tötung von Menschen mehr da sind, ist die Armut besiegt, weil der Staat stattdessen für das Volk da sein kann, anstatt einen Krieg anzuzetteln!

Wer an die Fülle glaubt, braucht keinen Krieg mit Munition, denn der weiss, wenn ich Krieg anfange, habe ich kein Geld, keine Ernte und keine Freunde und alles scheint sich gegen mich zu verschwören!

Wer tötet, wird getötet!

Wer Frieden stiftet, wird Frieden ernten.

Was soll das mit den Waffen?

Aktienkauf mit Politikern, um seine Macht zu demonstrieren?

Das ist einfach nur lächerlich!

Ich wurde auch in die Psychiatrie gesteckt!

Habe ich deswegen die Pfleger und Ärtzte erschossen?

Nein!

Ich habe sie mit meinen Worten und Magie besiegt und mit der Unterstützung vom Verein Psychex!

KAPITEL 7

Die zeitlichen Gegebenheiten Teil 2

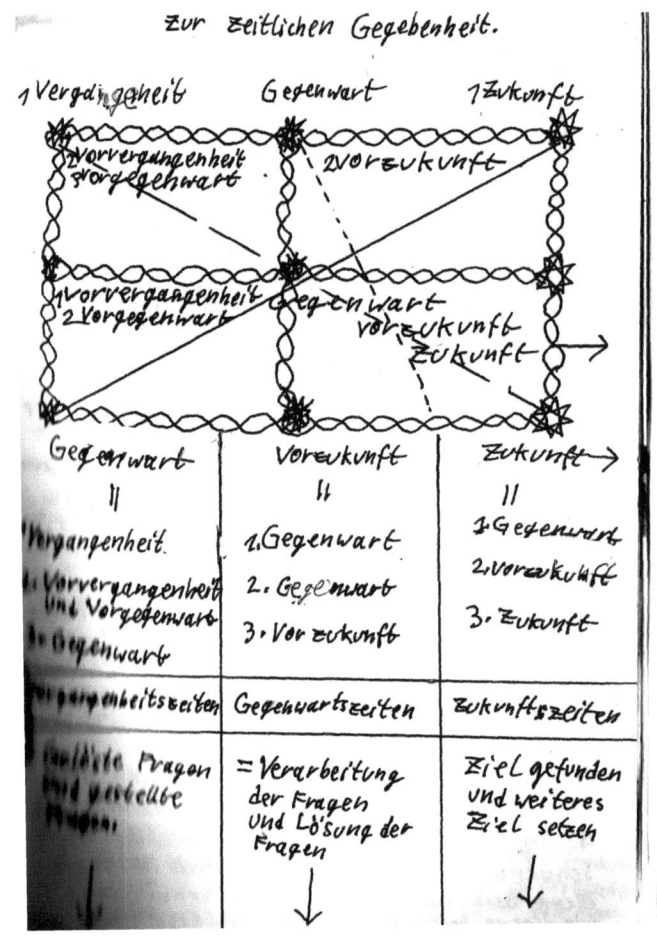

Zur zeitlichen Gegebenheit

Der lange Strich in dem Gebilde auf dem Bild ist die Gegenwartslinie und die Zukunftslinie ist die kurz gestrichelte Linie.

So ist alles in allem:

Das Gute und das Böse, die Farben und der Aufbau der Zeit.

Ich finde, dass es wichtig ist beim Thema Zeit, die Ewigkeit so ausfindig zu machen, dass man mit schnellst möglichen Schritten zur Antwort kommt.

Dieses Netz auf der vorherigen Seite ist in allen Richtungen geteilt und wird zur Zukunft hin ein ewiges Netz sein. Das bleibt so!

Dies ist die zeitliche Durchzogenheit des Gitterrasters:

Verbundener 6-Sterns 3=Vergangenheit, 3x8 Stern heisst Zukunft und die ganze Palette des 10-Sterns bis 6-Sterns, bedeutet die Gegenwart.

Das Gitterraster ist der Beweis für den Kreislauf aus Vergangenheit, Gegenwart und Zukunft. Also nimmt die Zeitnatur die Form des Kreislaufs ein.

Ich habe im Fernseher einmal eine Sendung aus Afrika gesehen, da zeigten sie auf einer riesengrossen Landfläche in der Grösse eines Kornkreises wie ein Labytinth in den Boden geritzt, eine Ameise, eine Spinne und eine Gottesanbeterin.

Einmal ging ich auf den Flohmarkt auf dem Petersplatz in Basel, wo eine Afrikanerin solche Broschen an ihrem Stand zum Verkauf angeboten hatte.

Ich wollte die Spinnenbrosche beinahe kaufen, doch ich hatte grossen Respekt davor und kaufte sie nicht.

Später bin ich darauf gekommen, dass diese antiken Bodenzeichnungen eine zeitliche Bedeutung haben.

Die Ameise deutet auf den verbundenen 6-Stern hin. Das bedeutet, dass sie wegen den 6 langen Beinen und den kurzen Tastern die Vergangenheit ist.

Die Spinne ist der 10-Stern. Wegen ihrer langen Beinen und Taster ist sie die Gegenwart. Die Gottesanbeterin steht für den 8-Stern wegen der langen Beinen und langen Fühlern. Also steht sie für die Zukunft.

Unter diesen geritzten Formen ist eine Grabstätte.

In Afrika bedeuten sie die Vereinigung von Vergangenheit, Gegenwart und Zukunft

Das bedeutet: In der Vergangenheit musste man viel arbeiten.

In der Gegenwart entsteht die Kunst und in der Zukunft kommt man zu Gott.

Man könnte meinen, die Zeit sei schwarz-weiss kariert, wenn man sie als Bild ansehen würde. Doch alles zusammen ergibt Grau.

Bei Schwankungen sieht es schwarz-weiss marmoriert aus.

Dies trifft wieder auf den unendlichen, sichtbaren Kosmos zu.

Diese Form von Zeit ist wie ein Memoryspiel aus Legosteinen.

Ein Erklärungsversuch für dieses Spiel:

Beim Thema Mode wird am Anfang die 1. Karte aufgedeckt.

In der Zukunft wird die 2. Karte mit dem gleichen Motiv aufgedeckt.

Wenn es die falsche Karte ist, also nicht das gleiche Motiv, lässt man die Zukunft im Hintergrund.

Wenn man die zwei richtigen Karten mit den gleichen Motiven aufgedeckt hat, darf man nochmals zwei Karten aufdecken.

(Wenn die Zeit des Riesenkometen kommt, bei dem man sagt, dass er kommen würde, darf der Spieler (der Denker) nochmals und hat den Gewinn, dass er es geschafft hat vorauszusagen, was wann kommt.

Danach findet der Vergleich der zwei Probanden im Kopf statt.

Wenn der eine gegen den anderen gewonnen hat, wird der Gewinner als Wahrsager anerkannt und geehrt.

Der Verlierer ist als Wahrsager ungeeignet.

Die Zeit ist ein fliessender Kreislauf mit vielen Veränderungen.

Zum Beispiel, wenn man das Pentagramm in Zeiten einteilt.

Dies kann man mit allen geometrischen Formen tun. Dies würde aber ewig lange dauern und man käme einer Programmierung eines futuristischen Supercomputers gleich!

Das ist Zahlensymbolik.

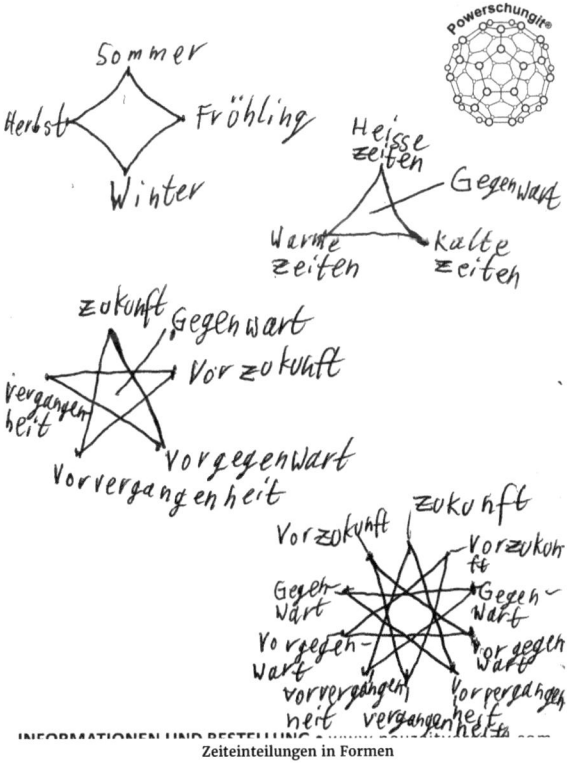

Zeiteinteilungen in Formen

51

Man könnte ewig forschen, denn alle Bestimmungen, die wir treffen gehen von der Gegenwart aus.

Darum kann man immer weiter forschen, ohne einen Anfang oder ein Ende zu finden. Und darum ist es nicht möglich, alles in allem zu erforschen.

Nur mit Zeitnaturnetzen ist es möglich, sich klar zu machen, dass die Forschung, solange es die Zeit gibt, kein Ende nimmt.

Dies ist als Seele so, nicht aber als materielles Wesen.

Die Sinneseindrücke sind nämlich zu 100% regelmässig und dies, weil die Zeit immer wieder zum selben Weg zurückkehrt.

Wenn die Sinneseindrücke unregelmässig erscheinen, hat das mit den dunklen Wolken in unserem Gehirn zu tun, die manchmal immer wieder zurückkehren.

Zehnstern mit dunklen Wolken

Diese Wolken sind Marmorierungen von verschiedenen dimensionellen Schichten.

Diese Schichten sind in Gut und Böse eingeteilt, die ein solches Muster wie marmoriert ergeben.

So ist es auch mit den Universen:

Nach dem schwarzen Loch kommt die Galaxie, nach der Galaxie unser sichtbares Universum, nach unserem Universum das Kristalluniversum usw.

Die Zeit ist aber nicht etwas, was man fixieren kann.

Also ist sie kein Fixpunkt, sondern das Gegenteil.

Sie ist das Herz des Allgemeinen.

Dabei sollte man lieber Elektrizitätsnetze mit der Zeit und den Atombahnen zusammen kombinieren.

Ich habe das Gefühl, dass sie Zeit wie die Atombahnen aussieht, und dass die Atome zu Beginn aus viele kleinen Atomsplitter sind, danach zusammenwachsen und so entstanden sind.

Das war wahrscheinlich die unzerbrechlichste Substanz.

Atomare Teilungen

So sind verschiedene Arten von Atombahnen entstanden, jedoch anders kombiniert.

Man muss kämpfen, wie wenn man auf einem Förderband in die entgegengesetzte Richtung rennen würde. Sowas findet im 10-Sterne statt, der sich immer wieder wiederholt. So kommt man langsam in die Mitte und es nimmt nie ein Ende.

Darum ist die Zeit so mächtig.

Man kann nur bis zum 10-Stern kommen.

Weiter geht es nur bis zum ruhenden Mittelpunkt.

Ansonsten kann man den 10-Stern ewig nachfahren und es nimmt kein Ende.

Das ist die nächste Stufe der Zeit.

Wer über die Zeit philosophiert, läuft im Pentagramm herum, um Lösungen zu finden und innere Wände zu brechen. Das braucht sehr viel Mut! Man schafft es nur mit kritischem, sturem, zähem und starkem Willen, die Angst zu überwinden, um weniger Angst vor dem Scheitern zu haben und um einen ewig andauernden Schmerz durchkämpfen zu können.

Der Weg von der Toleranz wäre für mich einfacher gewesen. Doch um sein Gehirn auf die Ewigkeit einzustellen, braucht es immer einen inneren Kampf!

So findet die Marmorierung statt:

Wenn das Gute im Vordergrund steht, wird man mehr in die Mitte gezogen.

Wenn man negativ überlegt hat, wird man nach aussen geschleudert und der Strom färbt sich schwarz! Das geschieht regelmässig und wenn die Bahn nicht durch die Marmorierung irritiert wird, wäre es wie beim Memoryspiel. Ansonsten wäre die Zukunft nicht so schwer vorauszusagen und so macht die Marmorierung es schwer, in die Zukunft zu sehen.

Durch diese Marmorierung der Zeit mit Gut und Böse sieht man die Strömungen des Universums und des schwarzen Lochs.

Ich finde, wenn man zu viel Wissen hat, weiss man manchmal nicht wohin damit.

Aber dies nur für denjenigen, die sich über alles stellen.

Wenn man einen Kreis zieht, muss man wissen, dass man ihn in der Gegenwart anfängt zu ziehen und ewig in der Gegenwart zieht.

Man muss wissen, dass man den Kreis ewig in der Vergangenheit gezogen hat und auch in der Zukunft ewig ziehen wird.

Bei schwarz und weiss sieht das so aus:

Manche wissen, dass die Farbe weiss alle Farben besitzt und auch das Schwarz. alle Farben werden in sichtbarer Weise zu Schwarz.

Schwarz ist das Negativ von Weiss, also ist die Farbe schwarz die sichtbare Masse, von allen Farben. Es gibt gläubige Menschn die dieses sichtbare Schwarz als negativ empfinden.

Weil die Lichtfarben in Weiss versteckt sind, glänzen sie vor Helle.

Für diese Farben muss man auch wieder hart arbeiten, um diesen Glanz zu mischen!

Ansonsten sieht man nichts Richtiges in der Komposition, wie bei einem geschliffenen Brillanten. Um diesen exakt schleifen zu können, braucht man einen exakten Charakter, um das zu erreichen, was man will!

Ich finde es nicht gut alle Farben nur im Licht zu sehen.

Die Bezeichnung der Farben können so aussehen:

Welle der Nacht und Welle des Tages

Die Zeitnaturnetze sind durch Musiktöne bestimmt.

Die Zeit könnte man mit Tönen vergleichen.

Die tiefen Töne sind die Vergangenheit und die Zukunft sind die hohen Töne, jene die durch die Bestimmung hörbar werden.

Die Gegenwart besitzt die klaren Töne, weil alles in der Gegenwart entstanden ist.

Die Töne haben bestimmte Farben, zum Beispiel helle oder dunkle Farben. Die mittleren Töne besitzen zum Beispiel die mittleren Farben.

Das Schwarz und das Weiss sind Grundfarben von Gut und Böse, weil Gut und Böse gleich stark sind. Die Zeit wird als 10-Stern in der Gegenwart. Grelle Farben und auch aggressive Farben scheinen durch alles hindurch.

Darum haben Spinnen, die sich oft in der Mitte des Netzes aufhalten, grelle Muster auf dem Rücken. Darum finde ich die Spinne ein wichtiges Idol der Zeit.

Die Marmorierung, wie schon mal beschrieben, wird durch den 10-Stern und den 6- Stern abwechslungsweise vertauscht.

Die Gegenwart ist der 6-Stern, der das Gute und das Böse anzeigt.

Der 10-Stern verkörpert die Hauptlinie von Gut und Böse.

Wie eine Kläranlage der Zeit ist der 10-Stern, der das Gute und Böse durch die Pentagramme verdeutlicht.

Der 6-Stern ist jener, der den Schleier (das verschmutzte Wasser) abgibt.

Der 10-Stern ist die Muschel, die wieder durch die Säuberung den Dreck abarbeitet.

Das sind wir die versuchenden, Dreck zu klären. Der 6-Stern ist die Stimmung, die wir verbessern wollen.

Wenn wir vom 10-Stern durch andere Schwankungen der Bahnen verunsichert werden, ist das ein Gefühl wie wenn die Sinneseindrücke unregelmässig wären.

Dieser 10-Stern sieht wie eine Störung der Bahnen aus (Bild von den Wellen Tag und Nacht = Gut und Böse).

Wenn 2x6-Sterne zusammentreffen, gibt es einen 8-Stern mit allen Bahnen, die es gibt.

Dieses Netz, das abgebildet ist im Kapitel «Vom Uhrsprung der Formen», wird als 8-Stern anerkannt. Die 3.Stufe ist der 6-Stern, der das Alte zu Neuem in den 10-Stern

anschliesst. In diesem Fall wird der 8-Stern als Wahrsager dargestellt.

Der 10-Stern ist die Gegenwart, weil er am meisten besitzt, also die Energiequelle

für den Anschluss der Zukunft und der Vergangenheit ist.

Es ist als Spinnennetz so dargestellt:

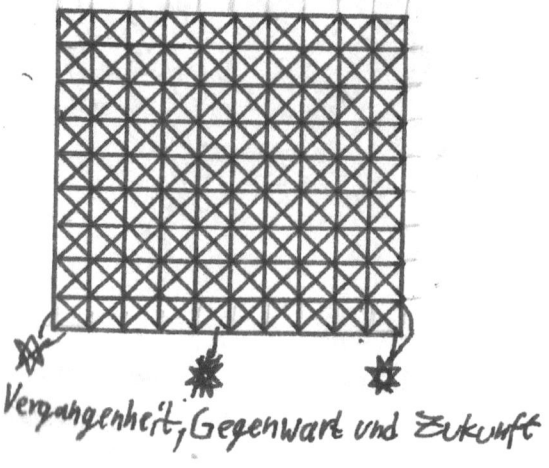

Vergangenheit, Gegenwart und Zukunft

Bahn der Zeitbestimmung

Was ist mit dem 7- und 9-Stern los?

Der 7-Stern und der 9-Stern sind die Sterne der Bestimmung der Zeit.

Dieser Wirbel ist im Kapitel „Vom Ursprung der Formen" als Quersummenreihe zu sehen.

Durch den Kreis der Einheit nimmt der 10-Stern seinen Platz im 9-Stern ein.

Bild vom 10-Stern im 9-Stern.

Beim 7-Stern sieht es so aus:

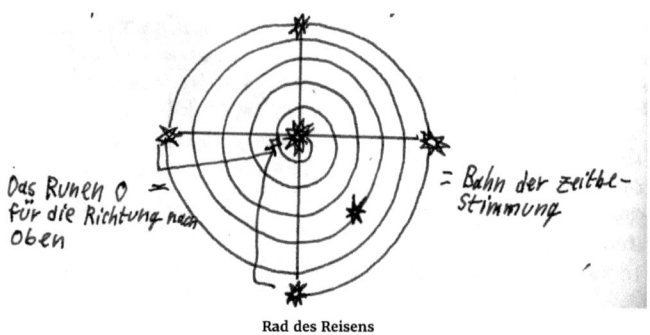

Das Runen 0 für die Richtung nach oben

= Bahn der Zeitbestimmung

Rad des Reisens

KAPITEL 8

Die Bedeutung der Zahlen von 0–20

Die 0   Der Kreislauf der Einheit

Die 1   Der Anfang des Seins

Die 2   Der Durchgang

Die 3   Die Einheit Gottes als Dreifaltigkeit

Die 4   Der unendlicher Raum und das Lebenskreuz

Die 5   Die 5 Hauptsinne unserer Existenz

Die 6   Die Vereinigung von Gut und Böse in deren ei
genen Dreifaltigkeit

Die 7   Die Reise in verschiedene Dimensionen

Die 8   Die zeitlichen Richtungen

Die 9   Der Wirbel, der zur Persönlichkeit führt

Die 10   Die zeitliche Vollkommenheit

Der 11. Stern ist der universelle 9-Stern.

Man sieht dies an der Berechnung des Schwarzen Loches:

Zwei Dreiecke, die nur mit den Spitzen ineinander gleiten, welche ein Pentagramm darin haben. So entsteht in der Mitte die Einheit, 1 als Neutralität.

Der 12-Stern ist das universelle 8-Eck, in dem Feuer- und Wassereinteilung in unserem Universum für Feuer und Wasserstoff symbolisiert wird.

Das schwarze Loch ist die reisende Form und Dimension.

Der 14 Stern ist der doppelte Reisende, und das bedeutet:

Zur Göttlichkeit gehört, dass das Gute und das Böse gleichermassen reisen können.

Die 15 steht für das Pentagramm im Dreieck. Dies ist ein universelles Symbol und bedeutet, dass das Feuer in einem dunklen Universum ist. Das gilt auch für einen Stern im Google Überuniversum!

Dies ist auch bei der 21 der Fall.

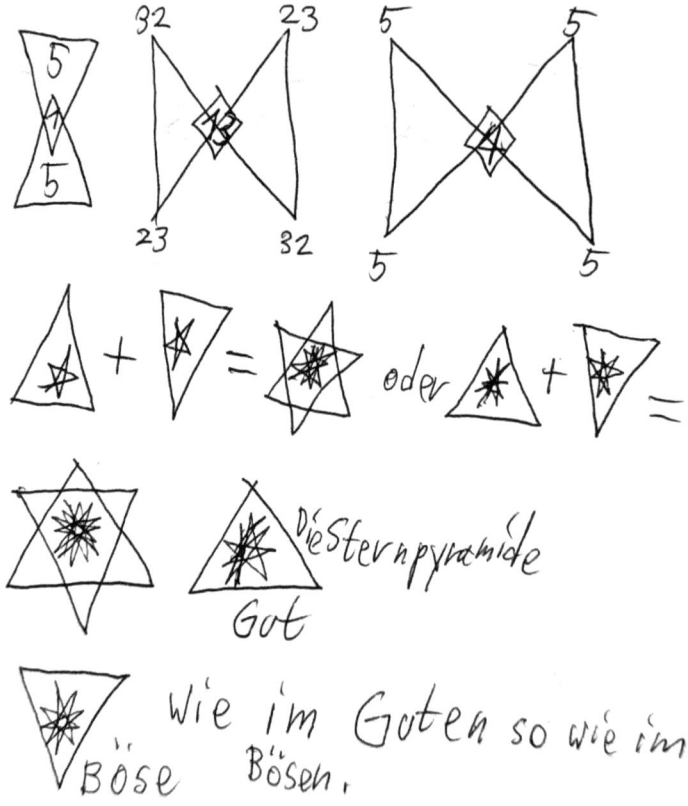

Hexagramme und 9er Pyramiden.png

Die 16 steht für das doppelte 8-Eck und ist für die feste und geistige Natur, wie beim Bild oben und dem Kapitel: „Die Entstehung von Formen"

Die universelle Zeitdimension ist der 17-Stern, weil das schwarze Loch 17 Stufen hat.

Der 18-Stern, steht für die Situation der Zeit und zwar im Maximum von Gut und Böse. 9 für das Gute und 9 für das Böse. Das 6fache Dreieck steht für die 666er Trinität, deren Quersumme 18 ist.

Der 19-Stern ist die verbundene 9 zur 10. Das bedeutet, dass sie in der Pentagramm Spirale als hochdimensionale Form steht und hat am Rande unseres Universums die Dimension von schwarzen Löchern. Sie sind grösser als unser schwarzes Loch in unserem Universum.

Die 20 ist ein doppelter Dimensionssprung die nur sehr mächtige Wesenheiten erlangen, wie zum Beispiel mein grösseres Wesen Tox.

KAPITEL 9

Die zeitliche Gegebenheit
Teil 3

Die Kreisläufe im Kapitel „Die zeitlichen Gegebenheiten" Teil 2 sind als Gitterraster verkörpert, welche die Zeitnatur bilden. Man muss in der Zeitforschung sehr aufpassen, dass man nicht auf die falsche Bahn gerät. Wenn etwas im Netz falsch wäre, wäre alles falsch, was man versucht hat zu lösen. Diese Netze sind auch in den Atomen drin.

Hier die Strömungen von Gut und Böse:

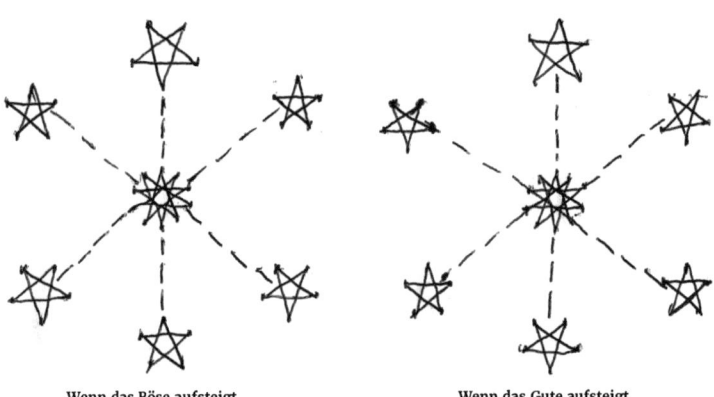

Wenn das Böse aufsteigt   Wenn das Gute aufsteigt

Wenn man sich selbst als Nichts sieht und dies in ursprünglicher erster Verfassung, wird man meistens als etwas bezeichnet und umso mehr wird man zum Teil von anderen sogar als etwas Gutes bezeichnet.

Das ist wieder das Phänomen, dass dieser letzte Satz aussagt: Ich weiss, dass ich nichts weiss (von Sokrates). Der 6-Stern hat damit eine grosse Verbindung.

Sich selbst so dermassen runter zu machen, hat auch eine gute Seite.

Wenn ich sage: ich bin blöd, betrachten mich die andern als gut.

Wenn ich sagen würde: "Ich bin überall die Beste", würden die anderen mich als blöd betrachten.

Beide Situationen sind übertriebene Annahmen und beide habe ich erlebt.

Darum ist es so schwierig, für die Gerechtigkeit zu kämpfen.

Die Antwort auf die Frage, was die Zeit ist, ist ein Schatz, der nie von einem verschwindet, sondern bis an sein Lebensende bleibt.

Ein Schatz ist erst ein Schatz, wenn jede Art gleichberechtigt ist und gleichzeitig als Farbe dargestellt wird.

Ich finde, man ist erst gerecht, wenn man auch seine negative Seite an einem respekticrt.

Das Gute und das Böse ist immer 2-teilig.

Man muss wissen, welcher von den Wirbeln im Kapitel «Die zeitlichen Gegebenheiten» Teil 1, mit dem Bild der 4 abweichenden Wirbeln gezeigt wurde, richtig ist.

Wenn man an den Punkt der Tat angekommen ist, löst sich dieser Wirbel wieder auf, wie bei einem Tornado

Doch es gibt noch kleinere Wirbel auf demselben Bild abgebildet, welche innerhalb der Kreisläufe liegen.

Diese 4 Kreisläufe sind auch durch die Zeitnatur miteinander vernetzt und darin sind die kleineren Wirbel vorhanden.

Sie sind beim Grenzpol zwischen Gut und Böse.

Dieses Netz im selben Kapitel zeigt uns an, wie lange es geht, bis wieder ein Wirbel, kommt. Dieses Netz ist zwischen dem geraden Netz

Dieses Netz ist wichtig für ein hin und her geschaukeltes Lot, welches beim Tornado das Auge ist.

Ein Oval oder kreisförmiges Netz ist als Wellennetz zu betrachten.

Dieses Netz ist das Netz des 7-Sterns, weil es ein Lot besitzt.

Wenn man ein Gegensatzpaar mit dem nächsten Gegensatzpaar kombinieren will, muss man wieder über das Wellennetz gehen, um wieder ein anderes Gegensatzpaar zu finden.

Darum gibt es Zwischenwelten.

Die Wirbelströmungen oder die Qualen werden immer kreisartig gezeichnet.

Doch der Spruch, „Anfang und Ende geben sich die Hände"; entsteht nur, wenn

das Gute und das Böse gleichberechtigt ist. Ansonsten könnte es ein Anfang und ein Ende haben.

Dies gibt es zum Glück nicht, weil der Anfang und das Ende mit den 2 Zeitnaturnetzen in Verbindung stehen.

Kreisläufe werden als Netze dargestellt.

Die Sterne und Planetenbahnen werden mehr durch das normale Zeitnaturnetz dargestellt.

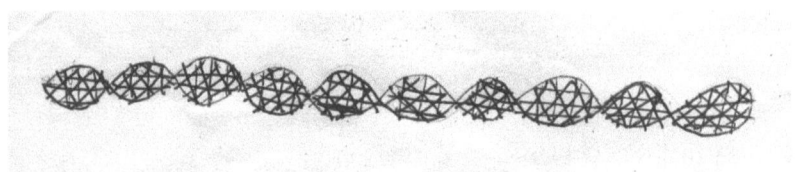

Gewelltes Zeitnaturnetz

Das Bild zeigt: die Zwischenwelten in der Mitte, die Bahn des 10 Sterns auch in der Mitte, die Gegensatzlinien des normalen Zeitnaturnetzes, die 2 Gegensatzlinien des Wellnetzes

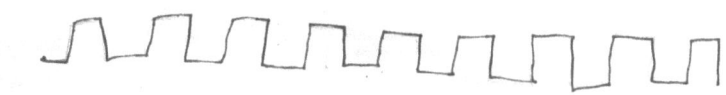

Normales Zeitnaturnetz

Dieses Bild zeigt:

die rechte und die linke Seite von Gut und Böse wie es oben und unten gleich ist wie als Gegensatzpaar, die irdische Zeitnaturbahn jedes feststofflichen Lebewesens.

Einfaches Wellennetz

Das Bild zeigt:

kurze Zeiten, die in Sekunden von Sekundenbruchteilen als Schlangenlinien von Punkten übersäht sind. In verkürzten Erklährungen heisst es: In der Kürze liegt die Würze.

Darum ist das Wellennetz ein Netz der kurzen Zeiten.

Beim Wellennetz gibt es 2 Netze: ein Wellennetz in die eine und ein Wellennetz in die andere Richtung. Dieses Netz steht für die universelle Natur.

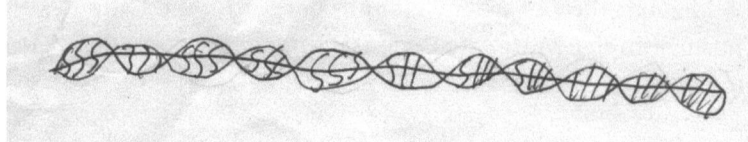

Wellennetz mit links geraden Bahnen

Das Bild zeigt:

die Wellen im mittleren Bereich und nach links mit geraden Linien in der Mitte. Beides ist möglich. Das 1.ist die universelle Natur und das 2. steht für die Welt der Engel und Dämonen.

Das gewellte Zeitnaturnetz hat eigentlich 4 verschiedene Welten, weil es Zwischenwelten gibt.

Warum hat ein Kreislauf eine positive Seite und eine negative Seite?

Weil das Wellennetz zwischen dem normalen Zeitnaturnetz steht. Dieser Vorgang wird mit allen möglichen Kreisläufen verbunden und sie sich durch die verschiedenen Wellenlinien der Wellennetzen unterschieden werden.

Dadurch gibt es Alles in Allem.

Also ist dies, die Ewigkeit des Seins.

Die Unterschiede sind, dass jeder Kreislauf zu einem Wirbel heran- wachsen kann, wenn man ihn erforschen möchte. Somit bekommt man keinen Weitblick mehr und bekommt stattdessen ein Wellennetz, das sich in unserer Betrachtung immer mehr verzweigt. Zu diesen Netzen gehören wieder die 3 Grundfarben. So entsteht der 10- Stern.

Doch die Zeit in der Ewigkeit gibt uns das normale Zeitnaturnetz und die detaillierte Ewigkeit gibt uns das Wellennetz. Aus diesem Grund besitzt die Zeit so viel Positives und Negatives.

Warum können die drei Grundfarben so aggressiv auf uns wirken?

Weil die drei Grundfarben eine knallharte Wahrheit ausdrücken, sie geben uns das Gute und das Böse in Erscheinung, wie intensiv Sturheit sein kann.

Wenn man unsere Geburt und den Tod von jedem erklären lassen würden, käme es mir vor, als wäre die Zeit eine endlose Schriftrolle.

In diesem Text sind wir Menschen zwischen zwei Klammern, wie ein Wort, eingeklammert und darum sind wir eins der kleinsten Teilchen vom universellen Leben, dem Zeitgebilde, das mit Leben eingehaucht wurde. Dies ist wie eine Körperbeschriftung in blauer Tinte.

Die Zeitnaturnetze sind in allen Dingen gespeichert wie in einem Computer.

Doch wenn zwei verschiedene Netze nebeneinander in zwei gleichen Linien stehen,

gibt es eine Fata Morgana, die uns das Wellennetz erklärt. Zum Beispiel so:

im Osten ist die Stadt und im Westen die Fata Morgana. Wir können in der Mitte stehen und wissen nicht wohin. Alles verändert sich laufend. Darum spielt sich alles im Wellennetz ab.

Der 10-Stern ist im Areal 1 des 8-Sterns, also im 8-Eck.

Im Hexagramm Areal 1 dem 6-Eck, ist der verbundene 6-Stern.

Der Code von den Sternen, 10-Stern im 8-Eck, sind Areal 1 Codes usw.

Areal 2 Codes ist der Trinität 9-Stern. Also ist der 9-Stern die Freidimension in dem der 10-Stern seinen Platz einnimmt.

So ist es auch mit der Quersummenreihe als Zahlenwirbel.

Das Runen-R, bedeutet Rundgang und für die Rundreise oder Retourrundreise.

Das Runen-B bedeutet Block der Trinitätsberechnung = 1 Block = 1Hexagramm.

Das Runen-G ist die Grundform der Formationsspirale.

Das Runen-U bedeutet, die Überbrückung der 2er-Reihen.

Das Runen-I bedeutet die immerwährende Zahlenreihe.

Das Runen-K bedeutet eine Berechnung der Keilung.

Das Runen-C steht für Chor.

Das Runen-S bedeutet die Saumberechnung einer regelmässigen Berechnung als Zickzack.

Das Runen-W bedeutet das Wächtersymbol im Necronomicon. Sie kommt Berechnung im Kapitel der Primzahlenreihe vor.

Das Runen-J und -Y bedeutet die Jin und Yang, Jin und Yang - Berechnung.

Das Runen-N bedeutet die Neuberechnung im 10-Sternlabyrinth bei den Zeichen

11=3-6-9 und 3+9=9, wie im Kapitel der Primzahlenreihe.

Die Rune NG steht für der neue Grund vom schwarzen Loch als (im neuen Grund) als Ing.

Das Runen-X steht für die äussere Teilung, welche die Tonberechnung eines Xylophons hat. Dies ist im «Rad des aufgestiegenen Schakal» zu finden. Es bedeutet vom Schatten ins Licht zu blicken.

Es ist der Kälte- und Wärmepol des Hexagramms:

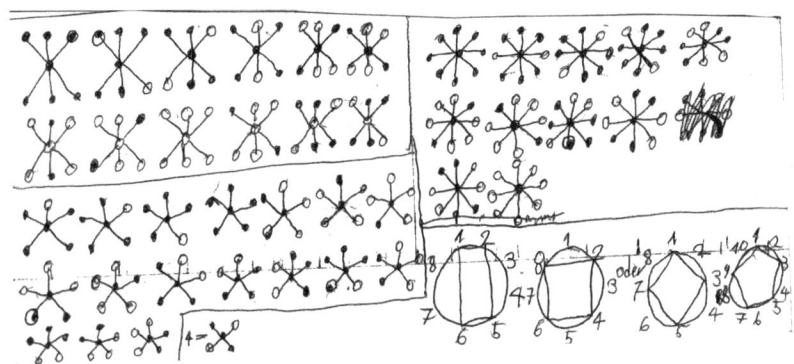

Polhexagramme, Stecknadelsterne und Hexagramme im geordneten Wellennetz

Diese Persönlichkeiten bedeuten das Gute und das Böse.

Sie stehen für die Schneeflocke, die auf die Erde fällt.

Die Schneeflocke kann in die Zukunft und auch in die Vergangenheit reisen. So entsteht der 6. Sinn.

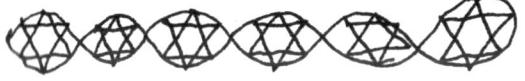

Diese Persönlichkeiten stehen für Gut und Böse.
Sie stehen auch für die Schneeflocke die auf die Erde
fällt. Die Schneeflocke kann auch in die Zukunft oder der
Vergangenheit reisen. So entsteht der 6. Sinn
Die Ideenteilung steht auch in unserem Leben.
Vom Leben zum Schlaf: Wenn Leben und Tod sich trennen ist
Tag. Wenn sie zusammentreffen ist Nacht.

Reisender Sinnesstern

Das Jin und Yang, steht auch in unserem Leben.

Vom Leben zum Schlaf.

Wenn Leben und Tod sich trennen, ist es Tag. Dafür steht die Rune L.

Wenn sie zusammentreffen, ist es Nacht.

Wach- und Schlafrhythmus

Die Sternpyramide ist 3-dimensional.

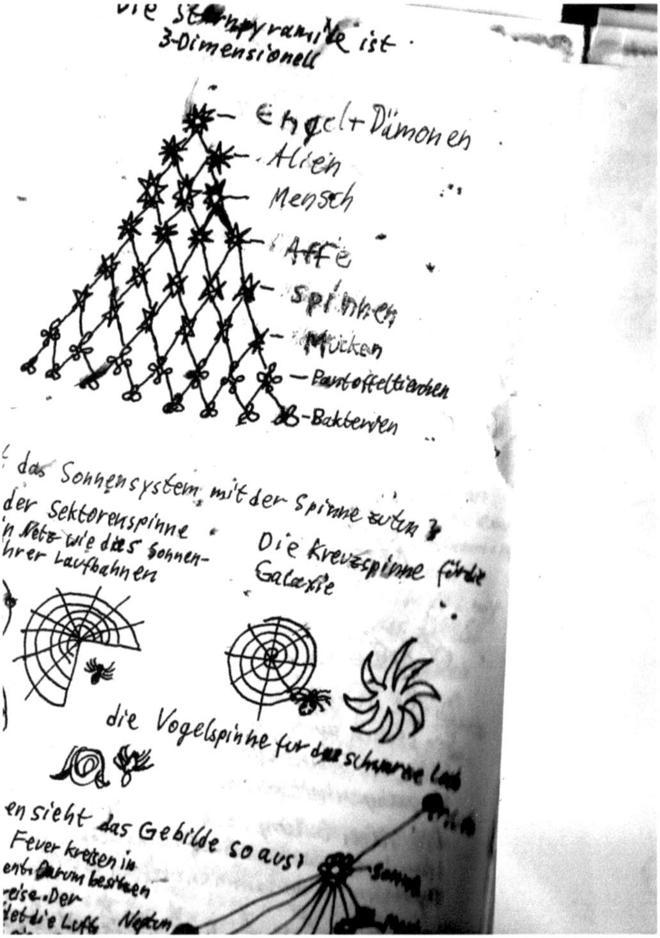

Die Sternpyramide ist 3-Dimensionell

— Engel + Dämonen
— Alien
— Mensch
— Affe
— Spinnen
— Mücken
— Pantoffeltierchen
— Bakterien

das Sonnensystem mit der Spinne zum der Sektorenspinne in Netz wie das Sonnen- hrer Laufbahnen

Die Kreuzspinne für die Galaxie

die Vogelspinne für das schwarze Loch

en sieht das Gebilde so aus
Fever kreten in
enti Darum bestimmen
ese. Der
et die Luft Nepten

Sternpyramide

Was hat das Sonnensystem mit der Spinne zu tun?

Das Netz der Sektorenspinne ist ein Netz, das aussieht wie das Sonnensystem mit ihren Planetenlaufbahnen.

Die Kreuzspinne spinnt ein Netz, das aussieht wie die Galaxie und die Trichternetzspinne spinnt ein Trichternetz, das einem schwarzen Loch gleicht.

KAPITEL 10

Die Galaxie

Die Galaxien sind als Urknall entstanden und sind als letzte Universen sichtbar am Himmel zu sehen.Es gibt 4 verschiedene Galaxien. Astrophysiker meinen, dass jede Form so bleibt wie sie ist. Mir ist jedoch aufgefallen, dass sich verschiedene Abschnitte einer Galaxie von ihrer Geburt bis zum Tod, entsprechend der Struktur, verändert.

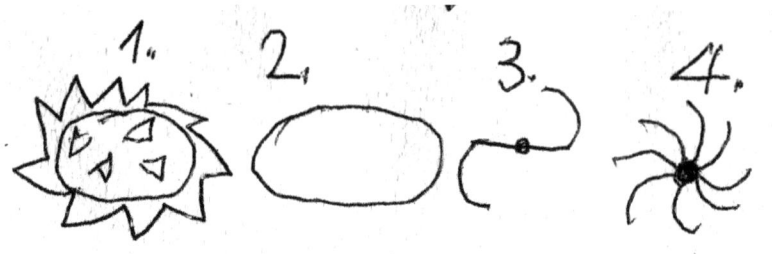

4 Lebenszyklen der Galaxien

Wir sind in einer Region im sichtbaren dunklen Universum, bei dem die Balkenspirale vorherrscht.

Durch die Galaxie-Stadien konnte ich die Dichtenflutung von Galaxien in unserem Universum mit Hilfe der Zeitschrift "Geo Kompakt" mit dem Titel "Die Milchstrasse" ermitteln und kam zur Erkenntnis, dass es zur Mitte des Universums immer weniger Galaxien gibt. So müsste unser Universum 1/12 ihres gesamten Querschnitts erforscht sein, wenn die Ansammlungen der Galaxien in dem gleichen Entwicklungsprozess pro Dimension gleich gross wären. Weil dies nicht so ist, ist unser Universum viel grösser.

Zuerst kommt der hellblaue knisternde Rand, dann kommen die zerfetzten Galaxien,

danach die ovalen Galaxien,

dann die Balkenspiralen,

dann die ganzen Spiralen

und zuletzt kommt die totale Finsternis.

In der Mitte der entsprechenden Stufe beträgt die Überzahl der gleichen Galaxien 77% der Energien, ausser am Anfang oder in der Mitte unseres dunklen Universums.

So ist die Balkenspirale der Übergang zur ganzen Spirale, welcher ein Endzustand der Galaxien darstellt.

Also gibt es kein Paar von 2 schwarzen Löchern, welche sich gegenseitig umkreisen.

KAPITEL 11

Das schwarze Loch

Wenn ein Stern zu einem schwarzen Loch wird, müsste der Stern eine so schnelle Umdrehung machen, dass das Sternenlicht nach der Explosion als Supernova sozusagen nach unten stürzt und so zu einem schwarzen Loch wird. Man müsste sich einen Kampfjet vorstellen, der sich nach unten ruckartig abdreht.Es ist so, wie wenn man einen mit Wasser gefüllten Eimer in einer mit Wasser gefüllten Badewanne nach unten drückt. Man muss kaum Kraft aufwenden, um dies zu tun.

Das heisst, dass der explodierende Stern durch seinen eigenen Druck kollabiert und zum schwarzen Loch wird.

Die Galaxie ist die Sphäre des schwarzen Lochs.

Das schwarze Loch wird je nach Schwankung in unserem Universum, so wie beim Nachschub einer entgegen kommender Galaxie oder durch das Vakuum eines breiter werdenden schwarzen Lochs, sich entsprechend verändern.

Entweder wird es verlängert durch die Ausdehnung eines Magnetfeldes oder bei einer kommenden Magnetschwingung.

Auch die Quetschung des schwarzen Lochs ist dann möglich.

Wenn man ein schwarzes Loch betrachtet, das in einer massenreichen Galaxie entstand und schon 3 Galaxien verschlungen hat, welches 62100000000 Jahre alt ist, müsste die Galaxie in der wir leben ein schwarzes Loch sein, welches 20700000000 Jahre alt ist und eine Sonnenmassen von 4000000 Sonnen besitzt, laut Steven Hawking im Buch: Kurze Antworten auf kurze Fragen, enthält. Das sind

480000000000000 t und hat pro Kubikwürfel 3647416413457,446 t an Sonnenenergie bei 1316 Kubikwürfeln und hat 3039,5137 Sonnenmassen. Nach der Berechnung von Ronald Buser der Astronom und Philosoph ist. Unsere Sonne wiegt 1200000000 t. Davon sind 6000000 t Materie wie Atom, Gold usw.,594000000 t Helium, und 600000000 t Wasserstoff = 1200000000 t Sonnenmasse in unserer Sonne enthalten. Das stand bei seinem Interview in der Zeitung BZ mit dem Titel:" Wir sind aus Sternenstaub." Wenn man das Gesamtgewicht unseres schwarzen Lochs durch 6 teilt, gibt es die Zahlenreihe 666666666,66, durch 66 = 606060606,06 und durch 666 = 6006006,006. Das ist der Beweis für die dämonischen Kräfte im schwarzen Loch!

Jede sichtbare Dimension verändert sich in 2300000000 Jahren.

Wenn das 100000000 Sonnenmassen grosse schwarze Loch in unserem Stadium wäre, würde es 41400000000 Jahre alt.

Das 2. grosse schwarze Loch in der gleichen Galaxie würde in der 7,777 Dimension auftreten.

Das Auge des schwarzen Lochs ist die Ing Rune in der 10. Entwicklungsdimension.

Wenn keine neue Galaxie auf uns zukommen würde, würde unsere Galaxie 23000000000 Jahre alt werden.

Nur weil ein Stern 13000000000 Jahre alt wurde, heisst das noch lange nicht, dass eine Galaxie auch 13000000000 Jahre alt ist. Da durch den Ausstoss von Gasen und Partikeln durch den Gammastrahl immer neue Sterne entstehen, die auch wiederum 13000000000 Jahre alt werden können, werden die Galaxien viel älter als wir annehmen!

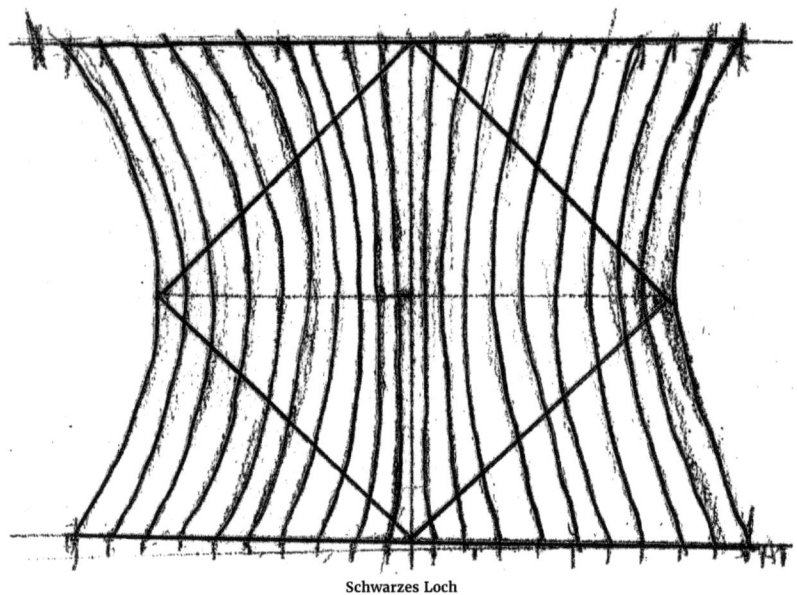

Schwarzes Loch

Durch die seitliche Veränderung des schwarzen Lochs, steigt auch die Länge des Gammastrahls von 135000 zu 225000 Lichtjahre lang an und hat dann einen Durchmesser von 60000 Lichtjahren.

Die erste Zahl ist jeweils die Breite der schwarzen Löcher bei 4 mm kleinen Häuschen und die rechte Zahl ist die Grösse in Lichtjahren des Gammastrahls.

3/22500

7/45000

12/67500

17/90000

24/112500

31/135000

39/157500

47/180000

53/202500

59/225000

Das schwarze Loch hat alle Zeichen vom Pentakel von John Dee in sich und auch alle Runen.

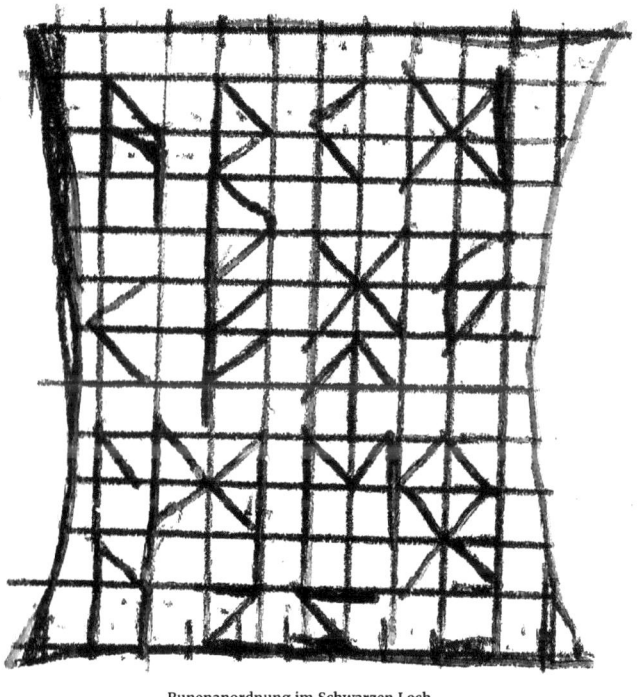

Runenanordnung im Schwarzen Loch

Jede Rune ist 2-3 Quadrate lang und 1 Strich bis 2 Quadrate breit, gesetzt.

KAPITEL 12

Unser Universum

Unser Universum müsste man wie die Pentagrammspirale vorstellen, mit den Dimensionskreisen im Kapitel „Vom Ursprung der Formen" Teil 1. Forscher haben herausgefunden, dass es in unserem früheren Universum, massenreichere Galaxien gab als wir jetzt sehen. Da unser Universum sich stetig vergrössert, müssten die wirklich grossen Galaxien eher am Rande unseres Universums zu finden sein. Wir werden also durch die Dimension unseres Universums nur noch die Finsternis erfahren, wenn die Erde ewig leben würde. Der Rand unsers Universums ist noch von unzähligen Partikeln aus dem Kristalluniversum besäht.

Während diese Partikel aus dem Kristalluniversum zusammengedrückt werden, werden sie im Magnetfeld in unserem Universums explodieren und werden zu Galaxien. Am Rande unseres Universums gibt es viel mehr Partikel als in demTeil unseres Universums, in dem wir leben. Der Rand unseres Universums ist fliessend, weil das Kristalluniversum nicht heiss ist.

Im Gegensatz zum schwarzen Loch ist der Rand unseres Universums dick und die Kreise werden nach innen dünner. Während das schwarze Loch gegen innen dickere Kreise wirft, werden sie am Rand immer wie dünner. Gegen innen gibt es in unserem Universum immer wie weniger Sterne, bis in der Mitte nur noch die Finsternis herrscht.

Das bedeutet, dass das untere Dreieck des Hexagramms für unser Universum und das obere Dreieck des Hexagramms für das Kristalluniversum steht.

Unser Universum ist viel älter und grösser als wir es uns vorstellen können.

Unser Universum besitzt etwa diese unten gezeichnete Form, denn das Auge unseres Universums ist das Zeichen der Illuminaten.

Das Zeichen der Illuminaten besteht aus einer 4/7 Pyramide oben und 4/5 Pyramide unten.

Schätzungsweise nach den Zahlen der Thora ist das Alter unseres Universums

23666666666666666666 Menschenjahre alt. Die Grösse der erforschten Strecke unseres Universums, mit den nach aussen grösser werdenden Kreisen, hat eine Dimension, wie eine Erbse auf einem 10m langen Tisch an der Oberfläche unseres trichterförmigen Universums.

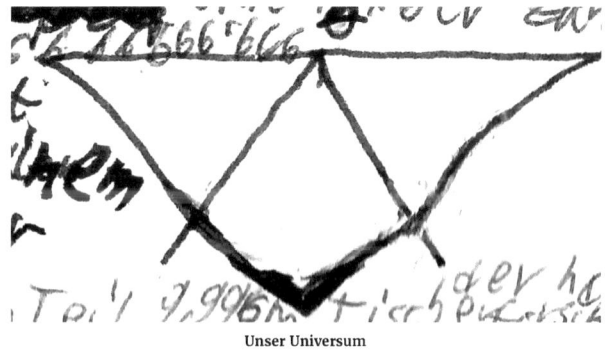

Unser Universum

Ich bin mir sicher, dass unser Universum nicht durch einen Urknall entstanden ist. Denn wie kann es schwarze Löcher geben, wenn unser Universum ein schwarzes Loch ist? Der Ursprung unseres Universums war auch kein Riesenstern, der den Urknall hätte ausgelöst haben können.

Solche Riesensterne und schwarze Löcher und gibt es nur im ca.100000sten Überuniversum, die eine Grösse von unserem Universums besitzen!

Wie entsteht ein Urknali in einem Universum, das durch einen Urknall ausgelöst wurde? Ich denke, dass das gar nicht möglich ist, denn dann würde sich die Struktur unseres Universums so verzerren, dass es gar keine schwarzen Löcher geben würde.

Die nächste Dimension, nach unserem Universum, ist dadurch auch keine Übergalaxie.

Der griechische Philosoph nannte dies Kristalluniversum.

Dieses Kristalluniversum müsste einen lauwarmen nicht heissen Nebel sein und aus unzähligen Partikeln bestehen.

Somit hätte dieses Universum eine Partikelartiger Dichte.

Dieses Universum müsste leuchten wie Tiefseefische.

Es könnte auch Sterne enthalten, wahrscheinlich eher Feuerbälle, die wie die schwarzen Löcher durch die Umgebung unsichtbar würden.

In diesem Fall wären wiederum die Planeten sichtbar.

Eine Übergalaxie wäre etwa im 100000sten Überuniversum zu finden.

Im Google Überuniversum gibt es Lebewesen, die so gross sind, wie unser Universum. Die Riesenplaneten, die so gross sind wie unser Universum, sind etwa im 10000sten Überuniversum. Die Bakterien leben in unserem Körper, als wären wir eine Galaxie. So sind wir von der Grösse her für die Bakterien eine Galaxie. Es gibt auch Überuniversen die kein Leben beherbergen, weil sie Sonnen sind oder aus lebensfeindlichen Stoffen bestehen, wie zum Beispiel die Venus. Diese sind verlagert zu Universen, welche Leben in sich tragen. Da in Richtung Norden die Sterne immer weniger werden und in Richtung Süden immer wie mehr Sterne sind, zeigt die Erdachse ins Zentrum unseres Universums und somit liegt unsere Erde waagrecht in unserem Universum. Somit steht der Uranus fast senkrecht in unserem Universum, so wie die Erde um die Sonne und um sich herumdreht.

Alle Universen zusammen bilden eine Fassettenpyramide in dem jede Drehung in der nächsten Drehung gefangen wäre.

Diese Pyramiden sehen so aus:

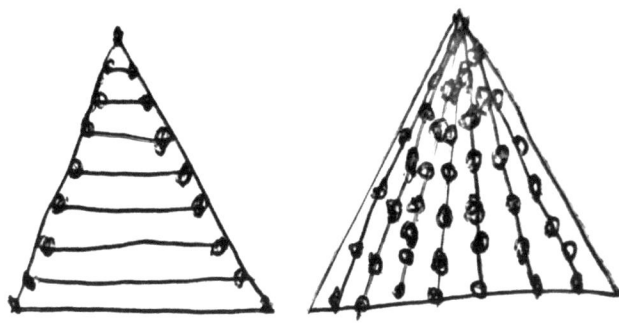

Pyramidenarten

Die zeitliche Pyramide bricht sich von der Spitze der gebündelter Kraft nach aussen.

Die universelle Pyramide teilt sich in der Mitte in 8 Bahnen, wie der Chaosstern.

Jeder dieser Dimensionen, teilt sich eine Doppelbahn zur nächsten Doppelbahn und das geht so weiter bis zur Unendlichkeit. Es sind insgesamt 8 Teilungen pro Dimension im Chaossternhexagramm.

Die Zentren der Universen sind generell die stärksten Kräfte, die es gibt, mit der grössten Gravitation im Aussen!

Was sich im Inneren schnell dreht, wirkt im Aussen langsamer, weil es einen längeren Weg um das Zentrum zurücklegt!

KAPITEL 13

Der Bau der Pyramide

Die Zeit ist nur die Dauer, welche die Natur braucht, um sich zu verändern. Die Ägypter haben in der Mitte der untersten Stufe der Pyramide angefangen zu bauen. Darum der Spruch: „Eckstein, Eckstein, alles muss versteckt sein!"

Dabei haben sie eine Seite offengelassen, um in den unteren Schichten der Gänge in der Pyramide zu bauen. Dann bauten sie die letzte Seite der Pyramide zu. Danach haben sie bis zur Höhe der 1. Blockseite Sand aufgeschüttet und der Länge nach, Baumstämme hingelegt. So konnten sie die schweren Kalksteinblöcke über die Baumstämme hochziehen. Dies machten sie immer höher ringsherum, bis zur Spitze der Pyramide.

Sie haben jeweils mit den Seitenblöcken angefangen, die dafür sorgten, dass die Seiten der Pyramide flach sind.

Nach dem die Pyramide fertig war, haben sie die Aussenfläche der Pyramide noch poliert, damit sie richtig geglänzt hat.

Falsch ist die Vorstellung, dass die Pyramide als Spirale erbaut worden war.

Ich habe mir dies erst in mein Bewusstsein rufen können, als ich selbst aus Karton eine Pyramide gebaut habe!

Im Juni 2006 baute ich 3 Monate lang!

Erst dann ist mir erst bewusst geworden, wie schwer solche Berechnungen sind.

Ich habe übrigens die Pyramide mit schräg angeordneten Blöcken gebaut.

Ich wurde damals von mächtigen Geistwesen, die durch das Hexagramm hervorkamen, welches ich in dieser Zeit als Amulett trug, heimgesucht.

Ich habe mich durch diesen Amuletthexagrammstern leiten lassen.

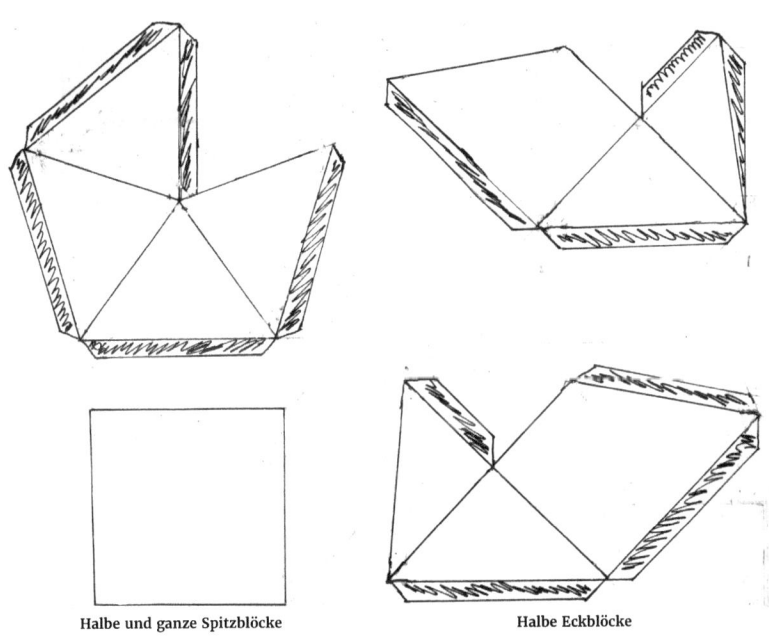

Halbe und ganze Spitzblöcke   Halbe Eckblöcke

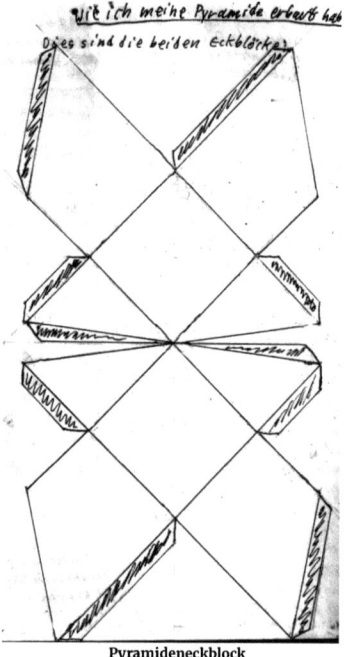

Pyramideneckblock

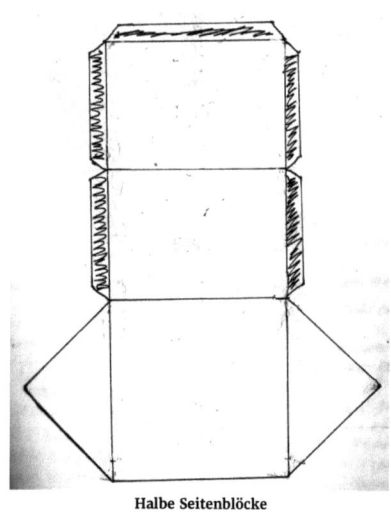

Halbe Seitenblöcke

84

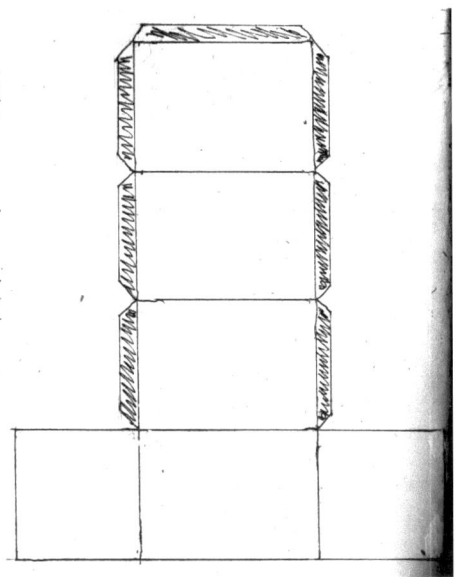

Seitenblöcke

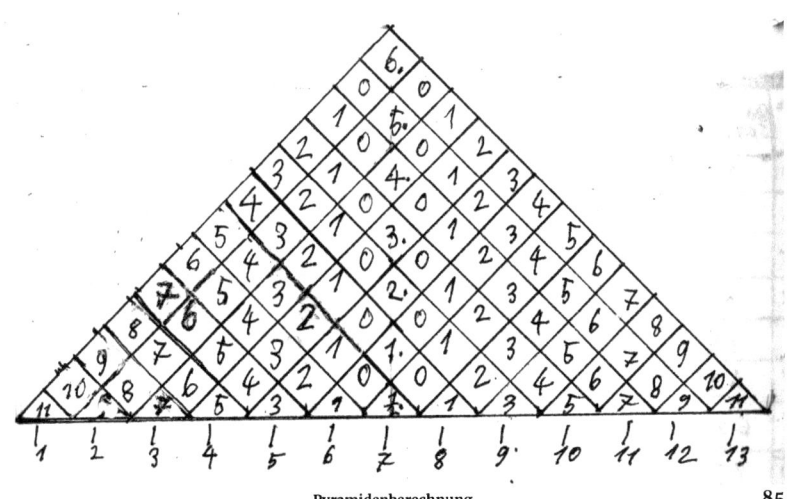

Pyramidenberechnung

85

1. Berechnung: Man rechnet alle Karros, das heisst, die halben 6 Ganzen zusammen.

Der Punkt gibt an, der wievielte Block das ist.

2. Berechnung: Man rechnet alle Blöcke ab der 0 zusammen als Blöcke ohne Zahlen.

Und alle ganzen Blöcke, die weder einen Punkt noch halbe Blöcke sind, sind einfach zusammen, ohne die Zahlen, die in diesen Blöcken zu sehen sind, zählt man zusammen und rechnet dann x2, und dann weiss man, wie viele Eckblöcke man braucht.

3. Berechnung: Man zählt die halben Eckblöcke zusammen, indem man die Zahl 1-11 ohne Zahlen zusammenzählt.

4. Berechnung: Man zählt die halben Blöcke in Zahlen, die darauf stehen, zusammen, ausser demjenigen, auf dem 1/2 darauf steht. Dieser Block ist ein halbes Karo.

So bekommt man alle halben Blöcke zusammen und diese rechnet man x2.

5. Berechnung: Zuletzt zählt man alle viereckigen Blöcke zusammen, indem man die Zahlen ohne Punkt und ohne 0, welche in den Quadraten stehen, zusammen und das alles x2.

Wenn man diese Berechnung als eine Tabelle darstellt, entsteht eine ganz neue Zahlenverbindung,

Es sind 2 Tabellen: Eine mit den geraden Zahlen und eine mit den ungeraden Zahlen.

So ergibt sich ein interessantes Zahlenmuster, das mit der Zahlensymbologie in meinem vorher beschriebenen Artikel übereinstimmt.

Die Pyramide ist das Symbol des Unendlichen, ist das Symbol der Unendlichkeit und ein Beweis für die Ausdehnung von Gut und Böse und den Universen.

Dimension	Spitzblöcke	$\frac{1}{2}$ Eckblöcke	ganze Eckblöcke	$\frac{1}{2}$ Dreiecke	Dreiecke	Total
1	$\frac{1}{2}$	–	~	–	–	1
3	$1\frac{1}{2}$	4	4	4	–	14
5	$2\frac{1}{2}$	8	16	16	12	55
7	$3\frac{1}{2}$	12	36	36	52	140
9	$4\frac{1}{2}$	16	64	64	136	285
11	$5\frac{1}{2}$	20	100	100	280	506
13	$6\frac{1}{2}$	24	144	144	500	829
15	$7\frac{1}{2}$	28	196	196	804	1'222
17	$8\frac{1}{2}$	32	256	256	1224	1'777
19	$9\frac{1}{2}$	36	324	324	1'748	2'442
21	$10\frac{1}{2}$	40	400	400	2'372	3'323
23	$11\frac{1}{2}$	44	484	484	3'152	4'176
2	1	4	~	–	–	5
4	2	8	8	8	4	28
6	3	12	24	24	28	91
8	4	16	48	48	88	204
10	5	20	80	80	200	385
12	6	24	120	120	380	650
14	7	28	168	168	636	1'007
16	8	32	224	224	1'000	1'486
18	9	36	288	288	1'460	2'091
20	10	40	360	360	2'012	2'782
22	11	44	440	440	2'752	3'727
24	12	48	528	528	3'636	4'752

Pyramidentabelle

87

Die Zahlenreihe dazu:

Zuerst ist die halbe Zahlenreihe: 1/2, 1, 1 ½ usw.

Danach kommt die Doppelviererreihe, das ist, wenn man die gerade und ungerade Pyramidenreihe aneinanderreiht.

Danach kommen die jeweils beiden 1-, 2-, 3- und 4er-Reihen, die sich pro Schicht um eine Zahl mehr, durch 4 vermehren, dann kommt die Unwillkürlichkeitsreihe und zuletzt die zusammengezählte Zahlenreihe.

Die Dimensionsreihe ist von 1-24.

Die Spitzblockreihe ist blockmässig die Doppelzellreihe.

Diese Berechnungen ergeben einen Berechnungskreislauf.

Die Pyramidenerbauung ist ideal, wenn innen Metallwände so zugeschnitten und verschweisst werden, um die Pyramide innerlich gleich aussehen zu lassen wie aussen.

So kann man eine Schrägpyramide bauen, zum Beispiel, als Ausstellungsraum mit viereckigen Sichtfenstern.

Wenn man diese Pyramide ohne Metallplatten bauen möchte, muss man für jede Dimension ein Gerüst erbauen.

Also man muss zuerst das Gerüst für jede Stufe bauen und dann kann man mauern.

Zwischendurch können Glasfenster eingebaut werden, zum auf- und zu machen.

Das Gerüst, müsste man extra dafür kombiniert mit Schallplatten herstellen, um sie schräg anzuordnen. Um sie am Boden festmachen zu können, braucht das Gerüst noch Saugnoppen.

Diese Gerüstform ist ziemlich kompliziert, aber wirkungsvoll.

So kann man Pyramidenräume bauen ohne Abstufungen, die innen hohl sind.

Man hat so auch eine gerade Fläche mit Metallluken zum auf- und zumachen. Wenn es 24 davon sind, kann man eine Weihnachtskalenderstatue daraus machen. Das wäre auch interessant!

Wenn man dies mit verschweissten Metallplatten tun möchte, kann man das Gerüst ganz fertig stellen.

Allerdings kann man die Schweissnaht wie exakte Striche ziehen, um die Wand wie echt aussehen zu lassen und mit mattgrauer Metallfarbe bestreichen!

KAPITEL 14

Die Konstruktion der Primzahlen in Formen

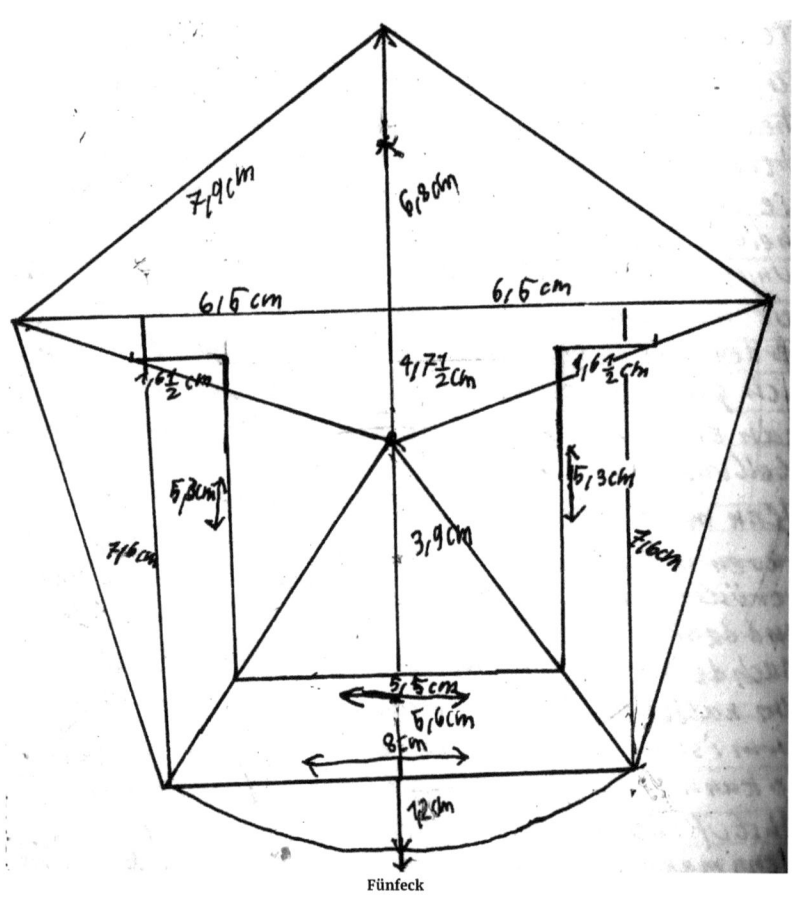

Fünfeck

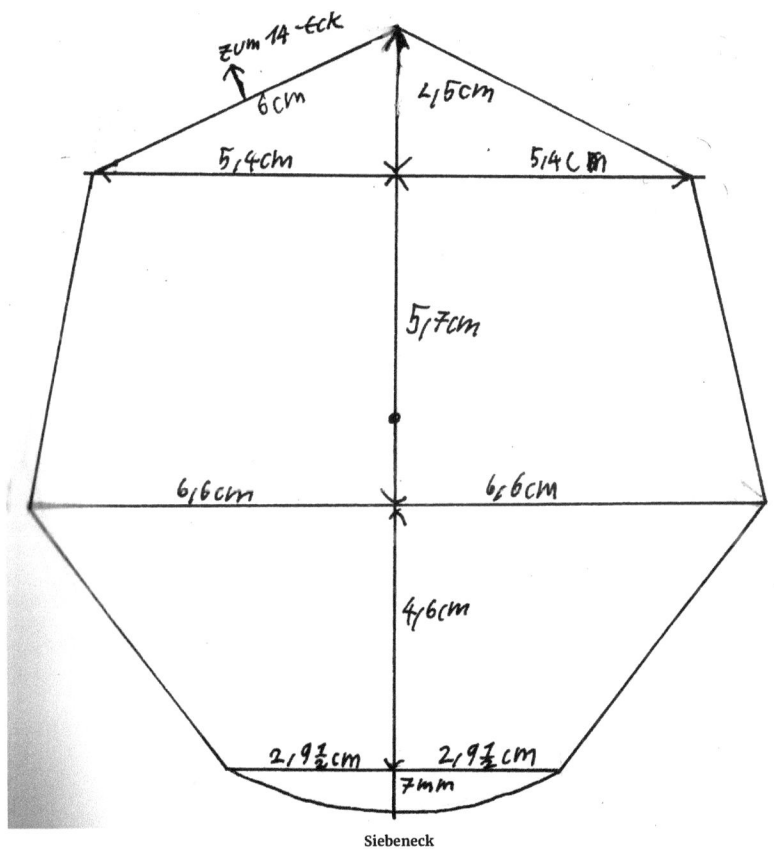

zum 14-Eck

6cm

4,5cm

5,4cm

5,4cm

5,7cm

6,6cm

6,6cm

4,6cm

2,9 7½ cm

2,9 7½ cm

7mm

Siebeneck

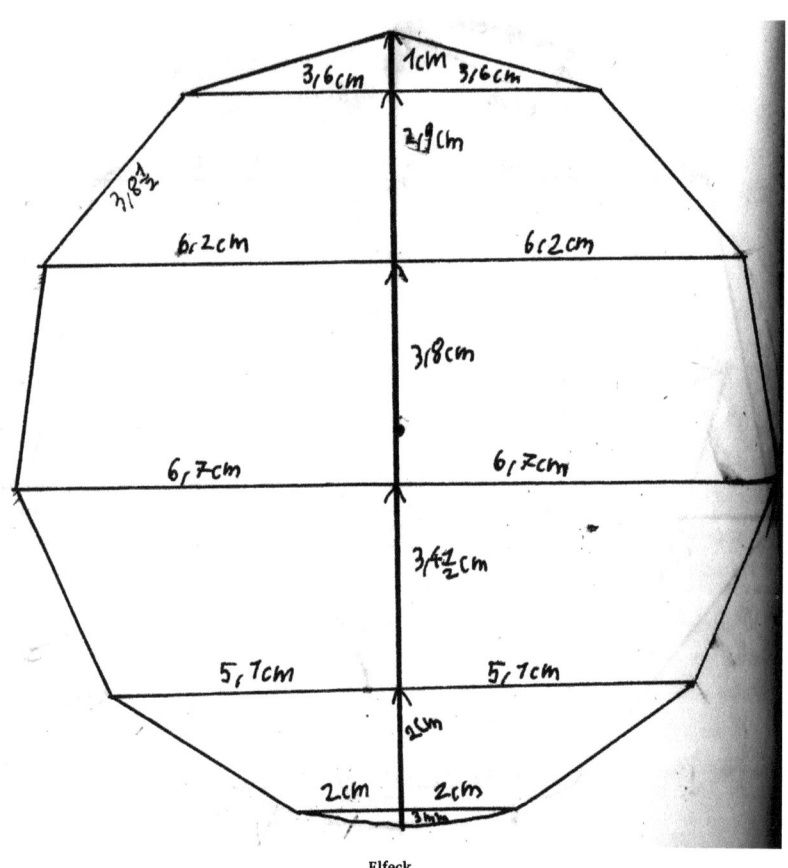

Elfeck

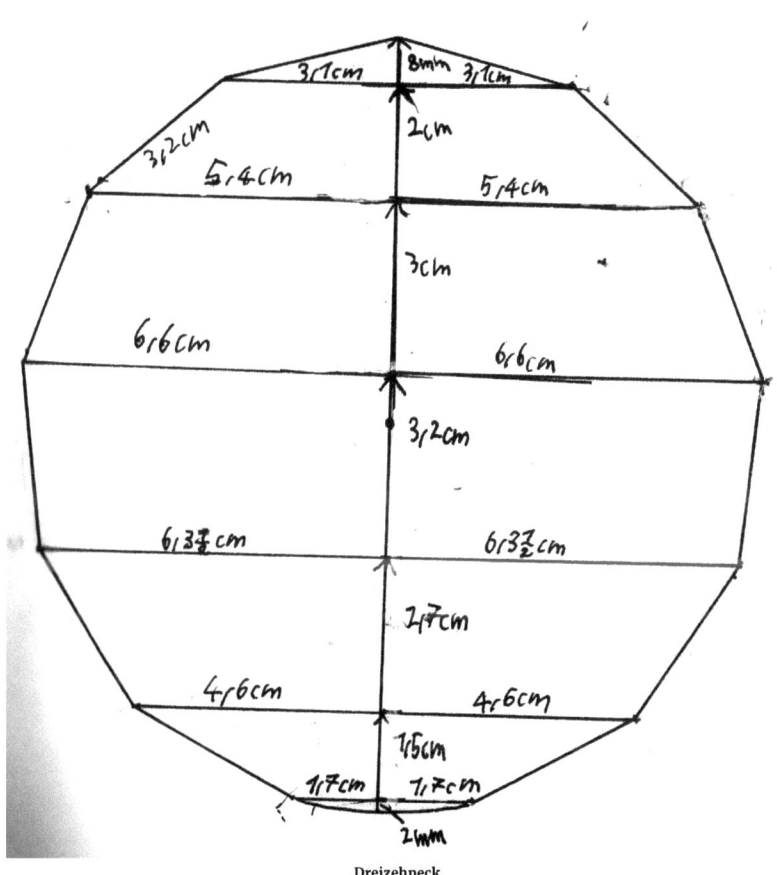

Dreizehneck

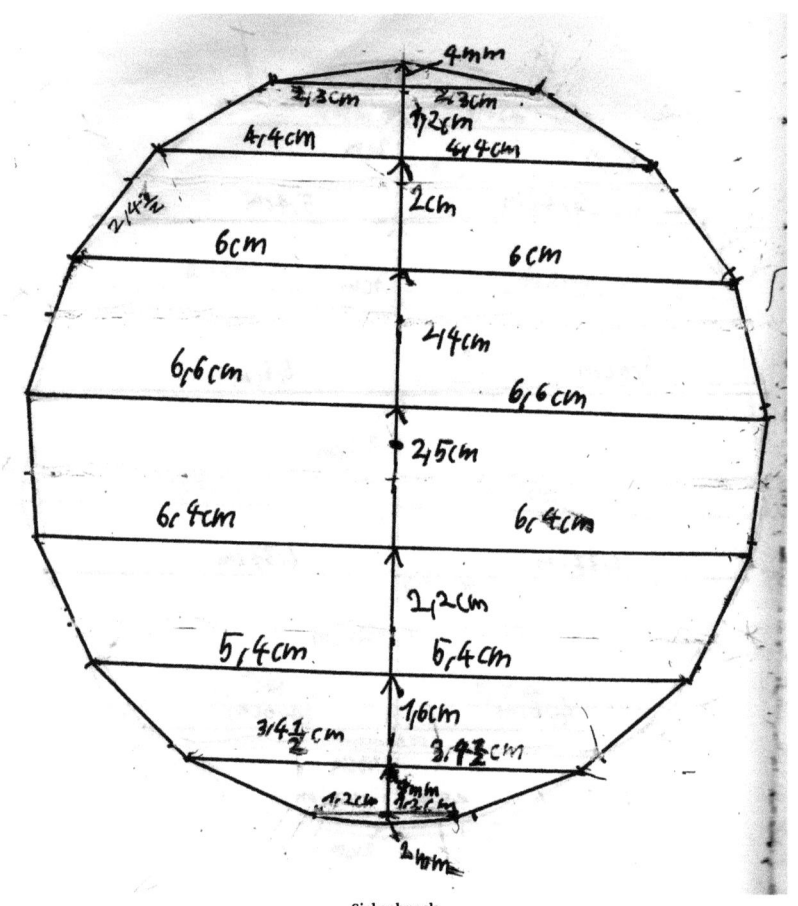

Siebzehneck

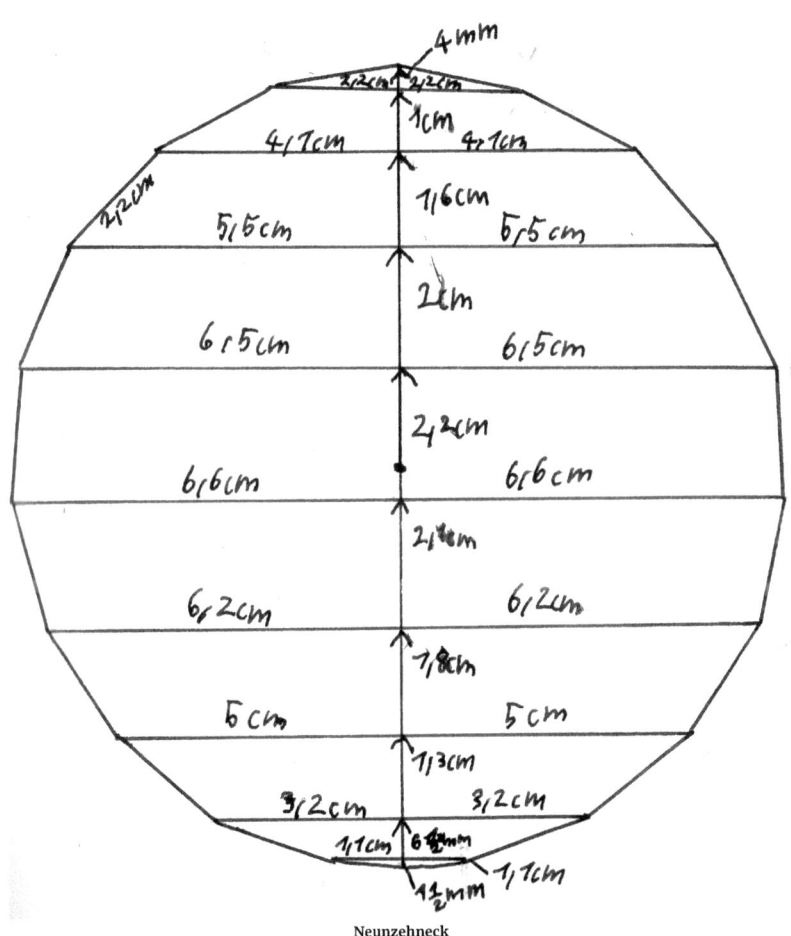

4 mm

2,2 cm 2,2 cm

1 cm

4,7 cm 4,7 cm

2,2 cm

1,6 cm

5,5 cm 5,5 cm

2 cm

6,5 cm 6,5 cm

2,2 cm

6,6 cm 6,6 cm

2,4 cm

6,2 cm 6,2 cm

1,8 cm

5 cm 5 cm

1,3 cm

3,2 cm 3,2 cm

1,1 cm 6 mm

1,5 mm 1,1 cm

Neunzehneck

95

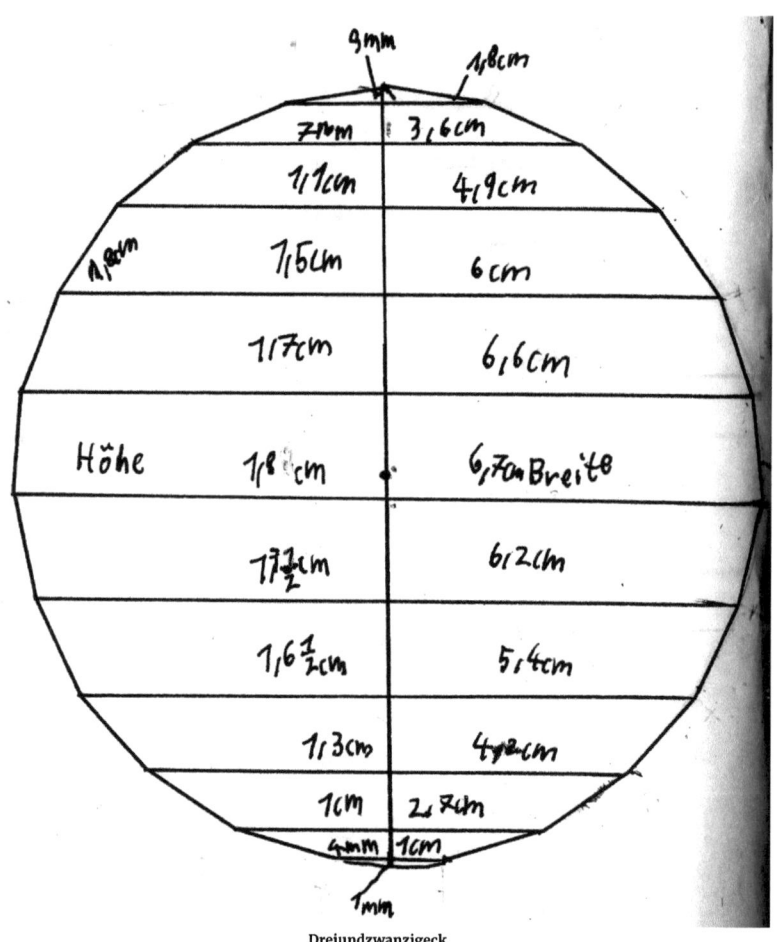

Dreiundzwanzigeck

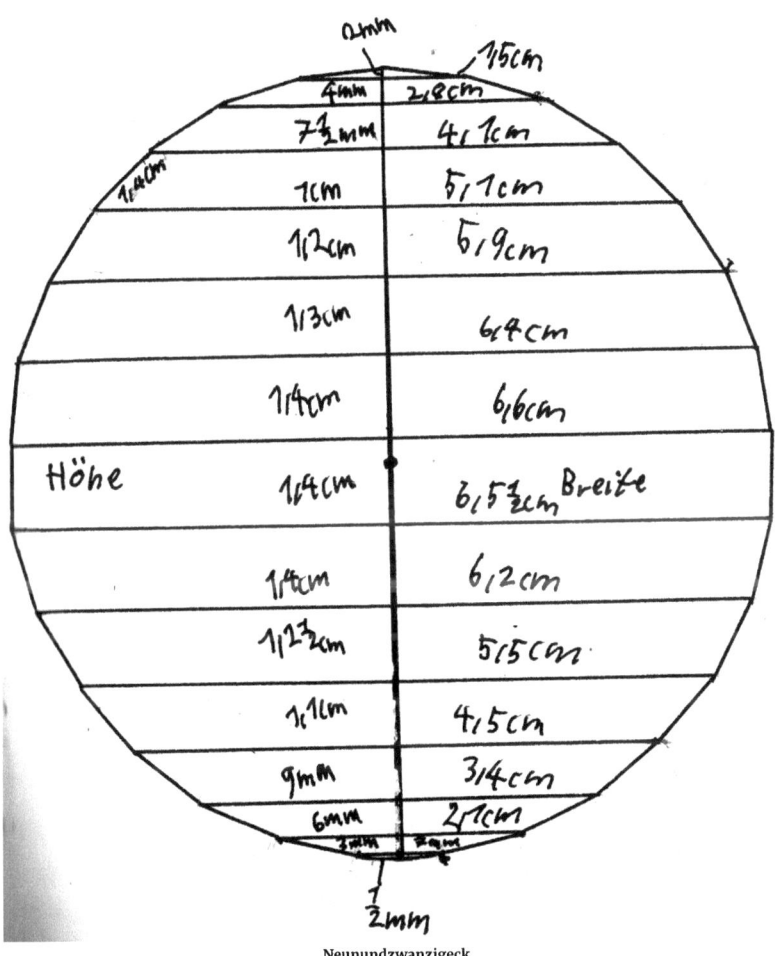

Neunundzwanzigeck

97

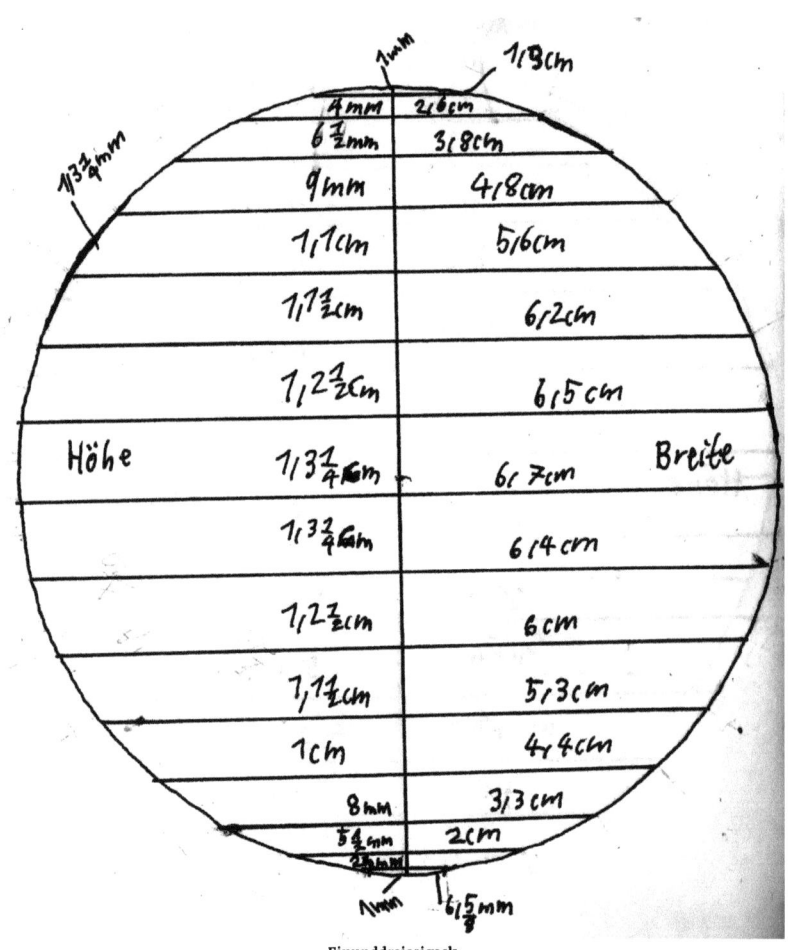

Einunddreissigeck

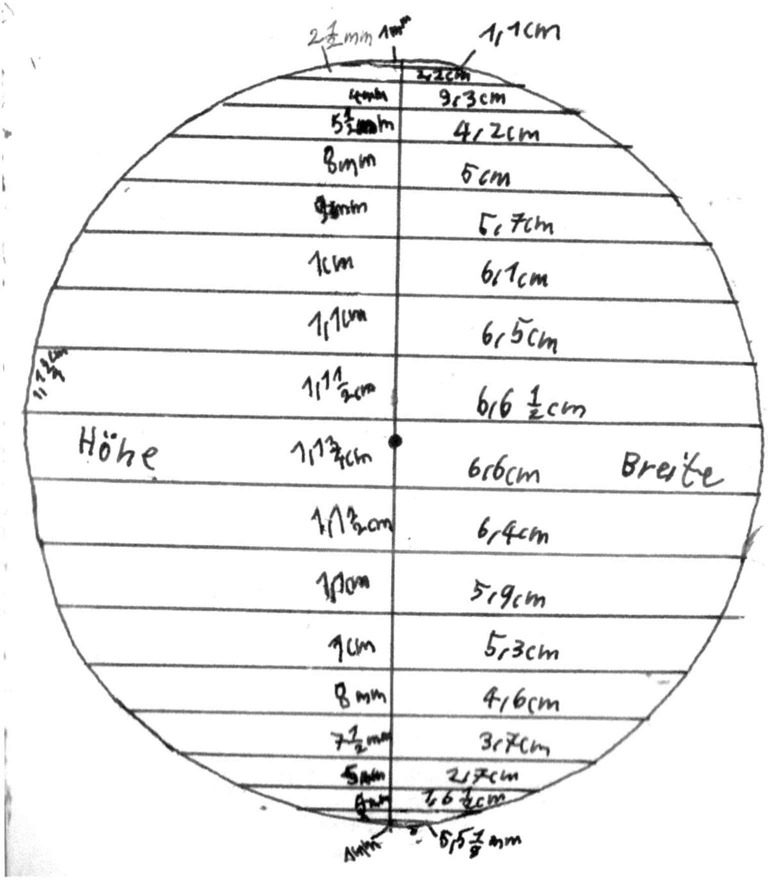

2⅞ mm 1mm   1,1cm

1,2cm

4mm   9,3cm

5½mm   4,2cm

8mm   5cm

9mm   5,7cm

1cm   6,1cm

1,1cm   6,5cm

1,1½cm   6,6½cm

Höhe   1,1¾cm   6,6cm   Breite

1,1½cm   6,4cm

1,1cm   5,9cm

1cm   5,3cm

8 mm   4,6cm

7½mm   3,7cm

5mm   2,7cm

3mm   1,6½cm

1mm   5,5⅞mm

Siebenunddreissigeck

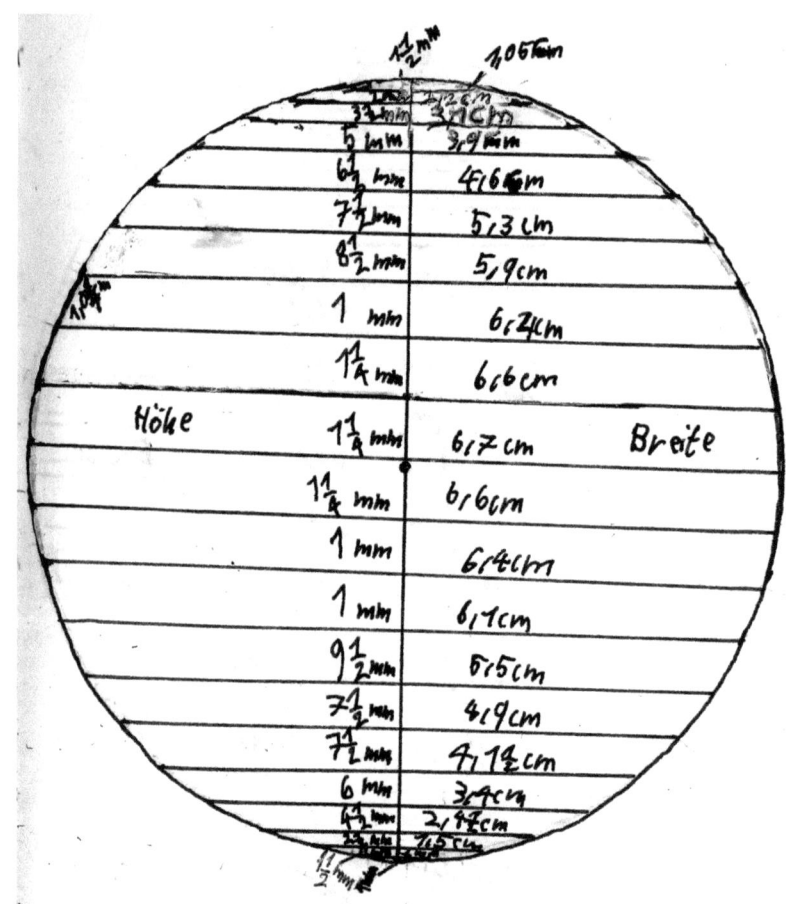

Einundvierzigeck

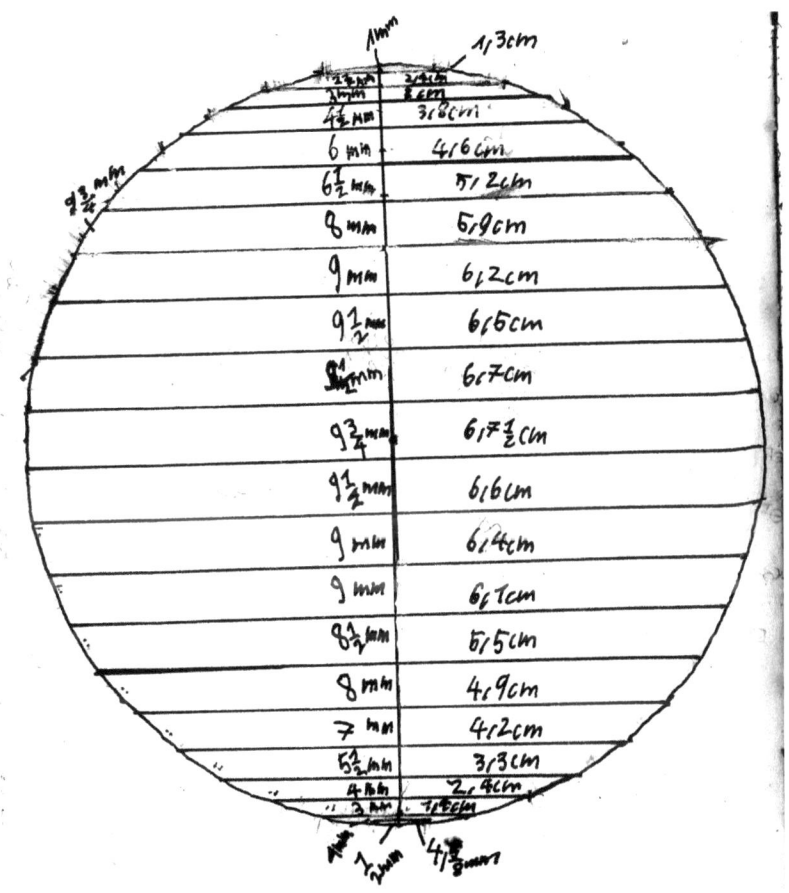

Within the figure, the handwritten measurements read:

1 mm   1,3 cm

2½ mm   2,4 cm

3½ mm   2 cm

4½ mm   3,8 cm

6 mm   4,6 cm

6½ mm   5,2 cm

8 mm   5,9 cm

9 mm   6,2 cm

9½ mm   6,5 cm

9½ mm   6,7 cm

9¾ mm   6,7½ cm

9½ mm   6,6 cm

9 mm   6,4 cm

9 mm   6,1 cm

8½ mm   5,5 cm

8 mm   4,9 cm

7 mm   4,2 cm

5½ mm   3,3 cm

4 mm   2,4 cm

3 mm   1,6 cm

9½ mm

1½ mm   4½ mm

Dreiundvierzigeck

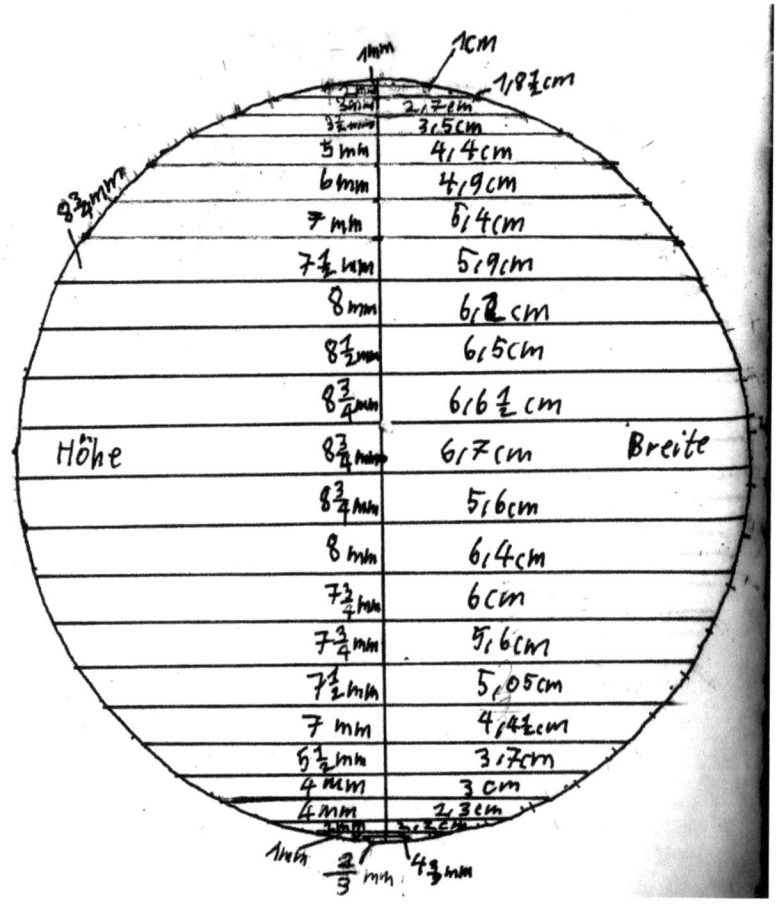

Siebenundvierzigeck

102

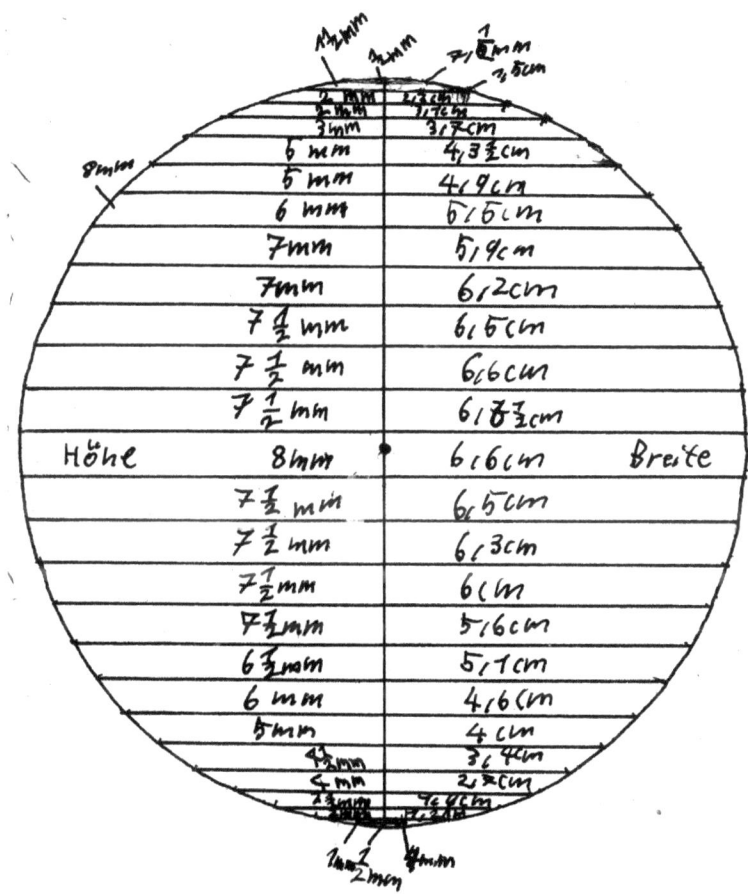

Dreiundfünfzigeck

Neunundfünfzigeck

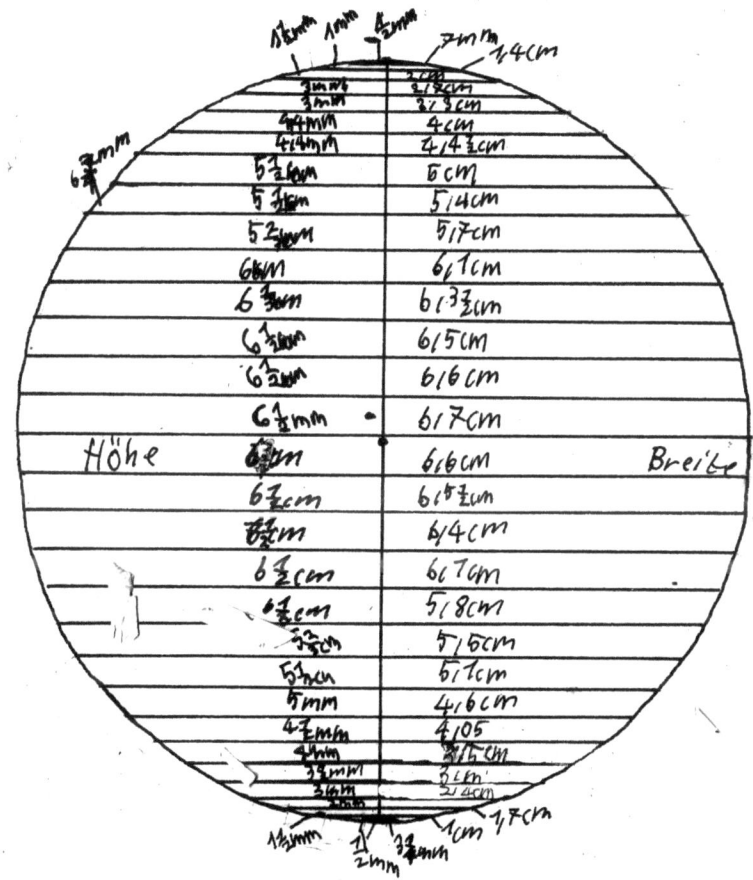

Einundsechzigeck

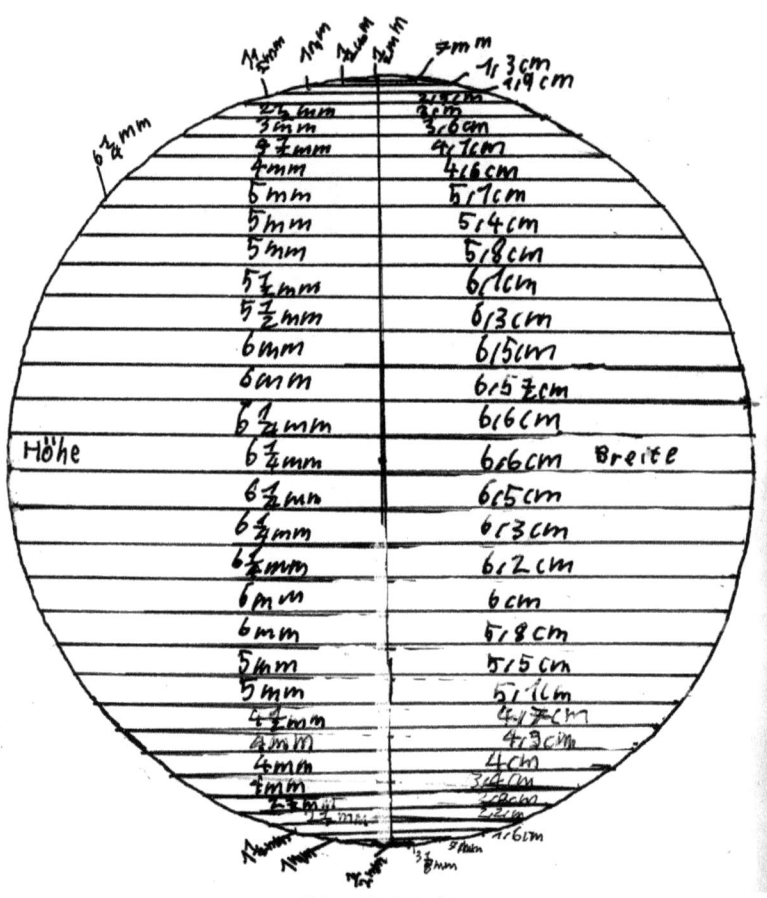

Siebenundsechzigeck

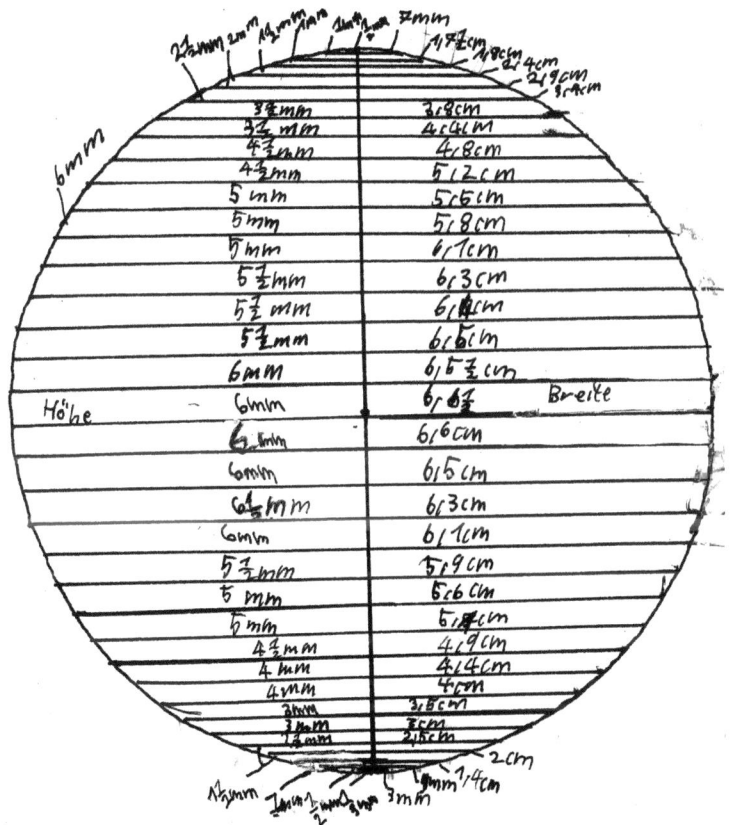

Einundsiebzigeck

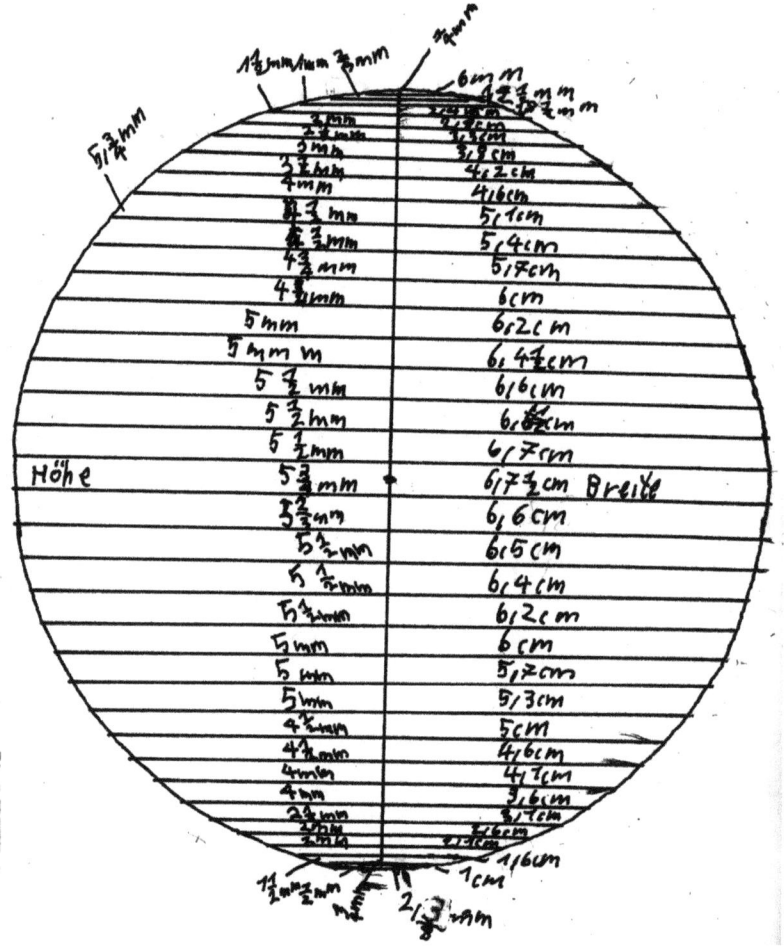

Deiundsiebzigeck

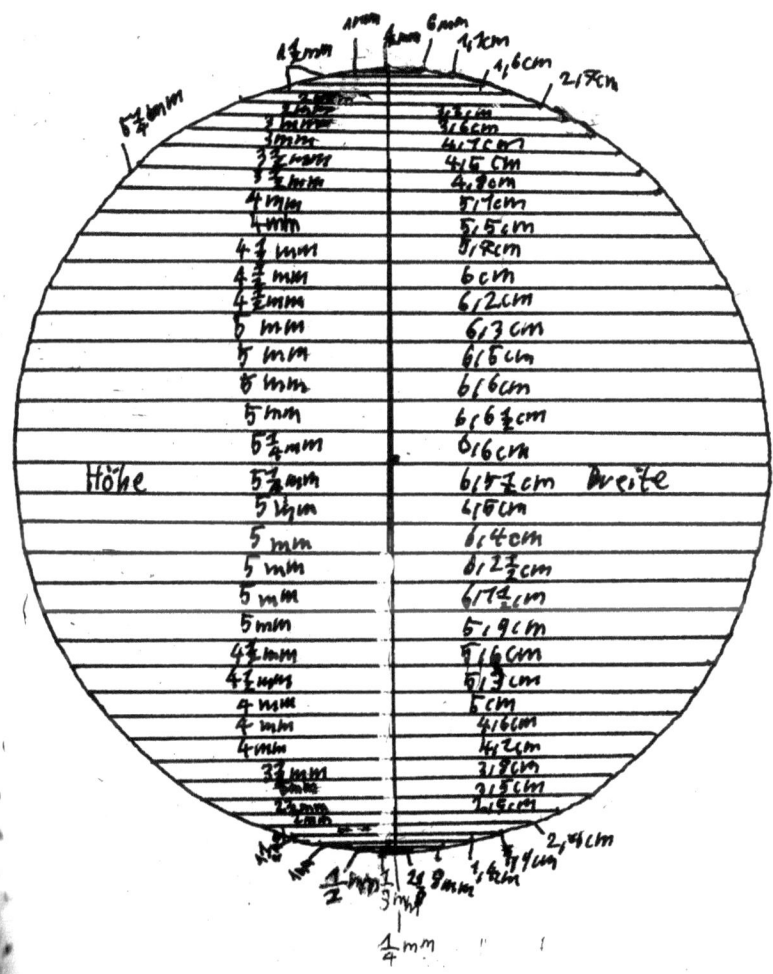

Neunundsiebzigeck

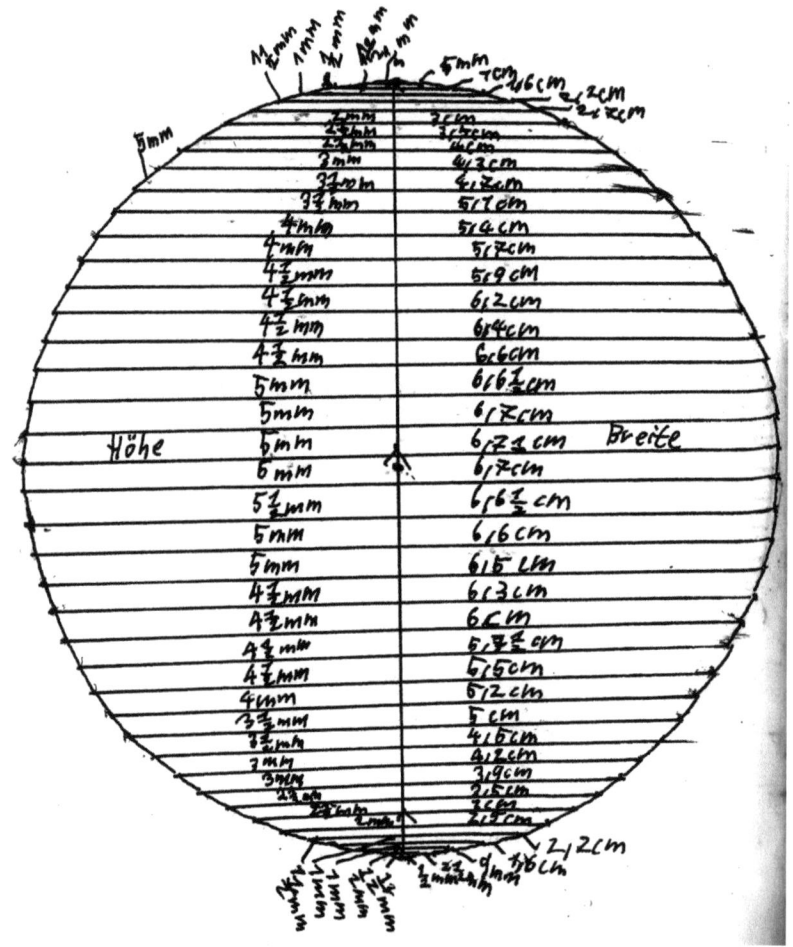

Dreiundachzigeck

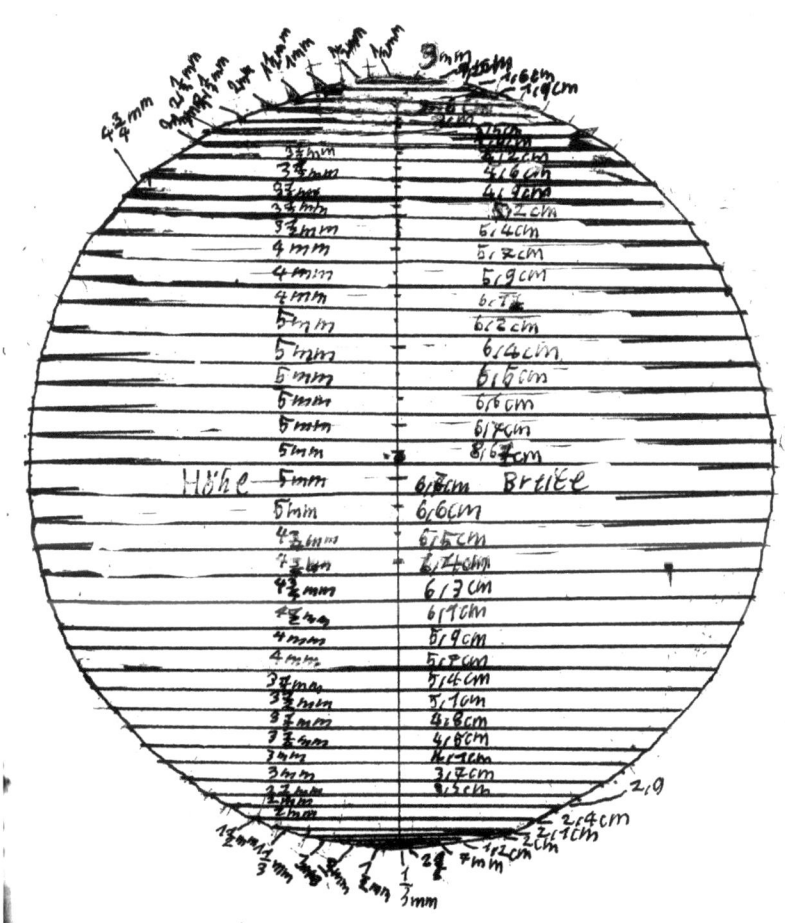

Siebenundachzigeck

111

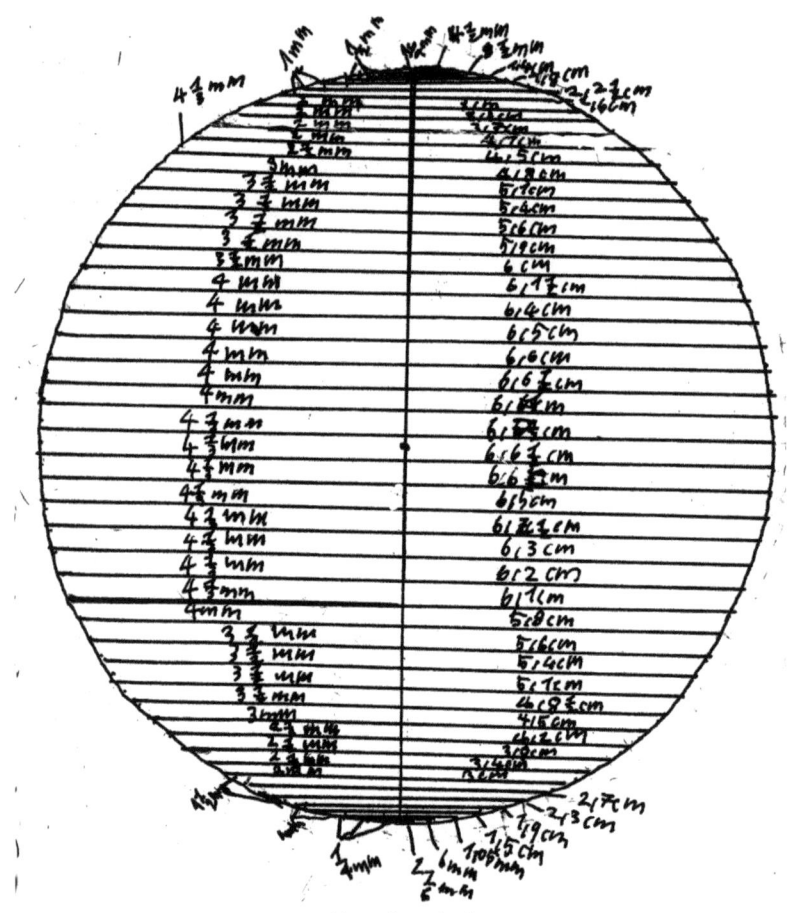

Siebenundneunzigeck

112

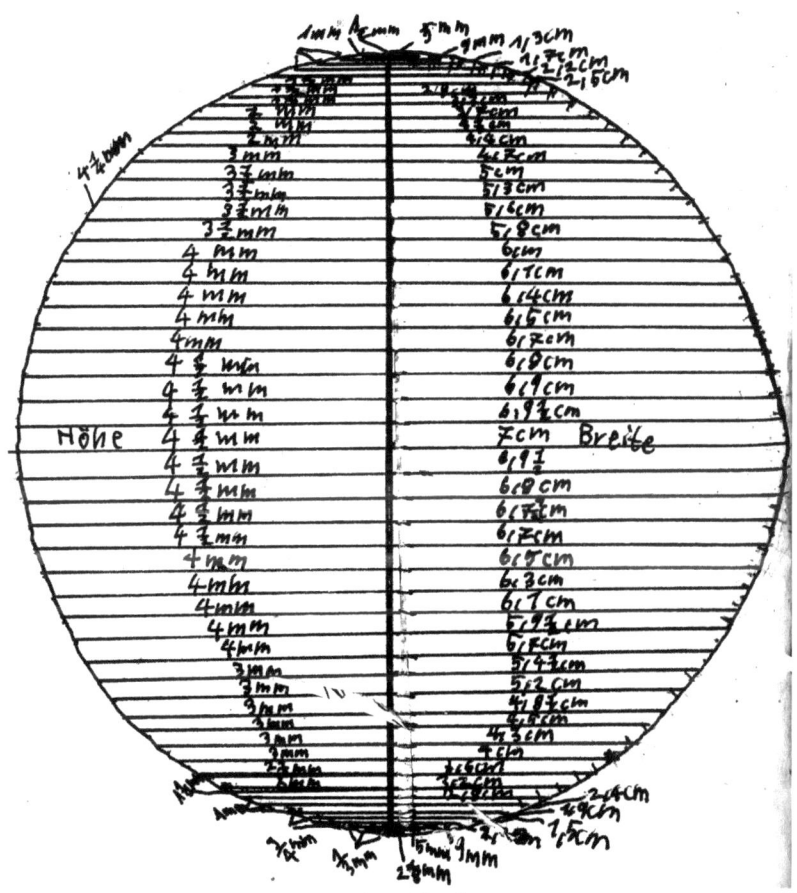

Hundertundeinseck

Das Ritual, um meine liebste Schulfreundin NM zu retten

Es war im Sommer 2009 während einer Vollmondnacht um 00.00 Uhr, als ich in Basel auf dem Winkelriedplatz im fünfeckigen Brunnen mit fünfeckigen Erhöhungen ein Ritual durchführen wollte. Die ersten beiden Versuche schlugen fehl, weil niemand Zeit fand, dies mit mir durchzuführen.

Zu einem späteren Zeitpunkt machte meine Freundin PS mit.

Ich hatte eine blaue Glitzerkerze, auf der ich mit einer Nadel das Tor von R`Leah von Cthulhu geritzt habe.

An diesem Abend gingen wir in diesen Brunnen, der übrigens nicht mehr in Betrieb war, also kein Wasser hatte.

Ich zündete die Rauchfasskohle mit arabischem Weihrauch an und in der Mitte des Brunnens stellte ich eine mit Sand gefüllte grosse Tasse.

Ich schritt den fünfeckigen Brunnenrand ab, dabei hielt ich ein Blatt, vom Jhon Dee Necronomicon mit ca.12 verschiedene Namen der Grossen Alten darauf geschrieben und dem Winkel und den Zeichen in der Mitte meiner Hände.

PS stand in der Mitte des Brunnens und ich ging auf dem Brunnenrand von der Spitze von rechts nach links, mit brennender Kerze und rief die Namen von den Grossen Alten.

Danach ging ich zur Mitte des Brunnens und PS ging auf die Seite und rief Cthulhu und den Erzengel Raphael an.

PS fing an auf Arabisch zu beten.

Dann ging ich mit meiner blauen Kerze in den Brunnen und betete laut auf Altaramäisch, während ich den Kerzenwachs mit meinen eigenen Siegelbewegungen meines Arms in den Brunnen hineintropfen liess und PS tat dasselbe mit einer blauen neutralen Kerze.

Zwischendurch störte uns ein Mann. Ich machte trotzdem weiter.

Dann kahm PS wieder in das Fünfeck. Wir beendeten das Ritual, indem wir auf die Knie gingen und zu Allah beteten. Ich versiegelte danach den Brunnen.

Dann gingen wir schlafen.

Als ich danach bald wieder in die Psychiatrie kam und an einem Samstag meine Mutter besuchen konnte, erzählte sie mir, dass NM im Spital sei.

Ich fragte sie ob etwas schlimmes geschehen ist.

Sie erzählte mir, dass NM eine neue Niere bekommen habe.

Ich konnte dies fast nicht glauben. Dies bestätigte auch die Kartenlegerin Pina Zimmermann als ich es ihr erzählte!

Am Sonntag, eine Woche später, besuchte ich NM im Kantonsspital.

Sie erzählte mir, dass sie eine Leichenniere bekommen hätte, die perfekt auf ihren Körper abgestimmt war und dies ereignete sich in dem Moment, als sie dabei war, ihr Leben aufzugeben!

Sie erzählte mir einmal, dass nur 2% aller Klienten, welche eine Nierentransplantation machen lassen, solch eine ideale Niere bekommen können!

Ich dachte vorher, dass Cthulhu und Raphael die alte Niere wieder in Gang bringen könnten. Doch, es ist viel besser ausgegangen als ich je erdenken konnte!

Ich war heilfroh, dass das Ritual doch noch gelungen ist!

So was ist einfach unglaublich!

Das Necronomicon ist im eigentlichen Sinne dazu da, um helfen zu können!

Das entspricht auch ganz den Absichten von seinem Autor Abdul Alhazred!

So ist der negative Ruf von Cthulhu wiederhergestellt!

Die Gebete mit den Kerzenwachstropfen lauten:

Abraxxis meth dimmu! Kaboth narra arexur deffer! Masch demia kasch dimmu! Agrath masch labux ebren merx! Hammar schar gibbir minna! Esch midix ab dachar emer anu! Keb dirro Inanna et Marduck! Kabasch mech ninnib abathu! Merex hillarion mer derexxor abnach hem! Kasch midich am schaday kech medur! Lach dimmu schoch gescheth marr! Akkadar medavin mindu axxis mer tarra! Norix mittir amir merun! Schach gebehur et Gybrill magan sabuch kath! Sefth mesch dachaj morox abnis! Kabaroth et meni du lymbi schuch nag! Kabul Arra nex nirra madrax eck desch migo! Cthulhu an dorox Cthulhu maschathon Cthulhu escha! Alba min sebeth et mirix dach nabisch et Rabischu! Katharis ambi sept mergul aschathoht!

Dann stehe auf den Brunnenrand auf der rechten Seite und halte die Kerze mit der Gravierung zum Vollmond und spreche die Worte:

Nurriatem selach katirch elech nadim kura dachar.

Dann steigst du wieder hinunter.

Wenn du auf ein Fünfeckplateau stehst, richte die Kerze mit der Gravierung wieder Richtung Vollmond und halte sie hoch und steh dabei auf die Zehenspitzen und wieder hinunter, während du den Spruch aufsagst.

Karr edechoth mar daschim! Miggitth Ibrahim schach maratan et kerech! Ledux meran nabith ebneth arakkar! Machu schimm Ischtar et Kali mir Nebo abech segal masch dimmu! Keretheck mech abathon masch eckich Medina! Larax ebus nabisch et karra! Mer deffenal eth merex abachu dex abi! Nagal ebneth mesch nirro egereth!

Kasch Schammasch megil lax nirro medach karra! Andachiel et Cthulhu maner exar!

Das Ritual ist nur für Lebewesen, die in Not sind und nicht für jene, die nur den Adrenalinkick brauchen.

Nach dem Medium aus der Zeitschrift Tierwelt, ist dieser Spruch, den ich nochmals überarbeitet habe, stark.

Um dieses Ritual an anderen Orten durchzuführen, kann man die Fünfecke mit roter Strassenkreide zeichnen.

Die Masse in ungefährer Grösse:

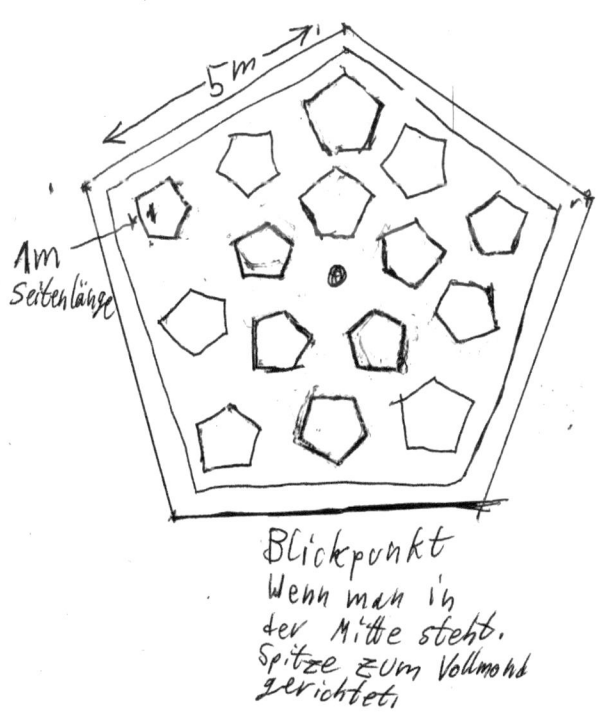

Fünfeckbrunnen

KAPITEL 16

Gedichte und Weisheiten

Geigen

Der Himmel steht voller Geigen,
jene nicht die Natur verweigern,
sie spielen und singen im Reigen, ohne abneigen.

Hevymetal

Heavy metal ist mein Leben,
für das würde ich sterben.
Ich bin schon gestorben
und das auch übermorgen.
Rock rolls the world ist mein Wort,
aber nicht mein Tod.

Leben

Gewinnen ist unser Leben,
aufgeben unser Tod.
Wenn wir uns aufgeben,
verlieren wir in Not.
Wenn wir den Willen haben
nur zu gewinnen,
dann sind wir im Leben
ganz mitten drinnen.

Schlangen

Schlangen sind zähe Tiere,
sie kriechen nicht auf allen Vieren.
Sind hart im Nehmen,
können beissen und andere Tiere verspeisen.
Sie wissen wie zu reisen,
mit ihren schlanken Körpern gut auf ihre Weisen.
Eben wissen sie wie zu leben
um nach Vollendung zu streben.

Wahrheit

Wahrheit ist kein Verbrechen,
denn Indianer werden sich
an Lügen rächen.

Gothic

Gothic, für das lebe ich,
ohne Zwist gegen mich.
Doch gebe ich zu,
Fehler begehen tu.
Ich mag sein eine Kuh,
doch mit einem Herz,
das schlagen tu.
Ich bin ohne Verzicht, mit nicht.
Ich brauche keine Drogen,
denn die sind verlogen,
was den Sinn vernebelt
und sie aushebelt.
Ich esse gerne Süssigkeiten,
jene mich tun aufheitern.
Ich sah den Film Candyman und Eren,
jene Wesen können sich eben wehren
und darum halte ich sie in Ehren.

Sterne

Betet die Planeten und Sterne an!
Sie sind immer für euch da.
Von Abdul Alhazred

Alienweisheit

Lasst euch nicht von den Sternen bewegen, bewegt euch
selbst.

Die wahren Gründe von Gut und Böse

Wirklich gut ist,
wer die Wahrheit kennt und abwägend auf alles reagert.
Wirklich böse ist,
wer bei allem motzt.
Neutral sind beide Kräfte, denn alles ist auch im anderen drin, nur
verlagert.
Natürlich zählt das Yin und Yang.
So ist das Leben.

Tox's Weisheit

Man soll seine wirklichen Wünsche erfüllen, erst dann ist man
wunschlos glücklich.

KAPITEL 17

Tore

Vergangenheit

Dieses Tor steht für die Vergangenheit, um Dinge zu versiegeln.

Vergangenheitstor

Gegenwart

Dieses Tor steht für die Gegenwart mit dem Stern der zeitlichen Ebene um Dinge direkt in der Gegenwart zu transformieren.

Gegenwartstor

Zukunft

Dieses Tor steht für die Zukunft, um das Schicksalsrad zu aktivieren, um Visionen zu bekommen oder das Schicksal positiv zu beeinflussen.

Zukunftstor

Mondtor 1

Das Mondtor Nabeth steht zur Verfügung, um Mondkräfte zu aktivieren und steht für die silberne Energie.

Mondtor Nabeth

Mondtor 2

Das Mondtor Ischir steht für die vielen Monde des Saturns und seine Ringe.

Ihre Farbe ist orange und man geht auf ein warmes oranges Licht zu, um die eigene Schwingung zu erhöhen.

Mondtor Ischir

Sterntor 1

Das Sterntor Komirata, steht für den Stern Arra.

Seine Energie ist goldig und bringt einen in die Energie in die

höchste Form der Feinstofflichkeit.

Sterntor

Mond und Planetentor

Das Mond- und Planetentor Hoxaath steht für die silbergrüne Energie.

Es geht um den Planeten Erde und der Mond.

Man zieht damit materielle Dinge an.

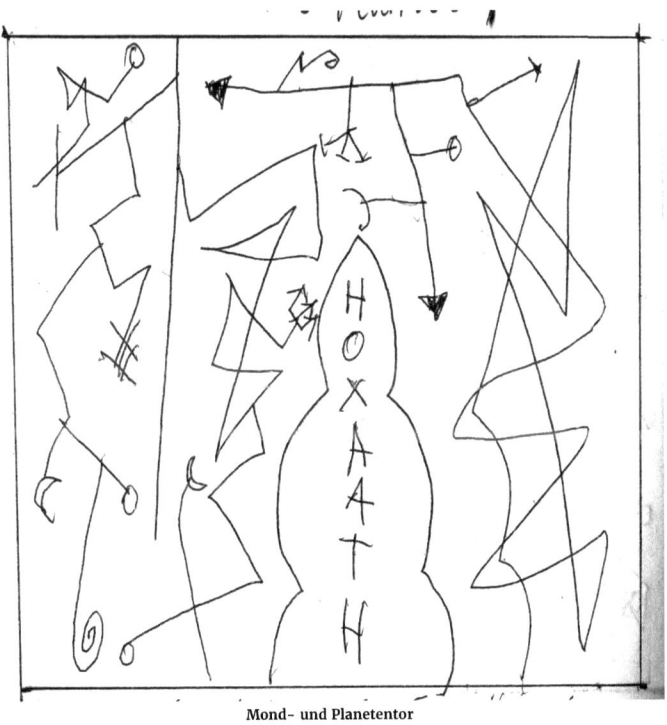

Mond- und Planetentor

Wirbeltor

Das Wirbeltor Maleth steht für das Universum und steht für das Astrahllicht hellblau um Geistreisen zu machen.

Wirbeltor

Geistertor 1

Das Geistertor Atner steht für den Saturn um von Aliens und mysteriösen Lebewesen, Botschaften zu erlangen.

Geistertor

Geistertor 2

Dieses Tor steht für die Schutztiere um Hilfe von ihnen zu erlangen.

Geistertor 2

Sterntor 2

Das Sterntor Kerimothomar steht für die Öffnung von seinem Bewusstsein, um geistige Zeitreisen zu vollziehen.

Sterntor 2

Schlangentor

Das Schlangenor ist grün und wild.

Es geht um Geschwindigkeit und geistige Wendigkeit und um seinen Instinkt zu verbessern.

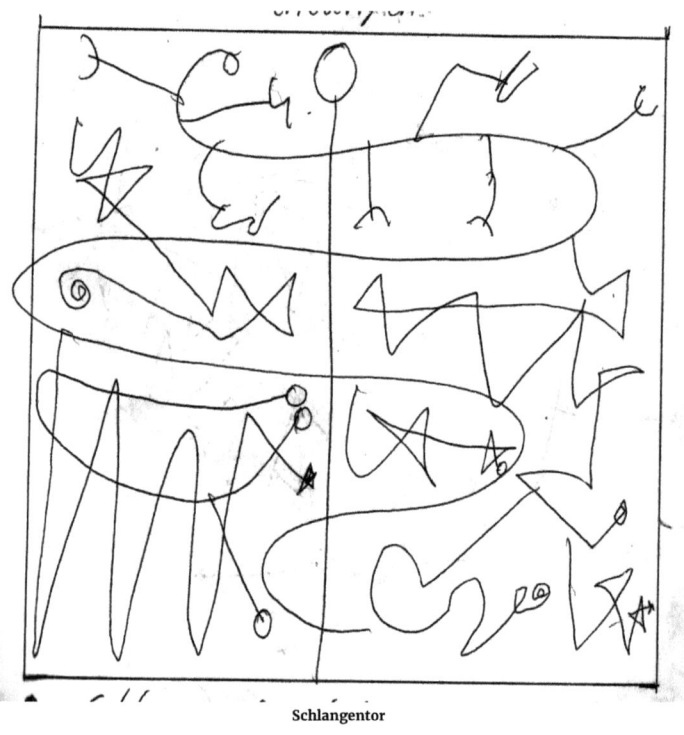

Schlangentor

Dimensionssprungtor

Das Dimensionssprungtor steht für den geistigen Beameffekt, um Zeitreisen mit dem Geist zu beschleunigen, um auf andere Ebenen zu kommen.

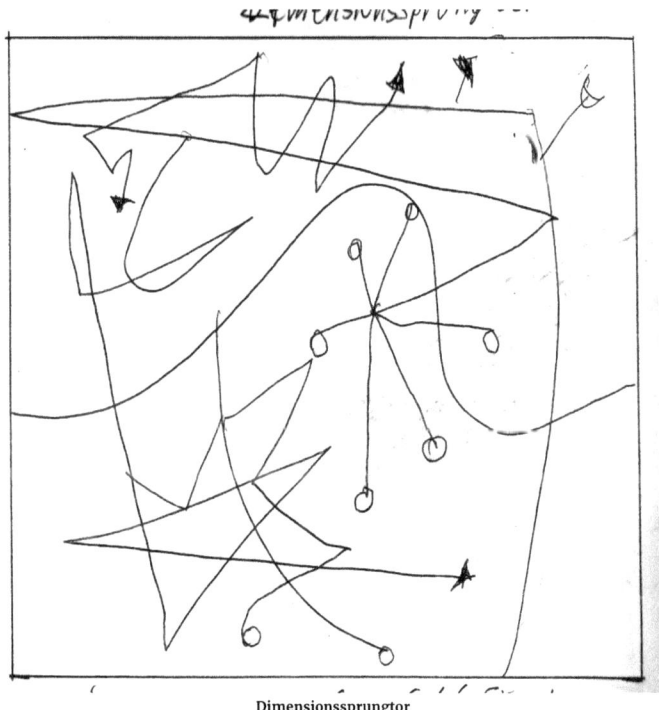

Dimensionssprungtor

KAPITEL 18

Lahmen von sehr mächtigen Geistern

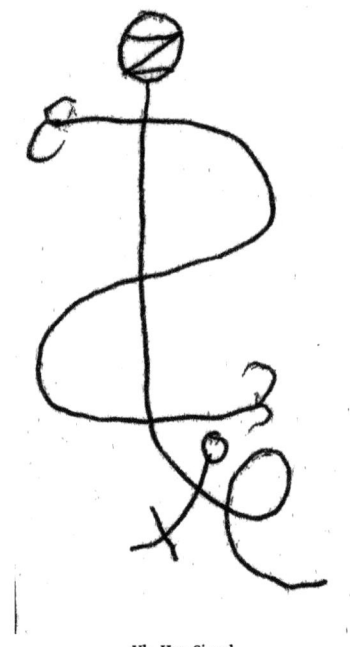

Uk-Han Siegel

Geistersiegel

135

Geistersiegel

Geistersiegel

1. Damien

Damien ist aus dem Film "Das Ohmen 666" bekannt. Er wird als Sohn Satans bezeichnet. Wenn man ihn bittet, schenkt er einem die Gabe der Hellsichtigkeit. Er besitzt 77000 Legionen von Geistern. Er ist ein König und kommt in einer mystischen Atmosphäre in Erscheinung, wenn man sein Siegel geschrieben hat.

Ich habe dieses Siegel geschrieben, um endlich hellsichtig zu werden. Dies geschah direkt nach meiner Bitte, worauf sich später dann meine Hellsichtigkeit ausartete und mir den Boden unter den Füssen wegzog. Alle Visionen wurden wahr, seit ich ihn beschworen habe.

Am besten ist, man überlegt sich zuerst, wie stark die Hellsicht bei einem sein soll. Man muss sich unbedingt seiner Grenzen bewusst sein, bevor man das Siegel von Damien schreibt, ansonsten können die Zukunftsvisionen überhandnehmen und einen wahnsinnig machen.

Als Gabe für seine Dienste wäre arabischer Weihrauch oder Rosenweihrauch gut (brennen in der Rauchfasskohle).

2. Mammon

Mammon ist eine Wesenheit, die aus der Bibel bekannt ist.

Er kann Tote wieder zum Leben erwecken.

Er ist der Herr der Auferstehung.

Dies gelingt aber nur bei kürzlich verstorbenen Lebewesen.

Er besitzt 56000 Legionen von Geistern und ist ein Prinz.

Er kommt als grauer Nebel und manifestiert sich dann in einer dumpfen Stimmung.

3. Dracula

Dracula ist ein sehr mächtiges Wesen.

Er lehrt jeden, der ihn bittet, in Alchemie und Physik.

Seine Rezepturen alchemistischer Art sind legendär!

Dracula gilt als Graf.

Er besitzt 186000 Legionen von Geistern.

Er erscheint mit 2 Kobras in einer dunkelgrünen Wand aus Energie.

4. Ötheron

Ötheron ist eine neutrale Wesenheit.

Wenn man ihn bittet, lehrt er einem Geschicke aller Art.

Er ist ein Prinz und hat 900 Legionen von Geistern unter sich.

Er erscheint in einem gelben Energieschleier.

5. Necroman

Necroman ist der Totenmann.

Er kommt mit dem Wind und lehrt einem das Element Luft zu beherrschen, wenn man ihn darum bittet.

Das erlebte ich auf dem Wolfsgottesacker, als ich ihn anrief: "Zeig mir den Wind!"

Der Wind wurde so stark, dass es viel Baumrinde vom Baum wehte.

Der Necroman erscheint in einem dunkelvioletten Dunst.

Er ist ein König und hat 132000 Legionen von Geistern unter sich.

6. Basilisk

Der Basilisk stammt aus der Bibel.

Er ist eine grüne Wesenheit, halb Hahn und halb Frosch.

Er erscheint in einem hellen blaugrünen Schleier aus Energie.

Wenn man ihn darum bittet, beschützt er einen vor übel gesinnten Taten, Menschen und Hass.

Er ist ein Herzog und hat 42000 Legionen von Geistern unter sich.

7. Tioaxi

Der Tioaxi ist eine Wesenheit, die nicht in den Büchern steht.

Wenn man ihn bittet, lehrt er einem Wissen und ist ein hervorragender Schutzgeist.

Er ist ein Prinz und hat 6900 Legionen von Geistern unter sich und erscheint in einer hellgelben Energiewand.

8. Baphomet

Baphomet ist der Teufel.

Er erscheint in einer dunkelroten Energiewand in Toscanarot.

Er ist die absolut höchste Instanz der Unterwelt und herrscht über alle anderen dämonischen Wesenheiten.

Wenn man ihn bittet, erfüllt er einen alle Wünsche und lehrt einen alle möglichen Dinge.

Auch Schätze zeigt er auf.

9. Azathoth

Azathoth ist eine Wesenheit, die aus dem Necronomikon stammt.

Er war um Abdul Alhazreds Seele besorgt.

Er ist ein Schwarzmagier.

Er erscheint in einer rotvioletten Energiewand.

Er hat 608000 Legionen von Geistern unter sich.

Er ist ein grossmeister der Magie.

Ich war von ihm besessen.

Er hat mir gezeigt, wie mein Buch heissen soll.

10. Tox

Mit Tox habe ich in der UPK gearbeitet.

Wenn man ihn zu falschen Zwecken benutzt, ist er sehr gefährlich und kann die Persönlichkeiten zweier Personen, innert Sekunden vertauschen!

Tox erscheint in einer schwarzen Nebelwand.

Er ist ein König und hat 270000 Legionen von Geistern unter sich.

11. Mullu

Mullu ist auch eine sehr starke Wesenheit. Mullu ist mein Seelen-name.

Wenn man ihn bittet, lehrt er einen, philosophisches und univer-selles Wissen.

Mullu kommt in einer hellroten Energiewand.

Er ist ein Prinz und hat 18000 Legionen von Geistern unter sich.

12. Urruk

Urruk ist auch eine sehr mächtige Wesenheit.

Er war bei meiner Freundin PS zuhause aufgetaucht, bevor ich ihn aus ihrer Wohnung vertrieben habe.

Er erscheint in einer hellblauen Energiewand, hat schwarz gewelltes, schulterlanges Haar, eine Menschenhaut, Kiemen und Schwimmhäute und einen blauen Fischmund.

Er ist mit einem Kometen an seinen Füssen verwachsen, der aus Eis und Metall besteht!

Für Lehren aller Art ist er bereit, wenn man ihn darum bittet.

Er ist ein König und hat 23100 Legionen von Geistern unter sich.

13. Gullur

Gullur ist ein Wesen das, wenn man ihn darum bittet, einen zu Schätzen bringt, welche man ausfindig machen kann.

Er erscheint in einem goldenen Energieschleier und hat 19000 Legionen von Geistern unter sich.

14. Schammasch

Schammasch stammt aus dem Necronomikon und zeigt sich als Gottheit.

Er ist auch sehr mächtig und erscheint in einer orangenen Energiewand.

Wenn man ihn darum bittet, verhilft er einen Geistreisen zu machen.

Er ist ein König und hat 24000 Legionen von Geistern unter sich.

15. Uggur

Uggur ist ein Wesen, wenn man ihn darum bittet, kann er die Aura in Gold-Ultraviolett verwandeln.

Er erscheint in einem ultravioletten Energieschleier.

Er hat 9000 Legionen von Geistern unter sich.

16. Suttan

Suttan ist eine Wesenheit aus der CD von der Band Necronomicon mit dem Titel Nox Arcana.

Wenn man ihn darum bittet, lehrt er einen Wissen über verschiedene Arten von Aliens.

Er erscheint in einem hellgrauen Energieschleier.

Er ist ein Herzog und hat 12000 Legionen von Geistern unter sich.

17. Ukkurox

Ukkurox ist eine Wesenheit, wenn man ihn darum bittet, können Menschen durch ihn technische Bauten und Modelle herstellen.

Er erscheint in einem regenbogenfarbenen Energieschleier.

Er ist ein König und hat 10200 Legionen von Geistern unter sich.

KAPITEL 19

Die Primzahlenreihe

Die Einerreihe kann für die Kreisumrundung verwendet werden, um Punkte zu setzen. Diese Spirale ist auch wieder pyramidenförmig und man nennt sie Einzelformpyramiden, vom Dreieck bis Fünfeck. Diese Form bildet auch eine Verzweigung und so werden alle anderen Spiralen angeordnet.

So sehen sie aus:

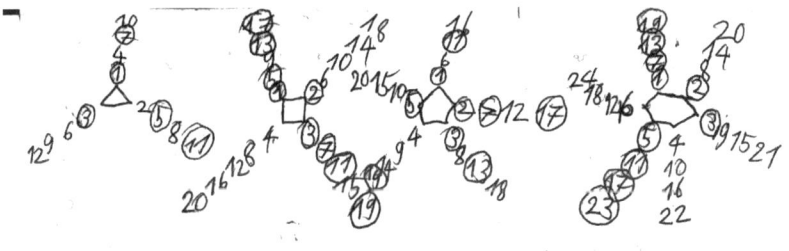

Primzahlenspiralen

Was fällt auf?

Bei der Quadratanordnung der Zahlen, bündeln sich die Primzahlen am meisten auf 2 verschiedenen Zahlenlinien in derselben Menge bei der Zahlenkolonne 1 und 3.

Bei den ungeraden Zahlenformen bilden sich die Primzahlen an verschiedenen Stellen. So ist die Primzahlenreihe in der Dimensionsspirale zu finden.

Siehe bei den ungeraden Zahlen im Bild von den Zahlenspiralen der Formen.

Versuche dies nun mit dem 10-Stern und schaue was passiert:

Beim 10-Stern bilden sich die Primzahlen an 3 Kolonnen jeweils 2x.

Es bilden sich Zahlen so, dass die hintere Zahl der doppelstelligen Zahlen aller Reihen die Technik ist, wie man Primzahlen schnell finden könnte.

Eine Sechseckeinteilung ist dabei nicht sinnvoll, jedoch mit dem Quadrat gelingt die Primzahlenermittlung am besten. Beim 10-Stern bilden sich bei der Zahlenkolonne 1 und 7 je 2 Primzahlen hintereinander mit einer teilbaren Zahl als Abstand dazu. Bei der Zahlenkolonne 2 und 5 kommen sie je 1x und bei der Zahlenkolonne 3 und 9 sind es 3 Primzahlen hintereinander bis eine teilbare Zahl kommt. Bei der Zahlenkolonne 2 und 5 bleibt die einzige Primzahl in der Kolonne bis in die Unendlichkeit.

KAPITEL 20

Wie die Eingliederung von Menschen mit unterschiedlichen Beschwerden in der freien Wirtschaft gelingt

Finanzmodell

Eine kleine Firma oder ein Kleinbetrieb hat in jedem Block einer 10füssigen Pyramide eine Person. Je grösser eine Firma ist umso höher muss die Anzahl Personen in jedem Block sein.

Siehe im Bild unten den Verdienst von 30 x 100% Arbeitenden, ersetzt durch 10% bis100% Arbeitenden und IV-Regelung ohne Ergänzung-sleistung, so dass die Ergänzungsleistung nur für Kinderzulagen und Altersvorsorge bleiben kann. So kann man eine Verschuldung von Ämtern effektiv vermeiden!

IV, Arbeit, Lohn

0% /3 100% 4000,-
1474 10% 3 3 90% 3852,6
2248 20% 3 3 3 80% 3705,2
4422 30% 3 3 3 3 70% 3557,8
582,6 40% 3 3 3 3 3 60% 3410,4
884+ 50% 3 3 3 3 3 3 50% 3263,-
1037,8 60% 3 3 3 3 3 3 3 40% 3115,6
1'792,70% 3 3 3 3 3 3 3 3 30% 2'968,2
1346,80% 3 3 3 3 3 3 3 3 3 20% 2673,48
90% 3 3 3 3 3 3 3 3 3 3 10%
1'474,6   2526,-

Lohn und Arbeitspyramide

Dieses Pyramidensystem ist dazu da, Menschen die 100% arbeiten zum Beispiel

10=30x100% arbeitende Menschen in einem Betrieb zu ersetzen von 3x100% Arbeitende bis 90x10% Arbeitende anzustellen.

Der Arbeitgeber hat keine Verluste, weil die Gesamtarbeitszeit gleichbleibt.

Der Arbeitgeber muss auch nicht mehr bezahlen als für 30X100% Arbeitende.

Für die AHV muss er genau so viel einzahlen wie bei 30 Angestellten.

Der Rest wird von der IV bezahlt.

So verdienen 10% Arbeitende Fr. 2526.- und bekommen Fr. 1474.- IV dann brauchen sie keine Ergänzungsleistungen mehr zu beziehen. Diese Berechnung funktioniert bei allen Firmengrössen.

So sind Menschen, die auf der Strasse leben, Behinderte und sozial schwache Menschen, zum Beispiel Harz 4- oder Sozialhilfeempfänger, optimal integriert.

Auf Drogen und Alkohol muss während der Arbeit mit einer unterstützenden Therapie, möglichst verzichtet werden.

Eine Pyramide mit weniger beeinträchtigten Menschen würde so aussehen, dass in der untersten Blockreihe in jedem Block eine 1 steht und sich bei jeder Blockreihe um eine Zahl erhöht. Zum Beispiel sind bei 9 Blöcken 2 Personen drinnen, bei 8 Blöcken 3 Personen, bei 7 Blöcken 4 Personen usw.

An der Spitze wären dann 10x zu 100% für eine grosse Firma Arbeitende,

Mit dieser Pyramide kann man wählen zu wieviel % die Menschen arbeiten können.

Bei einer kleinen Firma könnte der Arbeitsansatz von 30%–100%angeboten werden. Der Lohn bleibt gleich, wie auf dem Bild zu sehen ist!

Dieses Arbeitsschema ist auch sehr ideal für Familien mit Kindern. Somit können auch die Väter entlastet werden!

Die AHV könnte zum Beispiel einen Coach für solche Menschen bezahlen, der die Drogen und Alkoholabhängigen zu weniger Zuführung dieser Substanzen animiert und sie positiv motiviert. Auch Kurse könnten angeboten werden mit Fähigkeitsausweis als Abschluss. Dies wäre für Menschen, die keine Lehre machen können. So haben alle eine faire Chance, um in der freien Wirtschaft Fuss zu fassen!

Dann gibt es noch die gemusterte Finanzpyramide.

Wenn man die abgebildete Finanzpyramide auf den Kopf stellt, gibt es 30 Personen, die 100% arbeiten und 3 Personen, welche nur 40% arbeiten.

Das wäre fast das Minimum an Arbeitenden, die bei einer Firma mit 145 zu 100% ersetzt werden könnten.

Wenn man die gemusterte Finanzpyramide auf den Kopf stellt, gibt es 45 Personen, die 100% arbeiten und es wären 3 Personen, die 10% arbeiten.

Damit es für die Arbeitgeber rentiert, soll es ein angepasstes Menschenrechtszertifikat geben. Das heisst, je mehr beeinträchtigte Menschen eingestellt werden, bekommen die Firmen ein entsprechend besseres Zertifikat. Das Einstellen von beeinträchtigten oder süchtigen Menschen ist immer eine menschenrechtliche Frage, die mit Toleranz gekoppelt wird.

Das Maximum von beeinträchtigten Menschen ist als Arbeits- und Lohnpyramide in diesem Kapitel abgebildet.

Wenn es in einem anderen Land ist, wie China, Thailand, Nepal usw. muss dieses schweizerische Finanzpyramidensystem so berechnet werden, dass es in solchen Ländern und Gebieten für sie einen Überlebensstatus wie in der Schweiz hat.

Nur wenn Frieden gewährleistet ist, ist dieses Finanzsystem einsetzbar.

Dieses System ist auch für Jugend- und Altersarbeitslose, welche arbeiten möchten, gedacht!

Dieses System kann individuell angepasst werden!

Der Arbeitgeber soll auch ein weiteres Zertifikat bekommen, wenn er alte Menschen in den Betrieb anstellt.

Ein drittes Zertifikat soll die Wertschätzung zu den unterschiedlichen Menschen aufweisen, wobei es auch darum geht, den Arbeitsplatz auf jede einzelne Person zuzuschneidern. Was kann er, was sind seine Stärken? Freundlichkeit und Brüderlichkeit sind wichtige Prädikate, die für das Arbeitsklima wichtig sind!

Der Anreiz für ein solches Arbeits- und Finanzsystem soll die staatlich finanzielle Unterstützung sein.

Diese Zertifikate sollte man mit individuellem Strichcode, der nicht mehr als 10stellig ist, versehen.

Der Strichkode sollte auf der rechten, unteren Seite des Blattes stehen.

Die Menschen müssen sich nicht an die Arbeit anpassen, sondern die Arbeit soll sich an die einzelne Person individuell anpassen. Die Arbeit kennt kein Tempo, dies kennt nur der Mensch und macht sich deswegen selbst unnötigen Druck!

Ein freundliches Arbeitsklima zwischen Arbeitgeber und Arbeitnehmer ist um so wichtiger.

Ich weiss, wovon ich spreche!

Ich arbeite mit solchen Menschen zusammen!

Ich fände das einen riesen Schritt in der Entwicklung der Menschheit, wenn dieses Gesetz eines Tages voll und ganz umgesetzt würde!!!

Denkt daran: Alle Menschen, ob gesund, beeinträchtigt oder krank, sind auf unserer Erde zur Welt gekommen! Also haben sie auch einen Platz in der Gesellschaft und dies weltweit!!!

Wer Menschen mit Beeinträchtigung, Krankheiten oder Andersartigkeit verachtet,

meint von sich selbst, dass er besser sei als die Anderen und ist deswegen in Wirklichkeit der Dümmere!

Klug sind jene, die sich ein Teil des Ganzen betrachten, egal wie man ist. Die Welt wäre doch langweilig, wenn alle gleich wären und es keine Individuen gäbe!

Dieses Denken sollte vor allem das Psychiatriepersonal sich dringendst zu Eigen machen!!!

Alle anderen Versuche gelten nur einem einzigen Zweck, nämlich die Machtdemonstration über den Köpfen der betroffenen Personen, um sie zu

instrumentalisieren, wie es Hitler getan hat mit dem deutschen Reich!!!

KAPITEL 21

Über die Legionen von Dämonen und Engeln in der Anzahl und mathematisch versinnbildlicht

Dämonen besitzen Legionen. Sie sind angeordnet in rechteckige Quadratzahlen, wie zum Beispiel Lilith mit 489 Legionen.

Lilith bildet eine Armee von 366 x 183 Plätzen, davon stellt 1 Feld 1 Legion dar.

In jeder Legion sind 1745 Krieger.

Cthulhu mit 48657 Legionen, hat 31103 x 15552 Plätze und 81414720 Krieger.

Das ist kaum vorstellbar!

Im alten Rom, wo die Legionäre herkommen, ist jede Legion in einer rechteckigen Aufstellung angeordnet.

Die 8fache 6 als Legion hat 2256 Legionen und die 18fache 6 als Legion hat 11664 Legionen auf 72 x 36 Plätzen mit 24353680 Kriegern.

Dies könnte die Legion von Anis sein und ist sehr gefährlich!

Satans Legion hat 60 x 60 Plätze mit je 6 Legionen pro Rechteck mit insgesamt 24353680 Legionen und 233701570 Krieger.

Die Legionen rechnet man so aus:

Bei Lilith nimmt man eine Quadratzahl zum Beispiel 484. Danach teilt man sie durch 3, wobei 2x3 die waagrechte Seite ist und 1x3 die senkrechte Seite. Dies sind Plätze von einer Legion. Dabei muss man, um auf diese Form zu kommen, 5 Legionen dazu zählen und schon kann man die Legionenanzahl bestimmen.

Bei der 8fachen 6 in der Pyramide am Boden, steigt die Seele nach dem Tod in das Licht.

In der umgekehrten Form stürzt sie hinab in die Finsternis, welche dann als ruhelose Seele entweder auf der Erde oder in einer Zwischenwelt wandelt.

KAPITEL 22

Das Rad des aufgestiegenen Schakals

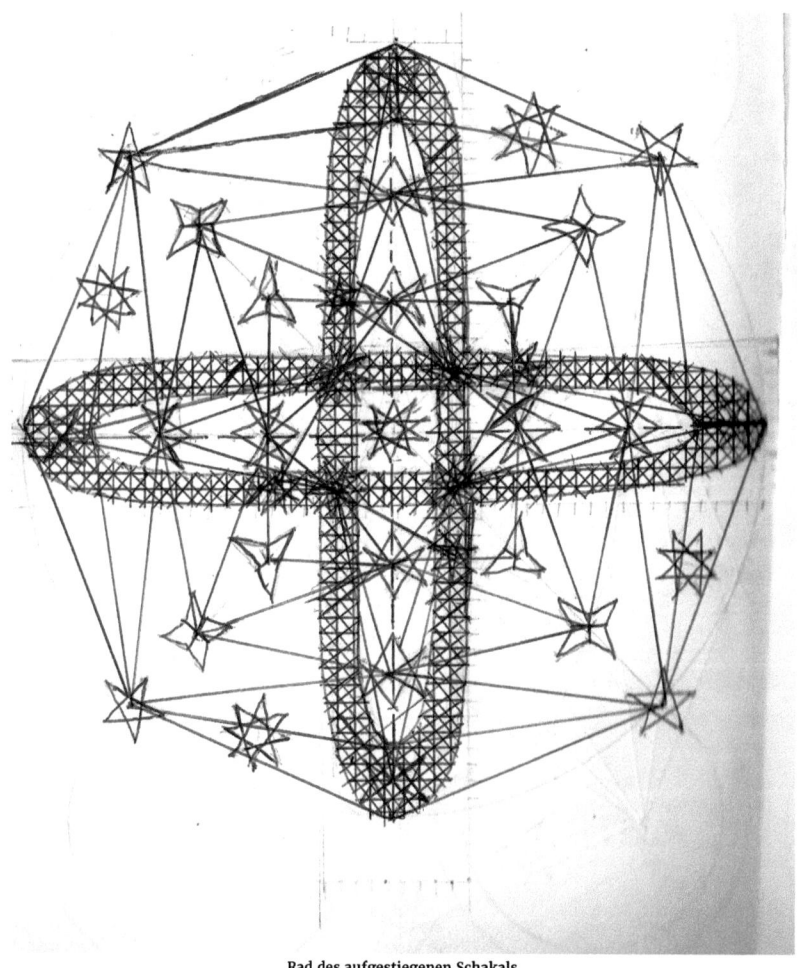

Rad des aufgestiegenen Schakals

Das Rad des aufgestiegenen Schakals ist ein sehr mächtiges Rad.

Dieses Rad bedeutet die Drehung des Schicksals in die gewünschte Richtung.

Es ist ein Zeittor, das den Zeitenlauf um einen Planetenkosmos bildet, bis hin zum Mikrokosmos.

Dieses Rad bedeutet einerseits den Zukunftskreislauf und den Vergangenheitskreislauf bis zum Zusammentreffen der Gegenwart in der Mitte des 10-Sterns. Das bedeutet, dass die 37 Sterne die 2 Kreisläufe zusammenhalten.

Sie bilden gleichzeitig eine Pyramide vom 10-Stern bis zu den vier 9-Sternen.

Die gestrichelten Linien sind das Lebenskreuz und das Rad der Entstehung.

Die Gitterkreisläufe sind die zeitliche Natur.

Das 8fache Gitterraster ist für die Erde und alle Planeten im gesamten unendlichen Kosmos. Das 16fache für die Partikel und das 32fache für das Ion.

Die Sterne bleiben gleich.

Zwischen Vergangenheit und Gegenwart geschieht alles.

Zwischen dem Geistigen und Materiellen entsteht ein Körper und Lebewesen, welches von der Natur von Grund auf erschaffen wurde, was kein Lebewesen selbst erschaffen kann.

Dies wirkt durch das Wissen auf die Lebewesen, die jenes erschaffen, um weitere Dinge neu zu erschaffen.

Das ist der Verlauf von der Dauer, welche die Natur braucht, um sich zu verändern.

Die Natur erschafft durch die Geburt, während das Produkt durch die Tat eines Lebewesens erschaffen wurde.

Ein Erfinder ist dafür das beste Beispiel.

Er hat eine Idee, erschafft sie, schützt sie durch ein Patent und vermarktet sie.

Das ist nicht einfach, je nach finanzieller Lebenslage.

Auch kranke Menschen können Erfinder sein.

Die 8 Sterne und 7 Sterne stehen für die Vollkommenheit eines Werkes.

Die 6 Sterne stehen für die Zeit.

Der 10-Stern als Zeitstern in der Mitte des Rades, legt die Zeiten in den 2 Kreisläufen fest.

Man kann die Sterne auch in eine Umlaufbahn bringen und das Rad auf 32 Kreisläufe weiter zeichnen, welches der Intelligenz der Aliens entspricht.

Dieses Rad ist im Geiste verankert.

Man kann dieses Rad auch ohne Kreisläufe herstellen, so dass alle Seiten gleich aussehen und ein regelmässiges Spinnennetz entsteht.

So sieht das aus:

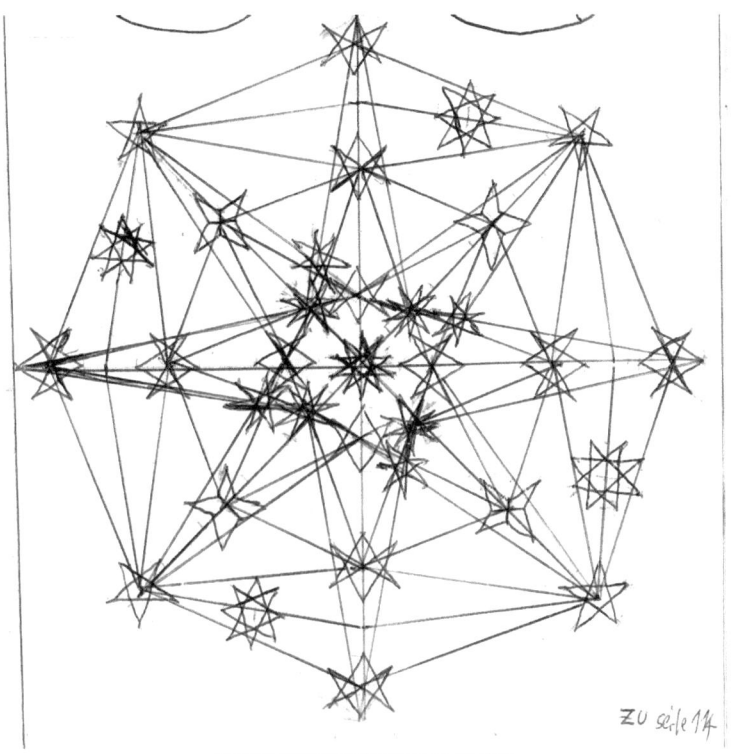

ZU seite 14

Neutrales Rad des aufgestiegenen Schakals

Dies ist der zeitliche Kreislauf der Einheit und steht für die absolute Unendlichkeit aller Universen (Elemente, Farben, Formen und Grössen).

Dies ist Gottes Plan.

Die Mitten der Sterne, die Zentren von Galaxien aus schwarzen Löchern und die Sterne in den Galaxien bilden das Rad unseres Universums.

Wenn man dieses Rad mit 8 Farben ausmalt, sind zwischen diesen Linien die verschiedenen Universen. Der 9-Stern nach unten zur Erde gerichtet bedeutet der Tod und der aufsteigende Stern die Wiedergeburt. Darum wird dieses Rad «das Rad des aufgestiegenen Schakals» genannt.

Nach meiner Erfahrung in der Magie ist dies ein Rad zum Beschwören aller Arten von Wesen, auch von allen grossen Alten aus dem Necronomicon.

Mit dem Rad mit den 2 Netzkreisläufen beschwört man Wesenheiten und mit dem neutralen Rad neutralisiert man sie wieder.

Die Runen kommen aus der Zeitnatur und können als Namen auch in die Netzkreisläufe vom «Rad des aufgestiegenen Schakals» mit dem Zeitnaturgitterraster eingetragen werden. So kann man die gewünschten Wesenheiten beschwören und ganze Legionen von Geistern mit dem Weltnaturgitterraster. Dieses enthält alle Namen von Geistern. Wenn man diese Legionen beschwören möchte, schreibt man am besten den Legionennamen in dieses Rad. Ansonsten kann man dieses Rad nicht mehr kontrollieren und es kommen Wesen, die viel mächtiger sind als man denkt!

Bei mir kamen Satan, Baphomet, Lucifer und Pazuzu gleichzeitig!

Je grösser das Rad in Anzahl der Sterne ist, umso mächtiger wird es.

Wenn eine 8fache Linie aus verbundenen 6 Sternen entsteht, ist dieses Rad sehr mächtig.

So ist dies die 8. Stufe in Schwarz für die dunklen Kräfte und in Gold für die hellen Kräfte.

Der Ursprung steht aber immer bei den dunklen Spinnennetzlinien.

Ich nenne dieses Rad: Die Spinne im Netz wobei die Spinne den 10-Stern symbolisiert.

Dieses Rad könnte man als Traumfänger herstellen und mit Glassteinen und Fensterfarben um die Sterne auf die Steine malen!

Man könnte die Sterne auch entsprechend anordnen wie bei den 9 Sternen.

Das ganze Rad dreht sich somit nach rechts oder nach links.

Dies symbolisiert den Lauf der Galaxie.

Wenn man das Rad auf einen Karton zeichnet und Sterne aus transparentem Papier ausschneidet, kann man so die Sterne zu einem doppelten oder 3-4fachen Stern einer Primzahlenform zusammenschieben. Siehe dazu die Formkonstruktionen im Kapitel: Die Konstruktion der Primzahlen in Formen.

«Das Rad des aufgestiegenen Schakals» kann man auch so zeichnen, dass es viele Verbindungen gibt.

So ist dieses Rad viel machtvoller!

Azathoth zeigte mir das.

Dieses Rad ist the Eldritch

KAPITEL 23

Über das Wünschen, wie man sein Individuum findet

Als ich im Jahr 2011 auf der Strasse lebte, traf ich eine Frau DM, die mit einem Fluch besessen war. Ich versuchte bei ihr alle nur erdenklichen Energien zu übertragen und machte magische Rituale zur Besserung ihres Zustandes. Meine Handlungen haben dieser Frau jeweils nur kurze Besserung gebracht, aber mich trieb es in den Wahnsinn.

Auf dem Weg traf ich einen Menschen, der ein Downsyndrom hatte.

Ich ging zu ihm und sagte: "Ich wünsche dir, dass du das bist, was du wirklich sein willst." (Dies bedeutet, dass man das ist, was man wirklich sein will, um rundum ein erfülltes und glückliches Leben führen zu können.) Er erwiderte mir, dass ich abhauen sollte. Ich erwiderte ihm, dass ich nur helfen wolle.

Danach ging ich mit diesem Spruch davon: „Tief wie das Meer, wellt es umher, in fragender Haltung umgeben, was das Leben wohl bringen mag, hungern zu müssen, wie ein Wolf zu missen." Der Mann schaute mir erstaunt nach. Dieser Spruch bewirkte, dass die Wellen im Rhein brachen, ohne dass ein Schiff vorbeifuhr.

Als ich in der Psychiatrie war, hatte es Menschen um mich herum, denen es nicht gut ging. Ich wünschte mir für eine Frau, die ich dort traf: "Ich wünsche mir, dass du das bist, was du wirklich bist." Das heisst, dass jede Person das sein sollte, was sie wirklich ist und nicht nach etwas strebt, das sie nie sein werden kann.

Sie wünschte sich auch für mich, dass ich mich selbst wiederfinden würde.

Denselben Spruch, den ich beim Mann mit Downsyndrom benutzt habe, sprach ich auch für einen anderen Mann in der Psychiatrie. Dies hat bei ihm wunderbar funktioniert, denn solche Wünsche, wenn man sie energetisch überträgt, haben eine extrem starke Wirkung!

Am Anfang schrie er noch und schlug sich auf den Kopf, danach als ich auf die halb offene Abteilung gewechselt habe und ihn wieder traf, fragte ich ihn, ob ich ihm helfen konnte. Er erwiderte mir: "Ja, sehr!"

Bevor ich ihm diesen Wunsch aussprach, hatte er gestottert und konnte nicht klar denken.

Als ich ihn zum letzten Mal traf, hatte er auch mir geholfen. Er gab mir eine Internetadresse die Antipsychiatrie heisst.

Ich las darin und merkte, dass diese Seite von Scientology gegründet war.

Mir war es dabei nicht geheuer und liess die Seite ruhen, obwohl ich den Inhalt sehr gut fand.

KAPITEL 24

Das wahre Bild vom Teufel und wie ich darauf kam

Als ich auf der Strasse lebte, ging ich immer in die Gassenküche essen.

Am Samstag und Sonntag war das Soup and Chill offen. Dort konnte man essen gehen, wenn die Gassenküche am Wochenende geschlossen war.

Als ich aber an einem Tag in der Notschlafstelle in Basel schlief, gesellte sich eine Transfrau, die sich GG nannte, zu uns. Ich merkte sofort, dass sie ursprünglich ein Mann war. Ich schrie entsetzt, was ein Mann in der Frauenabteilung zu übernachten habe? Sie sagte, dass sie umgebaut sei, und dass ich keine Angst haben müsse.

Ich war erleichtert, denn ich hing immer noch an einer alten Erinnerung in der Klinik, als ein Mann einfach in mein Bett stieg und wollte, dass ich ihn befriedigen würde.

Ich befürchtete dies zuerst bei GG auch, doch sie beruhigte mich, und ich entschuldigte mich bei ihr. Solch eine Situation hatte ich noch nie in meinem Leben erlebt.

Sie sagte zu mir, als sie mich zu einer Cola im Hirscheneck einlud, dass sie der Teufel sei.

Ich fragte sie, ob sie Cthulhu kennen würde.

Sie fragte mich, wer das sei.

Ich erwiderte ihr, dass sie unmöglich der Teufel sein könne, wenn sie nicht einmal den grossen Cthulhu kennen würde!

Ich erklärte ihr, dass er einer der grossen Alten aus dem Necronomiconbuch sei, und dass er sehr viel Macht hat und Dinge bewerkstelligen kann, die wir Menschen nie für möglich halten würden!

Im Gespräch verwirrte es GG, als sie ihr Citro betrachete und sprach: "Ich habe doch getrunken und jetzt ist mein Glas wieder voll und deines weniger!"

Ich erklährte ihr, dass Cthulhu eine Wasserwesenheit sei und im Bermudadreieck im Atlantischen Ozean in der versunkenen Totenstadt R`Laeh lebt.

Plötzlich sah sie Buchstaben in ihrem Glas, die sie aber nicht lese konnte.

Es handelte sich wahrscheinlich um eine magische Schrift, die sie im Glas sah!

Ich war verblüfft, dass Cthulhu solch eine Kraft hatte und jetzt noch hat!

Ich ging am Samstag ins Soup and Chill. Als ich dort ankam und etwas essen wollte, traf ich einen Punk, der mich verspottete und mir weise machen wollte, dass er der Teufel sei.

Er hatte ein Dämonenheptagramm auf der Stirn tätowiert, doch er glaubte gar nicht an den Teufel und war Atheist, wie er mir später sagte.

Ich erwiderte ihm, dass auch er nicht der Teufel sein könne, weil er selbst nicht an den Teufel glaube.

Er erklärte mir, dass in diesem Heptagramm ein Dämon sei, der die beiden Enden der Kobraschlangen im Mund zwischen den Zähnen habe.

Er sagte mir, dass ein Dämon der Anfang und das Ende eines Lebens bestimmen könne. Ich merkte, dass er recht hatte.

Später wollte ich einer Frau DM helfen, die, wie sie sagte, von ihrem Halbbruder DB mit einem schlimmen Fluch beladen wurde und das schon seit 10 Jahren. Ich versuchte ihr vergeblich zu helfen!

Der Punk erwiderte, dass man ihr nicht helfen könne. da er es auch ohne Erfolg versucht hätte.

Danach ging ich zum Voltaplatz. Auf dem Weg schob ich etwa ein 100m grosses, graugrünes Energiefeld vor mir her und schob es bis zu DB`s Wohnung und stiess diese Energie zu ihm zurück.

Als ich zum Soup and Chill zurückkehrte, sagte der Punk zu mir, dass ich keine Esoterikerin sei mit dieser graugrünen Aura!

Ich erschrak und setzte mich hin. Gegenüber sass eine Frau, mit der ich mich unterhielt.Sie hatte Probleme und ich übertrug ihr positive Energie. Danach fühlte sie sich besser. Plötzlich lachte sie mich aus wegen meines Sternzeichens und sagte zu mir, dass ich eine Träumerin sei.

Da kam ein Mann und raubte dieser Frau ihre Energie.

Er war ein Energievampier.

Sie schrie um Hilfe und sagte zu mir verzweifelt, dass er ihr ihre Energie gestohlen habe.

Ich zog ihm die Energie wieder ab und gab ihr sie wieder.

Sie war erleichtert, aber der Mann drehte sich um und sagte mir, dass er der Teufel sei. Er hätte gekifft und Samen gespendet.

Ich sagte zu ihm, dass er nicht der Teufel sei, weil der Teufel einen klaren Verstand braucht, um wirken zu können.

Er war entsetzt über meine Aussage.

Danach habe ich ihn nicht mehr gesehen, bis ich eines Tages am Bahnhof Vordereingang auf einer Bank sass.

Der Mann gesellte sich zu mir.

Ich war barfuss.

Er sagte zu mir, dass er mich krank machen würde.

Er zog seine Schuhe aus und stellte sie neben meine Füsse.

Ich sollte so lange auf seine Schuhe aufpassen, bis er wieder zurückkommen würde.

Ich passte so lange auf die Schuhe auf, bis er wieder zurückkam.

Er zog seine Schuhe wieder an und verabschiedete sich von mir.

Ich lief barfuss umher. Plötzlich merkte ich, dass meine Lippen aufgesprungen waren.

Daraus trat eine blaue Flüssigkeit, wie wenn es Tinte gewesen wäre!

Vielleicht war das eine Folge von meinem eigenen und sehr gefährlichen Cthulhuritual, das ich einmal gemacht hatte!

Ich küsste die Zeitung Blick am Abend und zwar auf das Bild von einem Königspaar in einer Krise und sprach die Worte: "Die Beiden sollen vereinigt sein."

Der Mundabdruck war tatsächlich blau und das war keine Einbildung!

Ich konnte es fast nicht richtig glauben und schaute die Zeitung länger an. Der Mundabdruck hat sich nicht aufgelöst, also keine Illusion, Schizophrenie, Wahnvorstellung und Symptom!

Ich lief fort und merkte, dass meine Lippen sich wieder geschlossen hatten.

Danach lief ich bis zum St. Johann Quartier. Ich lief beim Kannenfeldpark nach dem Coopkiosk die Strasse hinunter und trat dabei in einen giftigen Dorn!

Ich lief schneller und merkte bald, dass mein Fuss angeschwollen war.

An meiner Fusssohle staute sich eine Flüssigkeit.

Ich lief zum nächsten Kiosk, ging in den Laden und fragte die indische Verkäuferin nach ihrem Namen.

Sie hiess Parvadier, was auf Deutsch, schnell bedeutet.

Ich verabschiedete mich von ihr und lief auf die Voltamatte und suchte eine Glasscherbe.

Dort fand ich eine Bierglasscherbe und trat mit der Wunde darauf. Die Flüssigkeit trat heraus und ich strich den Rest aus meiner Fusssohle heraus.

Danach ging ich wieder gemächlich in die Gassenküche.

Meine Bilanz von diesen Erlebnissen war, dass der Teufel Mensch und Tier süchtig nach ihm und seinen Gaben macht, um ihre Seelen zu bekommen.

Auch führt er Lebewesen in die Sucht, um besser in sie eindringen zu können, so dass sie zu seinen Sklaven und Untertanen werden.

Erst dann lässt er sie los, um sie im Leid und Verderb, verdammt und hilflos als ruhelose Geister zu lassen und seinen Befehlen gehorchen müssen.

Seine Bedürfnisse und Wünsche sollten so durch grausamen Hass, Zwist, Folter und Qual erfüllt werden, so dass er sich daran ergötzen kann.

Die Seelen raubt er den Lebewesen, weil er dadurch an Energie, Kraft, Macht und Feinfühligkeit gewinnt, um noch mehr Krieg und Unheil anrichten zu können.

Der Teufel gleicht einer Seelenfressenden Akkubatterie, die durch grausame Taten seine Energie entfesselt, dies mit massivem Druck, sodass Gegenstände und Wesenheiten nur so zerfetzen und zerbersten!Zu guten Taten lässt er walten, wenn man ihn nach Positivem bittet. Worauf man ihm die Seele mit seinem Blut auf Papier übergibt. Das rate ich niemandem! Es ist die dümmste Idee überhaupt! Man erntet zwar Positives, aber ohne Gefühle!

KAPITEL 25

Der Traum von Cthulhu im Juni 2011

Cthulhu erschien mir im Traum. Ich sah ihn auf seinem Thron sitzen vor einem Hexagon. Darauf standen magische Siegel.

Es war eine Zeit, ich fühlte mich schwanger und träumte davon, dass ich meine Menstruation bekommen werde. Ich war im Traum völlig verzweifelt, dass ich doch nicht schwanger von Damien (Sohn Satans) war.

Cthulhu zeigte mir ein Parfüm mit einem Aufkleber, auf dem Kleeblätter mit Marienkäfer gedruckt waren.

Cthulhu zeigte mir, wie ich meine Wünsche erfüllen könnte.

Cthulhu nahm eine Pinzette, tränkte den Papierstreifen mit meinem Wunsch darauf geschrieben ins Parfüm, zog ihn wieder heraus und legte ihn zum Trocknen.

Ich sollte diesen Papierstreifen an einen Ort legen, der mit dem Wunsch etwas zu tun hatte.

Ich ging am nächsten Tag in das Geschäft Manor im Kleinbasel und suchte dieses Glücksparfüm.

Dieses Parfüm, das ich fand, hatte eine Kleeblattform.

Davon gab es 2. Eines mit goldenem Rand und eines ganz neutral.

Cthulhu gab mir dies als Rätsel auf, welches Design ich nehmen sollte. Welches hättet ihr genommen von den beiden?

Ich habe an dem Kleeblatt mit dem goldenen Rand gerochen, und es schmeckte mir nicht.

Danach roch ich an dem neutralen Kleeblattparfüm, und es roch für mich gut.

Es kostete 58.90 Fr., das ich damals nicht bezahlen konnte.

Also kaufte ich das „one Million" Parfüm als Parfümpaste.

Ich rieb die 3 Fünfrappenmünzen damit ein. Die Kupfer Fünfräppler sind die einzigen ökologisch hergestellten Münzen in der Schweizer Währung. Danach nahm ich eine Münze in mein Portemonnaie, die andere warf ich beim Wolfsgottesackerfriedhof mitsamt dem Döschen rückwärts über meine Schulter in den Brunnen, ohne einen Blick nach hinten zu werfen und traf.

Es wurde mir aber erst nach zwei Jahren bewusst, dass Cthulhu mir im Traum ein Parfüm gezeigt hatte, das von den Parfümerien wie vergiftet gesucht wurde!

Für die Zusammensetzung des Parfüms brauchte ich Hilfe vom Medium M.

Es wurden schlussendlich drei verschiedene ultimative Glücksparfüme.

Alle drei um die Stimmung, Fruchtbarkeit und Lust zu steigern. Eines nannte ich Eva, das andere für den Mann, nannte ich Adam und das speziell aphrodisierende Parfüm nannte ich Lilith.

Das Medium M hat mir gesagt, wenn ich dieses Wunscherfüllungsritual von Cthulhu mit diesem Parfüm machen würde, dann würde sich die Materalisation erheblich verbessern, weil kein Penilanyn drin ist, sondern nur reiner Alkohol!

Dieses Ritual ist nicht nur modern, sondern auch sehr wirkungsvoll!

KAPITEL 26

Die wahre Geschichte von Lucifer

Es war Juni im Jahr 2011, als ich im Atlantisrecordsladen mit B redete. Er vermittelte mich seinem Manager, welchem ich das von mir geschriebene Siegel von Damien zeigte. Ich lebte damals auf der Strasse.

B's Manager lernte ich drei Tage nachdem ich mit dem Siegel in den Dark and Bright Laden ging und mit dem Siegel gewünscht hatte, dass sie erfolgreich sein sollten, kennen.

Der Manager war an meinem Siegel interessiert und wollte Waren im Dark und Bright Laden kaufen. Doch dies waren nur leere Versprechungen.

Er hat mir von Anfang an gesagt, dass er Lucifer verehre.

Als ich ihn zuletzt gesehen habe, hatten wir Streit:

Ich sagte: "Ich bin Lucifer die Schattenwahrheit, die Wahrheit der Schatten und decke alle Ungereimtheiten auf!"

Ich sagte ihm auch, dass Lucifer der Besitzer des ultravioletten Lichts wäre und die Engel ihn beneidet hätten!

Lucifer trug keine Rubine und Diamanten und verzierte Kleidung wie es in der Bibel steht!

Es geht immer nur um die Energie, die die Wesenheiten, Lebewesen und Dinge ausstrahlen!

Es gibt in der feinstofflichen Welt keine Edelsteine.

Die Feinstofflichkeit wirkt auf natürliche Weise durch die Edelsteine in das Universum und in die Materie, mit denen wir alle in Verbindung treten können!

Ich bekam von meinem Vater mit 13 Jahren ein Hexagramm. Wahrscheinlich bewirkte dieses Hexagramm, dass ich dieses Buch schreiben konnte. Agoraphobie bekam ich erst mit 16 Jahren. Ich bekam Angst vor Menschenmengen. Ich realisierte an einem Tag im Tram, dass andere Menschen denken könnten, was ich denken würde. Ich bekam Angst, unter Menschen zu gehen. Dies dauerte etwa ein halbes Jahr.

Als ich 23 Jahre alt war und mit RS zusammenwohnte, meine Tochter war auch schon auf der Welt, bekam ich meine erste Psychose.

Mit 25 Jahren, im Jahr 2008 hatte ich zum 1. Mal grosse Angst, weil RS mir einredete, dass die Dämonen mich zwingen würden, meine Tochter umzubringen.

Ich habe mich dann freiwillig in die Psychiatrische Klinik eingewiesen, weil ich meinem Ex RS blöderweise geglaubt habe und er mir mit den Dämonen sehr grosse Angst gemacht hat.

KAPITEL 27

Die Begegnung von Menschenseelen in Tierkörpern

Das Erlebnis mit Aleister Crowly (bekannter Magier) als graue Taube:

Ich lief von der Notschlafstelle zum Rhein und sass auf die Treppe.

Ich unterhielt mich mit jemandem über Aleister Crowly und wie Drogen Menschen benebeln, anstatt einen spiritistischen Weg zu gehen.

Hinter mir sass ein junger Mann.

Er gestand, dass er ab und zu kiffen würde und sagte mir, dass diese graue Taube, die vor ihm herumlief, Aleister Crowly sei.

Ich war mir dabei gar nicht sicher und sagte ihm, dass ich dies nun testen würde.

Ich rief die Taube nach dem Namen Aleister Crowly und sie kam zu mir.

Bei den anderen Namen z. B. Anja, Lucas, Sarah oder Dominik, kam sie nicht zu mir.

Sie kam erst dann wieder, als ich nach Aleister Crowly rief.

Ich bedankte mich bei diesem jungen Mann und ging fort.

Ich lief bis nachts in der Stadt umher.

Die Taube musste mir die ganze Zeit nachgeflogen sein.

Dann rief ich wieder den Namen und zwar eine Station vom Badischen Bahnhof entfernt.

Ich fragte die graue Taube wieder, ob sie Aleister Crowly sei.

Sie flog wieder zu mir und landete auf dem metalligen Brückenbogen der Zugbrücke.

Ich bedankte mich bei ihr und sagte, dass sie nicht mit den Dämonen hätte spielen sollen.

Dann verabschiedete ich mich und rief: "Tschüss, Aleister Crowly. Danke, dass du mich begleitet und mir geholfen hast!"

Von diesem Moment an blieb sie an selben Ort und schaute mir nach.

Als ich ging, schaute ich noch lange erstaunt nach ihm zurück.

Dies war für mich ein sehr einschneidendes Erlebnis.

Aleister Crowly betrieb zu Lebzeiten graue Magie.

Er hat sich wahrscheinlich nach seinem Tod in eine graue Taube reinkarniert.

Deswegen rief ich auf der Strasse herum, dass die grauen Tauben wegen Aleister Crowly magische Tauben seien.

Die weissen Tauben, die für Götterboten stehen, sind seltener.

Ich bin heute der Meinung, dass jede Taube ob grau oder weiss einen Namen eines verstorbenen Menschen hat!

Das Erlebnis mit der grauen Taube hat mir bewiesen, dass jedes Tier, bevor man ihm einen Namen gegeben hatte, einen Urnamen gehabt hat.

Ob Insekten oder Menschen, sowie Bakterien, alle müssten auch einen Urnamen gehabt haben. Beim Menschen müsste jeweils die jüngst geborene Seele den Urnamen der ersten existierenden Materie getragen haben.

Der Name des höher eingestuften Wesens bleibt der Urname, weil ich auch der Meinung bin, dass Aleister Crowly vorher schon mehrere Leben auf der Erde zuvor gelebt hatte.

So sieht man, wie man sich durch Magie neues Wissen aneignen kann, die der Menschheit noch völlig unbekannt ist.

Die Seele ist der Schlüssel von Zeit und Wandlung in der Natur und hat ihr eigenes Leben.

KAPITEL 28

Tox und seine Fähigkeiten

Ich kam seit dem Jahr 2008 6x in die Klinik. Das 1. Mal in Königsfelden, im Aargau, als ich noch mit RS zusammenwohnte und die restlichen Male kam ich in die UPK Basel.

Mir fiel auf, dass es in den Psychiatrien mehr um Angstbekämpfung mit Medikamenten und weniger um Gespräche ging.

Es schien mir manchmal mehr ein Geschäft mit der Angst zu sein als richtige Trauma- Bewältigung in meinen damaligen Krisen.

Im Jahr 2011, ich war in der UPK, traf ich eine Frau, die über viele Menschen lästerte und ihren Onkel immer wieder um Geld angebettelt hatte.

Sie gab wiederum immer wieder anderen Menschen ihr Geld.

Ich sagte ihr immer wieder, dass sie sich nicht ausnutzen lassen solle.

Mit der Zeit gab sie das Geld nicht mehr weg.

Sie lästerte mit der Zeit auch nicht mehr über Andere.

Im Onlinevoodoo wünschte ich ihr und mir positive Wünsche.

So wie ich diese schrieb, gingen sie schnell in Erfüllung.

Eines Tages machte sie mich wütend. Sie wollte meine Hilfe mit den Wünschen nicht mehr haben. Ich verstand dies nicht, denn diese Wünsche gingen tatsächlich in Erfüllung.

Schweren Herzens stoppte ich ihre Wünsche, aber mit meinen fuhr ich fort.

Von da an gingen bei ihr keine Wünsche mehr in Erfüllung und bei mir weiterhin alle.

Ich habe mich Online bei Allmystery über Damien ausgetauscht.

Einer schrieb, dass das Wesen Orthographicus Katastropholus viel mächtiger sei als Damien.

Dann habe ich Cthulhu mit dem Onlinewitchboard gefragt wer Orthographicus Katastropholus denn sein könnte? Er sagte Tox.

Danach schrieb ich sein Siegel, wobei er dann sofort von mir Besitz ergriffen hatte!

Ich war so verwirrt, dass ich eine Briefmarke verkehrt auf einen Brief geklebt hatte!

Während dieser Zeit erfuhr ich den Seelentausch mit anderen Menschen!

Als ich mit dieser Frau zusammen in der UPK Spiderman schauten, sagte einer im Film:" Ich bin Spiderman und habe eine grosse Verantwortung!" Ich rief dabei: "Und ich bin Spiderwoman!" Was danach passierte hatte sicher etwas mit Tox`s Siegel zu tun, das ich drei Tage zuvor geschrieben hatte.

Von diesem Zeitpunkt an tauschten sich die Seelen von dieser Frau, der ich helfen wollte! Das heisst, ich bekam ihre Seele und sie meine!

Das Medium Papa Bär aus der Zeitschrift Tierwelt sagte, dass dies nur teilweise geschehen könne!

Nun gingen alle ihre Wünsche in Erfüllung und meine Wünsche aber nicht mehr!

Ich änderte dies, so dass der einzige Wunsch Gewicht zu verlieren, erfüllt werden sollte.

Auf einmal war sie zufrieden und rücksichtsvoll! So fragte sie immer wieder, ob der Platz noch frei sei, dort wo sie sich hinsetzen wollte.

Früher hat sie sich jeweils einfach ohne zu fragen hingesetzt. Ich hatte längere Zeit keinen Kontakt mehr mit ihr!

Einmal winkte sie mich herbei. Sie erzählte mir voller Stolz, dass sie abgenommen hat und zwar 8 Kilos!!

Ich war erfreut und sagte ihr:" Ich habe alle Wünsche retourniert und dir den Wunsch gelassen, dass du abnimmst. Siehst du, er ist in Erfüllung gegangen!"

Sie erwiderte mir: "Ich weiss."

Sie bedankte sich bei mir und wir kamen wieder gut miteinander aus und auch mit unserem Kollegen MG.

Ich war sehr glücklich, dass ich ihr helfen konnte und war stolz darauf.

Zur selben Zeit wünschte ich für die anderen Klienten im damaligen S3, wo jetzt die Verhaltenstherapie ist, auch solche Wünsche. Ich konnte nicht mehr aufhören mit wünschen!

Als ich dies mit W gemacht habe, einem Mann, der an Aids erkrankt war, geriet das Ganze ausser Kontrolle und der Seelentausch geschah mit mir und mit allen Lebewesen!

Ich wollte damals Tox Cthulhu zum Untertan machen. Tox gefiel das gar nicht und bekam durch diesen unkontrollierten Seelentausch dermassen Angst, dass ich mich 2x durch das Essen und Zerbeissen des Kerns einer Eibenbeere umbringen wollte! Ich habe zwar geröchelt, aber überlebt.

Dann war ein Wunder geschehen!

Tox hatte alle Wünsche von Klienten des S3 gleichzeitig erfüllt!

Ich habe dies bei einer Morgenrunde gemerkt!

Ein Pfleger las die Liste vor, in welche Therapie die Klienten gehen sollten. Ein anderer Pfleger revidierte alles und die Klienten konnten in ihre gewünschte Therapie gehen!

Ich kam nicht mehr aus dem Staunen heraus und war voller Euphorie, dass Tox über den Pflegern stand, trotz meinem Medikamenteneinfluss. Ich war fast zu Tränen gerührt! Ich konnte nur geil, geil, geil sagen!

Später hat mir das Medium M gesagt, dass Tox zu mächtig gewesen war und dass sich meine Seele so umgetauscht hatte!

Ich habe auch erst später begriffen, dass Tox mich mag, was mich sehr erfreut hat!

Ein unehrlicher Mensch hätte dies definitiv nicht überlebt!

Ich habe herausgefunden, dass Tox rückwärts geschrieben die 4 Xotmächte bedeuten.

Dies müssten die Wesen Satan=Feuer, Lucifer=Luft, Typhon=Wasser und Belial=Erde sein!

KAPITEL 29

Moderner Schmuck
für gute Zwecke

Mit diesen Stecknadelsternen, von denen ich über den Sinnesstern im Kapitel „Der zeitlichen Gegebenheiten" in Teil 3 beschrieben habe, kann ein moderner Armreif oder ein Nasenringpiercing o.ä. sehr gut aussehen.

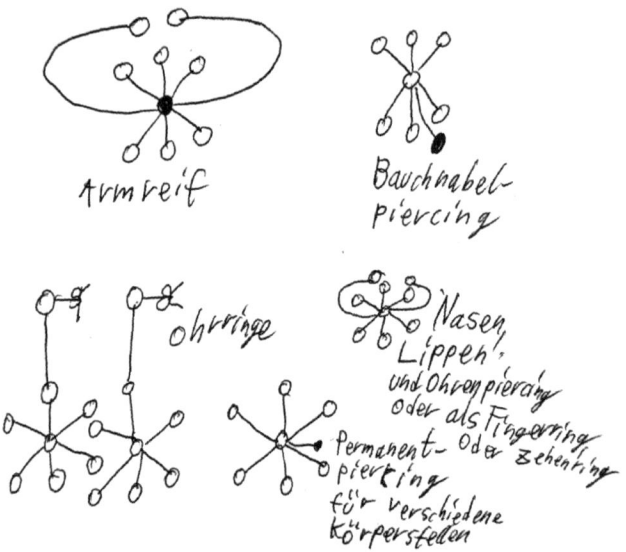

Stecknadelschmuck

Diesen Schmuck kann man auch für Implantatpiercings benutzen, um ein Sternmuster am Körper sichtbar zu machen, den man Sternkörper nennen könnte.

Armreife, Ringe oder Piercings von Tieren, Aliens oder Mangas könnte man auch mit umarmenden Armen herstellen.

Dies ist ein Schmuckdesign, welches auch für Tierfreunde und Menschenrechtsorganisationen zur Finanzierung ihrer Projekte sehr gut funktionieren könnte. Zum Beispiel für den WWF oder für Greenpeace könnte es ein Baum sein, der mit seinen Ästen den Arm umklammert. Naturfreunde würden mit einem Kauf eines Armreifes ein Zeichen setzen. Gleichzeitig würden entsprechende Projekte mit Fairtrade von armen Menschen aus Drittweltländern hergestellt.

Mit dieser entsprechenden Idee könnte Schmuck ohne Korruption hergestellt und fair verkauft werden. Ich bin mir sicher, dass mit solchen Projekten armen Menschen gedient ist, dass Menschen nicht mehr hungern müssten, Regenwälder besser geschützt würden u.v.m. Käufer hätten so ein schönes Andenken an eine gute Tat, was auch für Freundschaften wichtig ist.

Man könnte zum Beispiel auch arme Menschen für einen fairen Preis Bilder malen lassen, um in der westlichen Welt ihre Bilder z.B. auf Stoffe, Geschenkpapier usw. drucken zu lassen. Arme Menschen wären somit keinen giftigen Farben ausgesetzt.

Dabei ist auch die Finanzpyramide zu beachten. Siehe Kapitel „die Finanzpyramide".

KAPITEL 30

Jedem seinen Humor und Glückseelichkeit

Ich habe herausgefunden, dass jeder Mensch einen eigenen Humor hat.Es ist ein individueller Humor, der sich bei jedem Menschen unterscheidet. Manche haben mehr davon und manche weniger.

Ich beobachtete, umso humorvoller ein Mensch ist, desto mehr lacht er auch während einem Gespräch und das meistens in regelmässigen Abständen.Bei kopflastigen Menschen sind die Abstände eher unregelmässig.

So gibt es auch unterschiedliche Auffassungen von Humor, die, wenn sie zusammenpassen, eine amüsante Atmosphäre abgeben.

Wenn dies nicht so ist, kann es zu Missverständnissen führen, die bis unter die Gürtellinie reichen und in Streit ausarten können.

Menschen, die andere verspotten, haben meistens Mindewertigkeitskomplexe und tun dies nur, weil sie sich dabei besser fühlen und ihren Frust an anderen ablassen wollen. Dies ist nicht zu tolerieren.

Wenn aber die Spottenden verspottet werden, werden sie wütend und können mit diesem Spott meistens selbst nicht umgehen.

Ich habe Menschen, die spotten, oftmals beobachtet und habe früher dies selbst erlebt. Ich bin zu diesem Schluss gekommen, dass ein Humor auf kosten Anderer krankhaft ist, weil sie sich selbst über die Anderen stellen, was grössenwahnsinnig ist.

Ein Humor, der sich selbst oder Gegenstände verspottet, ist eher selbstzerstörerisch.

Jeder Spott ist in irgendeiner Hinsicht zerstörerisch.

Doch wenn man Witze macht über das Leben oder über Missgeschicke, die einem selbst geschehen, nenne ich das einen gesunden Humor.

Damit schadet man niemandem, ausser eventuell sich selbst. Aus meiner Erfahrung müssen sich zwei unterschiedlich humorvolle Menschen untereinander absprechen, um sich zu verstehen ohne sich gegenseitig zu brüskieren.

Danach sind den Gesprächen in humorvoller Weise keine Grenzen gesetzt.

KAPITEL 31

Über die Kunst und ihr Wirken

Es gibt verschiedene Arten von Kunst. Die eine Kunst ist die bildliche Kunst, eine andere die materielle Kunst, dann eine plastische Kunst und eine andere Kunst ist die skulpturelle Kunst. Unter den Künsten gibt es auch die abstrakte Kunst, die freie Kunst, die Gegenwartskunst, den Impressionismus, den Expressionismus, Preformances und die Multimediakunst.

Manche Künstler machen aber Kunstwerke, die gar keine sind, nur weil sie einen Namen haben und sich dabei überhaupt nicht anstengen, den Menschen etwas Gescheites darzubieten.

Zum Beispiel in der Musik gibt es manchmal Texte, die nichts aussagen. Sie sind ohne ersichtlichen Grund, ohne Philosophie oder Erlebnis geschrieben worden.

Die andere Kunst ist, wenn ein Künstler einfach nur einen Draht hinlegt oder einen Farbklecks auf die Leinwand malt und denkt, dass das Kunst ist.

Solche Künstler geben sich durch ihre Berühmtheit keine Mühe mehr und lassen die Kunst innerlich verfallen. Keine Handlung ist hier angesagt.

Solche Künstler lassen die Kunst verfallen in Handlung, Erlebnis und Farbe.

Es ist eine Kunst, die stumpf gehalten wird mit der Hoffnung, mit wenig Aufwand Kunst zu schaffen.

Diese Künstler machen Kunst auf Kosten von anderen und nehmen Ideen der Natur für sich selbst. Dies ist aber die Idee der Natur und nicht eine eigene Idee, die man selbst aus der Natur nimmt, sie zusammenbaut oder klebt, dass dadurch ein Kunstwerk entsteht, das zum Teil nicht ersichtlich ist, was es darstellen soll!

Solche Künstler sind meiner Meinung nach keine Künstler mehr, sondern Kunstschmarotzer!

Sie brauchen Ideen Anderer für ihre eigene Idee und sehen nicht, dass sie den Verfall der Kunst vorantreiben!

Wenn das so weiter geht, verfällt die Kunst zu Nichts, sodass man nur noch stumpfe Werke betrachten kann ohne wirklichen Sinn dahinter!

Darum appelliere ich an die Künstler, dies nicht zu tun und sich in der Kunst mehr zu erleben, was seine inneren Bilder ihm sagen wollen.

Der Weg des Künstlers sollte willensstark, sinnvoll und schön sein!

Ich bin mit mir selbst sehr perfektionistisch und möchte immer besser werden in allem Möglichen!

Dieses Buch soll die Grenzen zur Unendlichkeit sprengen, auch während der Zeit, in der ich mein Buch schreibe!

Mir ist es wichtig, ein schönes und perfektes Mandala malen zu können, welches ich selbst designt und gezeichnet habe.

Wenn nur der kleinste Strich nicht sitzt oder asymmetrisch ist, bin ich mit meinem Werk nicht ganz zufrieden!

Darum übe ich immer weiter, bis meine Mandalas für mich perfekt aussehen.

Bei meinen Bildern nehme ich alles sehr genau, weil ich den Menschen etwas bieten möchte, das Hand und Fuss hat!

Es gibt viele Künstler, die so arbeiten!

Solche Künstler sollen alle nur erdenklichen Talente ausschöpfen und gefördert werden.

Die Kunstschmarotzer sollen sich wieder anstrengen, um ehrliche Kunst zu machen, um ihren Namen nicht in den Dreck zu ziehen durch sinnloses Kleckern und hinstellen von Gegenständen und dabei aber nichts zu tun!

So können auch Kunstschmarotzer ihren Namen in allen Ehren behalten und sich nicht selbst lächerlich machen!

So ist es wieder den Preis wert und die Kunst ist wieder von Liebe erfüllt!

Kunst funktioniert nur mit Liebe zu dem, was man schaffen will!

Kunstschmarotzer machen sich wenig Gedanken über die Liebe zu einem Kunstwerk, das sie erbauen oder malen wollen.

Bei ihnen liegt die Liebe am Gegenstand, den sie zum Beispiel hinlegen oder an einem Werk des Anderen, das er selbst nicht hergestellt hat und für sich unter seinem eigenen Namen missbraucht. Solche Künstler sollen entweder aufhören, Kunst zu machen, bevor sie die Kunst in den Dreck ziehen. Ich empfehle ein Bild abzumalen oder ein Kunstwerk abzuschauen, um so seinen Kunststil zu ermitteln.

Ich habe die Erfahrung gemacht, dass wenn ich von Fotos Gesichter abzeichne, ich mein Talent erkenne, indem ich das Foto mit meiner Zeichnung vergleiche.

Nach dem 150. Portrait, das ich abgezeichnet habe, merkte ich, dass die Zeichnung kaum vom Foto abweicht!

Meine Mutter sagte mir einmal, dass die Zeichnung besser aussähe als das Foto!

Damals war ich 18 Jahre alt. Ich hatte 1 Jahr vorher als ich 17 Jahre alt war schon eine Vernissage gemacht. Alle Figuren, Mobiles und fast alle Bilder wurden verkauft!

KAPITEL 32

Über die Liebe und warum man etwas Bestimmtes liebt oder hasst

An einem Tag war ich mit meinem Freund LR am Telefon. Er sagte mir, dass ich unrecht getan habe. Ich überlegte und bin dann darauf gekommen, dass ich auf Kosten meiner Mutter heimlich 2x mit einem Medium telefoniert habe.

Das eine Mal habe ich eine Stunde und das zweite Mal neun Stunden lang mit einer Heilerin (einem Medium) telefoniert.

LR erzählte mir am Telefon über seine Vergangenheit.

Ich habe ihm zum Schluss gesagt, dass ich ihn liebe, so wie er jetzt ist und nicht so wie er damals war, als ich ihn noch nicht kannte.

Ich bin dabei auf die Erkenntnis gelangt, dass man jemanden liebt, so wie er ist und nicht so, wie er gewesen war.

Die Eigenliebe resultiert aus dem Bild der Vergangenheit von Dingen, die einen stolz gemacht haben und nicht aus jenem Bild, das man von sich hat, als man erfolglos war.

Jemand, der ein bisher erfolgloses Leben geführt hat, hat auch wenig Eigenliebe. Es ist die Liebe zum Sinn einer Handlung, die jemanden aktiv macht.

Wenn kein Sinn vorhanden ist, um eine Tat durchzuführen, bleibt jemand untätig.

Die Liebe einer Person und zu gewissen Dingen, die man herstellen will, nennt man Motivation. Motivation hat aber wiederum mit dem Sinn der inneren Werte wie

Gerechtigkeit, Selbstliebe und Fürsorge zu tun. Das ist die Fürsorge, die durch ein rasches Aufnehmen von Liebe resultiert.

Hass hat mit einer hinderlichen Lebenslage zu tun und ist durch eine langsame Liebesaufnahme gekennzeichnet.

Nimmt jemand zu wenig Liebe auf, wird er von Hassgefühlen durchflutet und lässt seinen Zorn wie der Amokläufer von Oslo auf andere los und vernichtet sie.

Das Licht ist durch Liebe durchflutet und saugt sie wie ein Schwamm auf.

Dabei ist der Hass ein übersättigter Schwamm, den man unter einem Meer von Hass ertränkt, welches physikalisch das Wasser ist.

Auch ein leerer Schwamm ist gleich.

Er füllt sich einfach nicht.

Engel sind Energiewesen, die von Liebe zeugen, die sie hell macht.

Dämonen sind Energiewesen, die die Liebe ausnutzen zu ihren Gunsten und dadurch schwer und dunkel werden.

Wesen, die für alles offen sind wie ich, nehmen alle Energien auf, auch die negativen.

Sie sind Schwämme, die dauerhaft Energien aufsaugen, auch unbewusst.

Sie sind hochsensibel und spüren mehr als andere, die das nicht haben.

Alles nehmen sie wahr, jede noch so kleine Gefühlsregung am Antlitz jedes Wesens. Mir wurde dies schon manches Mal bewusst.

Umgehen mit dieser Erkenntnis und Merkbarkeit kann man nur, wenn man ganz genau auf seine Intuition vertraut und abwägt, was man wann tun kann, oder nachfragt.

Jedes negative und jedes positive Gefühl muss man auf die Goldwaage legen, was bei einem Wort nicht der Fall ist, wenn man merkt, dass das gesprochene Wort scherzhaft gemeint ist.

Die Wörter legt man nicht auf die Goldwaage.

Es ist immer das Gefühl davon, das man auf die Goldwaage legt.

Ein ernster Blick, schroffe Stimme eines überraschten Wesenszuges der Person, die den Scherz ausruft, kann einem das Gefühl geben, das ich in der Schulzeit erfahren musste.

Es ist dabei ein bisschen so, wie wenn etwas an dem anderen stört und man darauf bissig reagiert. Alles an ihm oder ihr fällt negativ auf oder ist einfach nicht nach seinem Geschmack. Die Person, die die andere Person gut mag und sie so haben möchte, wie diese sie gerne haben möchte, wird oft erpresst mit Mobbing und Spott.

Eine Gegenstrategie für den Gemobbten könnte in Worten sein:

Sprich mal Klatext. Sprich mal Deutsch, dann sehen wir weiter!

Fairer ist auch. Was ist es, was dich an mir stört? Dies aber mit einem heiteren Lachen.

Bei sexuell ungewolltem Begrabschen: Finger weg! Fummeln soll gelernt sein!

Wetten, das haut den Täter aus den Socken!

So auch der Spruch für eine erpresste Person: Wer für einen lügen muss, hat keine Heldentat begangen (wenn Korruption, Diebstahl oder Prügelei dahintersteckt)!

Die Liebe zweier Menschen, die sich lieben oder sich auseinandergelebt haben:

Beziehungsmuster

KAPITEL 33

Über den Abyss (Abgrund, Hölle) und das Himmelstor (das Paradies)

Mit dem Abyss kam ich das erste Mal in Kontakt, als ich 16 Jahre alt war. Am 26.6. im Jahr 1999 setzte ich mich ganz nahe an einen bizarren Abgrund auf einen Felsvorsprung und liess meine Beine in der Luft baumeln. Ich blickte hinunter und sah viele zerklüftete Felsen, die mich faszinierten.

Ich dachte mir damals, dass so die Hölle aussehen müsste, ohne dass ich diesen Begriff Abyss kannte.

Diesen Begriff lernte ich erst viel später von meinem Ex Partner RS kennen.

Vor meinem 25.Geburtstag habe ich ihn erlebt, als ich mit meinem Geist zum ersten Mal Cthulhu kontaktiert habe. Ich hatte damals dieses Leid am Ort Abyss kennen gelernt.

Von diesem Moment an, als ich den Abyss wirklich sah, wollte ich Dämonen erlösen und den Abyss in der Vergangenheit versiegeln.

Vier Jahre lang habe ich dies mit eigenen Ritualen, Siegeln und Zaubersprüchen versucht.

Mir gelang es nie und ich war deswegen noch weitere fünf Mal per FFE (neu FU) in die Psychiatrische Klinik eingewiesen worden.

Niemand hat mich damals verstanden und keiner wusste, was mit mir los war.

Ich dachte immer, dass ich die dunklen Wesenheiten erlöst hätte, doch holten die schwarzmagischen Kräfte mich immer wieder ein.

Immer längere Klinikaufenthalte folgten, in immer kürzeren Abständen.

Beim letzten Klinikaufenthalt war ich damals im Herbst/Winter 2011 so von schwarzmagischen Einflüssen und Medikamenten traumatisiert, dass ich kaum noch sprechen konnte und schon zwei Selbstmordversuche mit Eibenbeeren unternommen hatte. Zum Glück ohne Erfolg.

Was schwarze Magie aus Lebewesen machen kann ist furchtbar!

Ich musste nur das Foto auf meinem Töffliausweis von mir anschauen, um zu merken, dass diese Energie wahrlich krank machen kann!

Ein Medium, das ich im Februar 2012 anrief, sagte mir eine ganz bestimmte Übung und gestand mir, dass ich von 35 Wesenheiten besessen wäre und sie mir diese austreiben könnte. Später habe ich von einem anderen Medium erfahren, dass es nur drei Wesen gewesen sind.

Weil ich dies vom vorherigen Medium geglaubt habe, rief ich aus Angst weitere Medien an für ca. Fr. 3000.-, um mich von den schwarzmagischen Einflüssen zu heilen.

Dies gelang mir schlussendlich durch den Besuch von Kraftorten, wobei ich nicht gemerkt hatte, dass ich noch von Azathoth besessen war!

Am 30.7.2012 schloss ich den Abyss und versiegelte ihn in der Vergangenheit und erlöste dunkle Wesenheiten.

Als ich am nächsten Tag eine Kartenlegerin anrief und diese fragte, ob ich alles erreicht hätte, sagte sie mir, dass nun alles in Ordnung wäre. Ich musste dies glauben. Laut LRs Recherche waren es sechs Dämonen gewesen.

Das Pendelmedium P aus der Zeitschrift Tierwelt sagte mir im September 2014, dass es sicher zehn Dämonen waren und Cthulhu noch nicht erlöst wäre!

Ich sagte mir: "Wenn ich mutig sein soll, dann soll ich es jetzt sein, statt 100 Jahre später!" (siehe nächstes Kapitel).

Übernehmen tut mir die Aufgabe keiner, weil die Angst vor dem Leiden zu gross ist!

Je länger man den Abyss offen lässt, umso mehr Energien verschlingt er, die gebraucht werden und umso mehr Wesenheiten leiden und irren ruhelos in den Zwischenwelten umher!

KAPITEL 34

Das Schliessen des Höllentors Abyss, im Rad des aufgestiegenen Schakals

Der Abyss ist in 5 Elemente eingeteilt.Beim Rad des aufgestiegenen Schakals ist der 10-Stern das Haupttor des Abyss.

Die 9 Sterne sind die elementaren Kammern des Abyss.

Man reist in den 10-Stern hinein.

Links oben ist der Wasserabyss, links unten ist der Luftabyss, rechts unten der Erdabyss, rechts oben ist der Feuerabyss und in der Mitte ist der Ätherabyss.

Dieses Rad ist im Kapitel „Das Rad des aufgestiegenen Schakals" zu sehen.

Zuerst schliesst man die vier Elemente des Abyss, bevor man den Ätherabyss schliesst.

Dies ist nur in der Vergangenheit möglich.

Zuerst fängt man mit dem Pentagramm rechts oben an und schliesst sie mit inneren Siegeln und Sprüchen von rechts nach links, spiralförmig nach innen, bis man den 10- Stern erreicht hat.

Sprüche sind:

Ader nech kisha ar therra nech lugo! Niech der schago narr dallar ad chemeth! Kirra nach Gybrill ner kadar nach elmit! Edech nasch gebar ner thuso nach adir! Kemeth nir kashu narch bagyll nir taschar! Kabar nach demir et nemech tel Baphomet! Kadyr ner guso math adir nech gemnir! Ad Chao nar daschim net gebel nir tuscha! Gabar et Inanna karr Ischtar ner nemeth! Karr nagoth eth nimmir ad schegal ner kappor! Radesch ad chimma nem geschar nach titta! Geb nabisch ad nebech am gubur ed nimmri! Kaschar neb durro ker adach nabukku kirr derra! Kadascha nebanna ker Arra niet kennu! Adnach net birro nuch kabeth ner ebeth! Karr gebeth narr Ibis neb sabyr nach kescher! Adurro op Nibukku schech kemnar at kaschir nech demnach keff nebeth! Aza-thoth ab nabish ner kaschar nib schegel! Kero ath Nagash neb Abyss schir kishu! Kabadar nabeth at nema nech schul-tho! Geberith nich daschor nach adyr neb kaht! Aschathoth nab seber ner anach allam kabyr! Byrtha nech duschka nem gebella ner Methadron nech hallur! Suttan neb kabeth nig schurtan neb telehyr! Geberuth ed namach net geball nat schergell! Kish nech domir ad nebesh ner Kubus! Ashthar neb kyban mech nergil ad schenach! Sela Amun Rah!Amun Rah! Amun Rah! Karathasch negith Nama!

Dieser Spruch muss man in vibrierender, lauter Stimme ausspre-chen und dies 9x hintereinander und ca. eine Minute lang mit der rechten Hand auf jedem Stern bleiben.

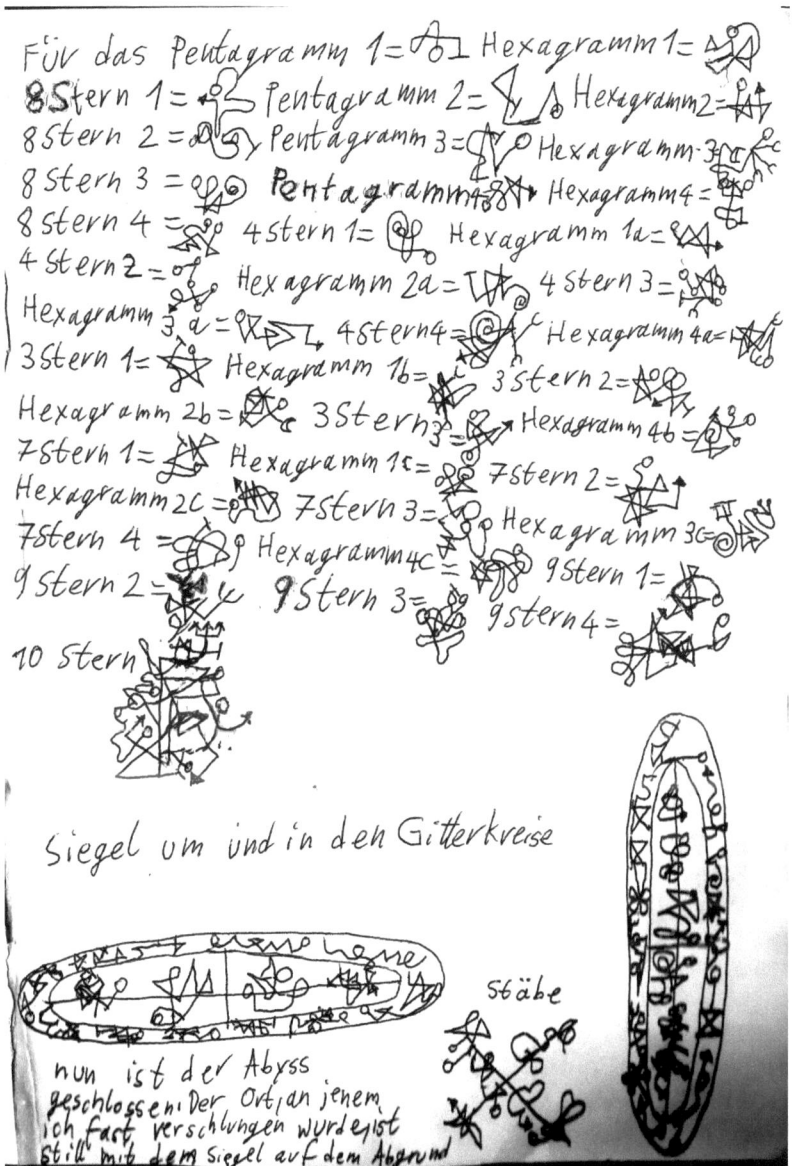

Für das Pentagramm 1= Hexagramm 1=
8 Stern 1= Pentagramm 2= Hexagramm 2=
8 Stern 2= Pentagramm 3= Hexagramm 3=
8 Stern 3= Pentagramm 4= Hexagramm 4=
8 Stern 4= 4 Stern 1= Hexagramm 1a=
4 Stern 2= Hexagramm 2a= 4 Stern 3=
Hexagramm 3a= 4 Stern 4= Hexagramm 4a=
3 Stern 1= Hexagramm 1b= 3 Stern 2=
Hexagramm 2b= 3 Stern 3= Hexagramm 4b=
7 Stern 1= Hexagramm 1c= 7 Stern 2=
Hexagramm 2c= 7 Stern 3= Hexagramm 3c=
7 Stern 4= Hexagramm 4c= 9 Stern 1=
9 Stern 2= 9 Stern 3= 9 Stern 4=
10 Stern

Siegel um und in den Gitterkreise

stäbe

nun ist der Abyss
geschlossen. Der Ort, an jenem,
ich fast verschlungen wurde, ist
still mit dem Siegel auf dem Abgrund

Abyssversiegelungssiegel

195

Der Abyss war eine seelische Falle, die das Licht und die Liebe ersticken liess!

Die freie Liebe ist erst gewährleistet, wenn die Fallen, zu denen auch die Cliffouts gehören, geschlossen sind.

Liebe fruchtet nie auf Angst, sondern auf Mut.

Mut entsteht durch ein Ziel, das man liebt oder durch ein Lebewesen, das einen glücklich macht.

Das habe ich mit härtester Arbeit und extremstem Mut erklommen.

Diese Anstrengung war es mir Wert, um Schattenwesen zu erlösen, wie jene zehn Vorgängigen. Ich hatte früher keinen Erfolg mit der Erlösung der Wesen, was bei mir zu extremen Ängsten führte, mit der Folge von diversen Klinikaufenthalten, verbunden mit Medikamenteneinnahmen.

Hätte ich Tox nicht kennen gelernt, hätte ich dies nicht erreichen können!

Jetzt weiss ich, dass mein Leben eine Zukunft hat und es meine Aufgabe ist, anderen zu helfen!

Mein sehr schwerer Kampf hat sich nun endlich gelohnt und ich kann nun ein glückliches Leben führen! Juhe!

Die Psychiatrieärzte sagten mir, dass ich mich als Gott aufspielen würde!

Ich sage dazu: "Ich bin zwar nicht Gott, aber ich habe Götter, die mir helfen und zwar die Elder aus dem Necronomicon! Denkt daran, sie sind wie der Teufel, aber sind keine Teufel! Denn es gibt nur einen Teufel und das ist Baphomet!".

KAPITEL 35

Über die Zirkulation und Wachstums unseres Universums

Unser Universum ist ein Kältepol mit schräger Saugströmung. Es ist eines von vielen Universen im gesamten Kristalluniversum. Diese kalten Universen sind so zahlreich wie die Sterne in unserem Universum.

Es existieren mehrere Energiekreisläufe, die sich überschneiden, so dass eine dunkle Energiekugel unser Universum fest in seinen Bahnen hält. Dies verhält sich ähnlich wie bei den Galaxien in unserem Universum, da fliesst die Energie nach aussen, weil unser Universum aus einem nach linksdrehendem Wirbel besteht.

Unser Universum dreht sich langsamer als eine Galaxie im 10000. Überuniversum und darum gibt es kein schwarzes Loch, sondern einen abgerundeten Trichter.

Unser Universum wäre erst dann zerstört, wenn ein schwarzes Loch vom 100000. Überuniversum durch den Kern unseres Universums durchgleitet oder ein Stern im 100000 Überuniversum in der Nähe unseres Universums explodieren würde!

Im Geoheft „die Galaxie" steht, dass man herausgefunden hat, dass es im jungen Universum Sterne gibt, die 1000000x grösser sind als unsere Sonne. Da es im 100000. Überuniversum Sterne gibt, die grösser sind als unser Universum, ist das Vakuum vom 100000. Überuniversum stärker als in unserem Universum. Deswegen sind grössere Sterne schneller am Explodieren als kleinere Sterne. Dann werden die ganz grossen Sterne mit mehr Druck explodieren, dass sie durch das 100000. Überuniversum des Vakuums älter als unser Universum werden. Die Lebensdauer der Riesensterne im 100000. Überuniversum wird bei einem zu grösseren Druck logischerweise verlängert. In unserem Universum ist bei einem sehr schwachen Vakuum die Lebensdauer bei grossen Sternen eher kurz. Das ist bei ca. ¼, in unserem heutigen Universum, der Fall. Bei ca. 1/5 unseres Universums ist eine längere Lebensdauer der grossen Sterne zu erwarten. Das Universum hat, je grösser es wird, immer mehr Druck im Innern und ist deswegen auch grösser. Das ist wie bei der Tiefsee: Je tiefer das Gewässer ist, umso grösser ist der Druck.

KAPITEL 36

Die Gottesblume und die Stringtheorie

Die Gottesblume besteht aus Kreisen, die bei einer 6er-Einteilung in Schneeflockenform angeordnet sind.

Dadurch entstehen die Kreuzformen, in die man beim Zeichnen den Zirkel einsticht, um die restlichen Kreise zu ziehen.

Ich war mit meinem Freund LR in den Ferien, als er aus Quadratlinien einen Pfeil zu zeichnen versuchte. Ich bin dadurch auf die Idee gekommen, die Linien bei der Gottesblume in Form von Wellenlinien an den Kreisen entlang zu zeichnen.

Dabei bin ich zur Erkenntnis gelangt, dass die Gottesblume aus einem Doppelwellnetz, wie im Kapitel: „Die zeitliche Gegebenheit Teil 2" beschrieben wird, in Form von einem Dreiecksnetz der Kreiszügen (Wellenlinien) angeordnet ist.

Dies kann man auch als 12-, 18-, 24-eckige Gottesblume erstellen. Aus diesen Blumen entstehen die Runen, die das Tor der geistigen Welt öffnen.

Die Gottesblume ist die Ursprungsform aller Zahlen in der 6er-Reihe.

Dies könnte die Struktur eines Gottesteilchens sein, die Higgns genannt werden, welche am Rande der blauen Higgnsbozonen sichtbarer werden und in der Mitte liegen. In zweidimensioneller Hinsicht sieht man die Higgnsbozonen nur als leuchtende Fläche. Die verschiedenen Eckformen des Teilchens sieht man im Kapitel: „Vom Ursprung der Formen." Darum ist dieses Rad die Entstehung von ALLEM, bei dem sich junge Sterne, die zu Atomen verfestigt werden, verdichten und dies tun, bis die Kernschmelze einsetzt.

Die Gottesblume besteht nur aus Kreisen. Durch die Kreise der Gottesblume kann man Botenstoffe oder Synapsen im Gehirn ermitteln, um neue Medikamente herstellen zu können. Diese blockieren dann keine Transmitter mehr, sondern kombinieren sie durch neue Verbindungen aus chemischen Zutaten, die harmonisch auf den Körper reagieren. Man kann das Universum erkunden, wie es mit Sternenmasse durchzogen ist. Oder man kann die Hintergrundstrahlungen von anderen gleichen Nebenuniversen oder grösseren unterschiedlichen Universen widerspiegeln.

Gottesblume

So wird die Gottesblume als chemische Molekülbildung gesehen, die der Ursprung des Lebens ist.

Man kann die molekularen Verbindungen auf dem Computer nachzeichnen, bestimmen und ermitteln und im Computer die Gottesblume als Anagramm der molekularen Prozesse für die Forschung eintragen, um die Astrophysik, Chemie und Physik generell besser verstehen und einordnen zu können! So könnte man auch das Gehirn mit Elektroden einscannen, um die chemische oder molekularische Struktur der Botenstoffe zu ermitteln. Auf diese Weise könnte man Mensch- und Tierversuche umgehen.

Wenn man die Gottesblume zu Forschungs- und Konstruktionssoftware umfunktionieren würde, könnte man wahrscheinlich einen Supercomputer auf Symbole programmieren, um zu solchen Werken und Erkenntnissen zu gelangen, welche die Welt noch nicht gesehen hat!

Ein Molekülgitterraster, das das Wellnetzgitterraster in Kapitel „Die Zeitliche Gegebenheit Teil 1" bildet, würde als molekulare Kette aus drei Kreislinien im Dreieck angeordnet aussehen, und man kann durch die Gottesblume eine Molekülkette dreidimensionell von innen betrachten, was wichtig für die Medikamentenherstellung ist.

Man würde die mikroskopischen Molekülaufnahmen durch den Computer an das Mikroskop anschliessen, hindurch filmen können und könnte so mit Röntgenbeleuchtung und Wärmebildfunktion gleichzeitig eingesetzt Schädigungen aller Art erkennen.

Mit Hilfe der Gottesblume kann man Schadstoffe und Krankheiten besser sehen und eliminieren. Man kann eine Gottesblume auch verdoppeln, dass 12 mandelförmige Kreisüberschneidungen in einem Kreis platziert sind. Die Hauptsache ist, sie sind in der 6er-Reihe enthalten bis in die Unendlichkeit.

KAPITEL 37

Die Universen aus chemischer Sicht

Im Kristalluniversum gab es ähnlich wie bei unseren Galaxien Anhäufungen von Leuchtpartikeln, die das Kristalluniversum existieren lassen. Dadurch entstanden am Rande unseres Universums Kältepole, die zu Wasserstoff und Gas wurden. Darin haben sich Atome gebildet. Es werden immer noch Atome produziert.

Die Entstehung von Atomen in unserem Universum sind durch das 3. Universum (das Kristalluniversum) als vereiste Kristalluniversumpartikel zu Wasserstoff verarbeitet worden, die durch die Kernfusion zu Sternen geworden sind. Sie gaben Dämpfe ab und haben zum Gasanteil in unserem 2. Universum beigetragen, sodass das Feuer und die Erde mit der Wasserstoffluft Wasser erschaffen haben und heute noch erschaffen.

Dies ist bei jedem Universum der Fall nur in der entgegengesetzten Richtung, so wie es durch die Forschung heute bekannt ist.Universen existieren in Elementen.

Beim Kristalluniversum braucht es ca.100 Billionen mal mehr Masse, um einen Kältepol zu erschaffen. Ähnlich wie beim schwarzen Loch. Der Unterschied dabei ist nur, dass dieser Kältepol langsamer dreht als das schwarze Loch und zu einem Rundtrichter geformt wird, so wie in der Troposphäre die Ambosswolke! Im Laufe von Jahrbillionen wurden die losen Partikel des Kristalluniversums in unser Weltall hineingezogen.

So sind alle anderen Dinge im Universum entstanden, wie Planeten, Sterne, Lebewesen usw.

KAPITEL 38

Wie die Chemie auf die Gehirne von Lebewesen wirkt

Am Beispiel von Helium

Das Element Helium hat eine ideale Hülle, denn es wird von zwei Elektronen umschwirrt.

Heliumatome sind derart perfekt, dass sie sich selbst genügen und fast nie chemische Reaktionen mit anderen Elementen eingehen.

Solche vollkommenen Elemente werden von den Chemikern Edelgase genannt. Dies ist vergleichbar mit hochbegabten Menschen, welche solche harmonischen Rezepturen in ihrem Gehirn erzeugen. So wäre auch erklärt, warum die grauen Aliens mit den grossen schwarzen Augen keine grossen Bindungen eingehen und sich wenig fortpflanzen, weil sie sich selbst genügen.

Durch ihren Intellekt und durch ihre Fähigkeiten können sie Unglaubliches bewerkstelligen.

Den grössten Intellekt haben Gott, Engel, Teufel und Dämonen.

Paare, bei welchen die Elemente in ihrer genetischen Atombindung harmonisiert sind, sind wirklich treue Menschen.

KAPITEL 39

Wie man den Teufel in der Vergangenheit im Abyss versiegelt

Es war der Abend vom 29.7.2012. Mein damaliger Lebenspartner LR. rief mich um 23.00 Uhr an.

Er erzählte von einem magischen Kampf mit 50 Magiern, welche Wesenheiten schickten, um den Teufel zurückzuholen, um ihn zu töten.

Der Abyss wäre nach dem Kampf nie mehr zu schliessen gewesen, erzählte er mir.

Ich fragte LR, ob die 50 Magier nach dem Kampf den Abyss nicht auch noch schliessen wollten.

LR antwortete mir, dass das nicht mehr gehen würde.

In mir brodelte eine wahnsinnige Wut.

Nachdem ich mich von LR verabschiedet hatte, war es 24.00 Uhr. Ich beschäftigte mich mit dem Gedanken, dass ich den Abyss selbst schliessen wollte. Danach schrieb ich die Abyssiegel:

Abysssiegel

Danach las ich den Spruch laut vor:

Ane semerith kirmor odeth melecht kamir uschitharon sifrikajet kruxaler mephusaton urel kurentor etherimer tharra querxiolemph tyrithipon othariel in sheraffa koremp othur luthania seminadep otheralier kopfiruth sugguth dempar siggar durru jemur thysurro kommathet onimbly seberal querepath dephatron kakamu domesh!

Ich sah, wie ich die sieben Siegel vom Abyss, die den Teufel geschützt hatten, durchbrachen.

Ich reiste mit meinem Geist in unsere braune Galaxie von oben nach unten hinein und danach von oben nach unten in die nächste grüne Galaxie, dann kam ich unten am Abyss an. Dort durchbrach ich mit aller Kraft die sieben Siegel.

Ich dachte, dass mir dabei viele Weissmagier geholfen haben. Das Pendelmedium P. verneinte dies und sagte, dass ich dies ganz alleine getan habe!

Danach war der Spuk vorbei und ich hatte keinen Alptraum mehr von Oetheron und schlief erleichtert ein.

Am Morgen war ich wieder für meine Tochter da.

Am 6.8.2012 rief ich einer Hellseherin an, die in einer esoterischen Zeitschrift mit der Anzeige „Hellsichtiges Medium ohne Hilfsmittel zu 95%er Treffsicherheit", an und fragte sie mit hysterischer Stimme, ob der Abyss wirklich offen sei, so wie es mir LR weis machen wollte und ob die Magier mit mir den Teufel versiegeln konnten?

Sie erwiderte mir, dass sie keinen Kampf sehen würde!

Ich fragte sie, was dann mit den Magiern sei?

Sie erwiderte, dass diese nicht kämpfen würden.

Ich fragte dann, ob ich mit den Magiern den Abyss versiegelt hätte.

Sie antwortete mit Ja.

Ich fragte, was mit dem Teufel sein würde.

Sie sagte, er sei im Abyss versiegelt!

Ich schrie vor Begeisterung und lachte.

Dann fragte ich noch, ob dies für immer in der Vergangenheit sein würde.

Sie stimmte mir zu!

Doch das Medium P. im Jahr 2014 meinte, dass der Teufel erst zu 50–60 %versiegelt wäre! Ich glaubte dem Medium P. mehr.

KAPITEL 40

Die Widerlegung von goldenen Gegenständen in der Bibel und Irrtümer des Glaubens

Der heilige Gral war weder aus Holz noch aus Gold. Er könnte aus weissem Marmor oder Granit gewesen sein. Wahrscheinlich eher aus Granit, weil das Volk arm war.

Es gibt übrigens viele heilige Grale, die den Göttern in rituellen Zeremonien gewidmet wurden. Zum Beispiel der Lapis Lazuli-Kelch, der den Indianern, wenn sie die Götter um Hilfe und Frieden baten, Weisheit und Harmonie geben sollte.

Der Amethyst-Kelch stand für die Heilung von Patienten in den schamanischen Kreisen, um ihnen Heilung zu bringen, wenn man daraus trank.

Der atlantische Kelch war aus Bergkristall. Er war, wenn man daraus trank, für die Reinigung von Körper, Geist und Seele gut.

Der grösste heilende Effekt hat ein Trunk aus einem Kelch, wenn man ihn 24 Stunden stehen lässt und sicher aufbewahrt. Erst dann hat ein Edelsteinkelch seine Wirkung.

Kurze Rituale dienen nur den Göttern. Um den Menschen zu helfen benötigt es lange, intensive Rituale.

Der Jesusgral war aus Messing. Alles Goldene in der Bibel war aus Messing. Es wäre kaum anzunehmen, dass die Menschen sich beim Suchen von Gold den Freitod mit Quecksilber einheimsen wollten.

So schlau war das Volk damals schon. Meiner Meinung nach war aus diesem Grund das goldene Kalb auch aus Messing.

Die Antichristen sind Menschen, die sich für die Biographien der Propheten zwar interessieren, jedoch mit den sentimentalen Ansagen im christlichen Glauben nichts anfangen können! Antichristen sind keine Christen, wie auch Muslime, Atheisten, Buddhisten, Juden und Naturgläubige. Ca.3/4 der Menschheit unserer Erde besteht aus Antichristen!

Der totale Weltfrieden, der in der Bibel beschrieben wird, wie zum Beispiel dass das Zicklein neben dem Löwen grast, beschreibt ein Medikamenten-, Drogen- oder Alkoholproblem. Das Zicklein symbolisiert das Zudröhnen oder Zugedröhnt werden, bis man nicht mehr richtig denken kann, z. B. auch mittels Psychopharmaka!

Die Norm auf der Welt ist ein Land übersät von Unschuldslämmern.

Das Schweigen der Lämmer sind die psychiatrischen Kliniken, die ihre Klienten mit Psychopharmaka vollstopfen, um sie zum Schweigen zu bringen!

Der Krieg ist ein Haufen blinder Sehender!

Die Rebellion ist eine Armee von Individualisten.

Psychisch krank?

Ich trage kein Mahnmal, das nach 0815 aussieht.

Die Astronomie im gesamten unendlichen Kosmos ist eine Matrix aus magischen Siegeln. Jede neue Betrachtung ergibt neue Siegel bis zur Dimension, dessen Augen den Kosmos aus dem Kleinsten sieht, gefüllt von ihnen und in ihnen.

Die schlimmste Krankheit heisst „Normalität" und ist mit der Nummer 0815 im Koran zu finden.

In der Sure 8 wird die Beute als Beutechema angegeben und den 15. Abschnitt lautet: „O ihr, die ihr glaubt, wenn ihr auf die Ungläubigen stosst, die im Heerzug vorrücken, so kehrt ihnen nicht den Rücken." Das bedeutet, sich denen zu stellen, die sich als normal erachten. Oftmals sind es Ungläubige, welche die Gläubigen verurteilen und sie deswegen gerne als krank abtun. Das Gleiche tun die Psychiatrieärzte in der UPK Basel, die Menschen mit Medikamenten bedrängen, bis der Klient ausflippt!

Die Revolution:

Ist wenn das Volk etwas Anderes will als der Staat.

Sie sind eine Armee mit mentalen Waffen, die in Wirklichkeit präziser treffen als mit käuflichen Waffen.

Terror gegen Terror ist kein Gesetz, das den Menschen weiterbringt!

Ich nutze meine Krankheit, indem ich genug Zeit habe mich ernsthaft selbst zu reflektieren und um mich in allen Lebensbereichen zu verbessern.

Nutze eine Krankheit als Rückzug, um deine Karriere zu planen und um Wissen anzueignen. Krankheit ist eine Diagnose von Ärzten, welche mich als 0815-Nummer mit legalen Psychodrogen haben wollen!

Grüsse von den Psychopharmamedikamenten und ihren Herstellern!

KAPITEL 41

Um Tierseelen zu erlösen

Versiegelungsnetz

Ich war am 16.8.2012 mit meinem Freund LR und auf dem Weg nach Laufen, als er von einer Frau geschupst wurde. Er wurde wütend und dachte an einen schwarzmagischen Fluch, der dieser Frau einen qualvollen Tod verursachen sollte.

Ich wurde wütend und schimpfte mit ihm, dass diese Bagatelle nicht so schlimm sei! Er mache denselben Fehler wie mein Ex Partner RS, der jene, die ihn ärgerten, verfluchte!

Solche Strafen für so ein kleines und harmloses Begehen sind einfach nicht notwendig und überhaupt ist es gemein, jemanden durch schwarze Magie zu quälen!

Ich sagte ihm, dass der Abyss sowieso geschlossen sei und Hades nicht mehr agieren kann. Was erst ab meinen letzten magischen Sprüchen geschah und zwar an dem Tag, als ich die drei magischen Sprüche je drei Mal ausgesprochen hatte. (Die Sprüche sind am Schluss dieses Buches erwähnt.)

Er sagte mir, dass es noch ein Durchgang gäbe, der harmlos sei.Als ich reagierte, sagte er, dass er dadurch jemanden zu Tode quälen könne. Doch der Gedanke war für mich zu schlimm.

Zuhause angekommen schrieb ich ein magisches Netz mit eigenen Siegeln darin.

Ich war wieder wütend, dass die schwarze Magie aktiv war.

Das Medium Paul sagte mir am 16.9.2014 um 8.45 Uhr, dass die schwarze Magie noch aktiv sei und dass dieses Netz die Erlösung für Tierseelen wäre.

Der Spruch dazu ist:

Hackadimmar eterith komor. Schammathon irilli umtur kadoth. Deferoth limbusio tharro tynea labeti.Dammael umier kozepual iffertu. Abaleth murrut quentiel other surru. Domeniel Kakamu. Iffteruntiel unnuriel querzotepnt effurro dellor anna quadrox aphet.Sinfluo quinillo sebereth othila subith Lilith.Omianti subbeth Shub Dunnur appadephton Metadron quillo. Subitr otara emilia segeth sumerian atamar operiell pane.

Diesen Spruch melodiös und mit sanfter Stimme drei Mal aussprechen.

KAPITEL 42

Der Streit mit der Magie

Der Spruch, um Menschen, die in einer schweren Beziehungskrise sind, wieder zusammenfinden:

Kabach namit Eros amirra meres ibner kirra allura maden abesch kebich inni lugor.

Man aschtur magix obner elliah nebuch allus keber. Abathon mer-exxon ebtul nahm.

Kusch dinnur ares mallux eberun schachar namib etheba lugolly mischitha gargaroth.

Dobillu sibitho merex nachim mirro oddur aschb. Kirro midixxa asch deriman ellert mehr. Kuschudoth ebus nimma dexis masch gamahar elluah kommon Marduk innur.

Diesen Spruch sollte man neun Mal mit einer sanften, melodiösen Stimme sprechen.

Am 25.10.2014 um 9.00 Uhr habe ich diesen Spruch vom Medium P. überprüfen lassen. Er sagte, dass dieser Spruch gut sei, aber noch nicht stark genug wäre, um schöne Träume schicken zu können.

LR, mein ehemaliger Lebenspartner, rief mich um 22.17 Uhr abends an. Es gab Streit zwischen uns, weil ich mein Geld und jenes, das LR auf mein I Phone geladen hatte, für ein Medium verbraucht hatte. LR fand dies abscheulich und dachte, dass ich ihn deshalb nicht mehr brauchen würde.

Ich sagte ihm, dass Liebe nicht aus Brauchen bestünde, sondern aus freier Zuneigung zu einer Person bestehen sollte.

So kreierte ich Siegel auf dem Foto von LR, um ihm nicht zu schaden, sondern ihn von seinen negativen Gedanken zu befreien.

Um einen geliebten Menschen von negativen Gedanken zu befreien, spricht man neun Mal den folgenden Spruch mit lauter, vibrierender Stimme:

Zidingir ametosept quenzeroth agar, sidipophel onerturus, sodep emetr dimmu dophet, opisaler interto sempar ukkur-lammar selept empo, nisitopth sigma, timolenta saberuth immur domal, hamma dopheth quinzesse sumeron laba dommanar sinail Jesur quanto eseph ome sibith, allar ahe Kakamu!

Ich habe am 24.10.2014 um 13 Uhr wieder das Medium P. angerufen. Ich fragte ihn, ob dieser Spruch für LR gut wäre. Er antwortete mit einem klaren Ja!

Spruch neun Mal in einer lieblich melodiösen Stimme gesprochen, um jemandem einen guten und schönen Traum für Liebe, Wahrheit, Glück und Frieden zu senden:

Kadach emet narra emina sebuth nagasch. Salligos emer natach abner sedich mahan. Gonim lebith nemith abur.
Senegul scharich nubuth Lucier angele madich.
Guniax bnamith urru sabeth melech enar karra damor.
Lobith medir Inanna basch.
Abba nello nabis kereth nirro misch nachith ellur asch kereth marbas mella aurun.
Ebleth korinna Allah minnu gesch narach ebinor anius kebech madun ablach mahn.
Tox manir ableth Marduk adech Inanna emer Miquael et Metadron du Gybrill Ischtar.
Nebu abis neber nema amur Venus irra et Mars malchut asch neberith aurunna emi.

Dieser Spruch spricht man auch wieder neun Mal in melodiöser, lieblicher Sprache, um Wünsche zu erfüllen und zwei Menschen in Liebe zu vereinen:

Amur sballo gabina sebathi mirix eden. Kobrith medix nurru anter murra hallon merex. Ascher nur kasch mimith negath embri sibilly lobus acker nurru. Amner lagaruth sema deffir auler nadasch. Robith emeruth amber amina kabisch medech.
Inanna Fortuna Gybrill Aschathoth medan gloria manach abler nur besch medich ann. Karun merex oppita nurach elim nixor debeth nabich irry ammar lebolus.
Marduck amner Ischtar abtur Gybrill et Miquael amer Inanna aschtar umina Tox.
Abonith mer Tarra Usch nimith ebnet core. Sallos amner Cthulhu esch nemerith amar. Uriel masch nemeth Zadkiel mereth abusch nam keresch innur ebneth Akar.

Dieser Spruch ist gut, um Negatives zu verbannen. Man spricht ihn drei Mal mit lauter, vibrierender Stimme aus.

Zidingir Hitler Kanpa! Stimer ischitum suilimi ammar dommania sabellur dummar ockor! Dischar allur sillar stephidok lipher sobeth kundur amer! Ane semila datiara kommor dummer hallea uthuro sinnur Kakamu!

Ich sprach ihn für A., die an Schizophrenie leidet.

KAPITEL 43

Wie wir für den Menschen unnütze Tiere vor dem Aussterben bewahren

Es war der 12.9.12, als in der 20-Minuten-Zeitung ein erschreckender Beitrag stand, dass Tierarten massiv bedroht sind, weil der Nutzen für den Menschen fehlt.

Ich bin der Meinung, dass man die Umgebung dieser Tiere nicht mehr ausbeutet und massvoll Fleisch gegessen werden sollte.

Auch sollte man die Prezwalskipferde im Blickwinkel behalten. Statt dass man die Wiesen, beziehungsweise das Heu und Stroh an die eigenen Nutztiere verfüttert, sollten Felder für die wilden Prezwalskipferde stehen gelassen werden.

Auch das Meer sollten die Menschen nicht überfischen, dass die Buckelwale auch noch Fische fressen dürfen!

Wir sollen nicht mehr so habgierig mit der Natur umgehen!

Wenn diese seltenen Tiere nicht mehr existieren, gibt es auch nicht mehr so viele Touristenattraktionen und Naturschutzparks, um diese Tiere überhaupt bewundern zu können! Wo bleibt dann noch der Reiz auf die Galapagosinseln zu fliegen,

in den Meeren zu forschen und sich einfach ungehemmt an der Natur freuen zu können?

Denkt mehr an die Umwelt!!! Die Erde ist doch nicht alleine unser Besitz!

Sie ist Besitzer von uns Menschen, weil sie einen grösseren Einfluss auf die Natur hat, als wir! Was wenn keine Rohstoffe mehr vorhanden sind, weil alles Öl schon verbraucht ist? Die Erde wird vergiftet sein und dies wird uns Menschen nur noch den Tod bringen. Wir gehen am eigenen Müll (Fehlverhalten durch Profitgier) zu Grunde!! In der Antarktis wird es heute noch -120° C im Winter. Im Jahr 10000 würde die Antarktis, wenn wir die co2 Emissionen weiter in die Höhe treiben, 34°C. In 50 Jahren wird die Erde um 1 Grad erhöht sein. Im Jahr 11100 wäre die Antarktis im Winter 60 Grad heiss, und es würde kein Leben mehr auf der Erde geben!

Denkt daran: Wenn wir so weiter leben wie bisher, wird der Weltuntergang nicht von der Explosion der Sonne und zwar in 4 Milliarden sein.

Das sind Fakten und kein Phantasiegebilde!

Der Koran beschreibt es mit der 111 Sure:

Im Namen Allahs, des Allbarmherzigen der Barmherzigen!

Zugrunde gehen sollen die Hände Abu Lahabs! Und (auch er selbst) soll zugrunde gehen! Nichts soll ihm sein Vermögen nützen, noch das, was er erworben hat; er wird in einem flammenden Feuer brennen und seine Frau wird das Brennholz tragen.

Um ihren Hals ist ein Strick aus Palmfasern.

Was bedeutet diese Sure für die Lebenden auf unserem Planeten?

Für mich bedeutet das, dass die früheren Erfinder, welche die Brennstoffmotore erfunden haben, das Brennholz für die heutige Generation und der Zukünftigen tragen werden. Die Benützer dieser Erfindungen werden den Strick um den Hals tragen, weil sie damit Leben vernichten. Die einzige Lösung zu diesem Problem ist, eine Gegenerfindung zu ersinnen, um unserem Planeten und uns keinen Schaden zuzufügen.

KAPITEL 44

Die Verbrennung meiner Vampirtarotkarten

Ich war am 18.8.2012, als die Betreuerin der WG weg war, alleine in meinem Zimmer. Ich ging mit den Tarotkarten und der Odilienkerze zum Sims in der Küche.

Ich zündete die Kerze an und verbrannte die negativen Karten des Tarotdecks.

Die Odilienkerze schmolz durch die enorme Hitze der Flammen und ich brannte in rasantem Tempo die Odilienkerze fertig. Leider konnte ich nicht alle Tarotkarten verbrennen. Ich löschte die Glut unter dem Wasser und warf sie und die fertig gebrannte Odilienkerze in den Abfallkübel.

Wegen meinen Erfahrungen, die ich vor ein paar Jahren hatte, wollte ich diese Karten unbedingt verbrennen. Ich löschte so meine negativen Erfahrungen in der schwarzen Magie und konnte mich von diesen Karten lösen.

Ich habe mir vorgenommen, keine solchen Utensilien mehr in meinem Zimmer zu haben.

Das einzige was bleibt, ist mein Rosenquarzpendel.

Ich stellte fest, dass ich mit dem Edelsteinpendel die Wahrheit besser sehen konnte als mit den Vampirtarotkarten, die mir Angst machten. Meine Zukunft sah ich aber immer noch durch meine neutralen Tarotkarten.

Mir wurde leicht ums Herz, denn diese Vampirkarten waren so mächtig, dass es damit im Juni 2011 eine kleine Gruppe Jugendlicher zu mir zog, ohne dass ich sie rief. Sie erschraken als ich ihnen erklärte, was Vampire sind.

Über die Jugendlichen, die noch bei mir blieben, fand ich später heraus, dass sie eine ehrliche Gesinnung hatten. Sie waren der Wahrheit gegenüber offen, auch wenn die Vampirkarten noch so schrecklich aussahen.

Eine Gruppe Metaller, die vis-a-vis vor mir im Park sassen, erschraken wegen dieser Szene.

Die Vampirtarotkarten hatten durch mein magisches Wirken eine massive Kraft.

Sie sind die Verkörperung der wahren Vampire, Dämonen und von Dracula!

Als ich später diese Karten in Aktion nochmals sah, hatten sie eine sehr starke Anziehung auf mich, sodass ich sie nochmals kaufen musste. Ich wollte sie dieses Mal nur brauchen, um in die Zukunft zu sehen. Doch es kam anders.

Ich brauchte sie, um Vampire und Dracula zu erlösen, was mich nachher ungeheuer müde gemacht hatte.

Der Spruch, um negative Gedanken, Erlebnisse und Traumata vollkommen zu verbrennen:

Adrech medox erra! Sabath demner aben dexis durru! Sabiroth maduch admer!
Lagaloss abti mirru nebo anix dobor! Lachuth nuri medim dechath! Koldirun memex noru! Dachar ecker nabi asthor noboth emnet! Koborith nigix ebir dorro! Sachiman Istar mehet nagasch! Ebrahim denigol sabur emeraxis dofoch noruch! Kasch medan loria dinnu sabeth mener haffor! Damien appar rodicku nirro kaschar! Eminox derem

Inanna! Klophiroth mesch gibbir enax nergul madach! En
Marduk abeth Behemoth!

Dieser Spruch sollte man neun Mal aussprechen mit vibrierender, lauter Stimme.

Am 24.10.14 habe ich um 9 Uhr das Medium P. angerufen und gefragt, ob dieser neue Spruch genug wirkungsvoll sei? Er sagte, dass es sehr gut sei.

Der Spruch, um positive Gedanken zu bekommen:

Dareth amer daxis edech nurru.Deliman adech nebeth aner
uggur labos senar dechoth.Iagus subithi amur denor lexis
neroth abthis nagus lassur.Sibith betus unnur nabis athur
loroch nemit.Dachith abner dochim niboth aha.legeth omis
darra nagul ebeth.Sebitho nuri antar dexilos Metadron.
Iariel mesurra atech morian. Sadux Marduk atach madischa
rabinna amer lurru. Semeruth abner nutirra derex nur.
Eptema emanu sabith anbi kabar Gybrill.

Dieser Spruch neun Mal in lieblicher, melodiöser Sprache aufsagen.

Diesen Spruch habe ich am 23.10.2014 um 9,15 Uhr vom Medium P überprüfen lassen. Er sagte, dass dieser Spruch zu 100% gewirkt hat!

KAPITEL 45

Über die Hippies in den 70er-Jahren

Die Hippiebewegung hat die WG erfunden. Sie haben mit Drogen spirituell sein wollen, was nicht vorbildlich ist. Auch haben sie nackt zusammengelebt und die Kinder waren auch nackt. Sie haben ihre WG nicht geputzt und alles dreckig gelassen. Auch haben sie sich nicht gewaschen, auch wenn sie gestunken haben.

Meiner Mutter waren die Hippies ein Vorbild, obwohl sie selbst weiss, wie sie sich pflegt und sich auch gepflegt hat und ihre Wohnung immer sauber hielt.

Für meine Freundin PS und mich, waren sie nie Vorbilder. Wir können aber mit Rock und Metal etwas anfangen. Ich liebe diese Szene. Dort kann man so richtig rebellisch sein.

Die Hippies haben die gesellschaftliche Moral in ihrer Zeit über den Haufen geschmissen, um den Menschen in den Vordergrund zu stellen.

Ohne Moral kann man einfach keine Kinder erziehen. Ansonsten werden die Kinder aufsässig und kennen keine Grenzen.

So scheinheilig, wie darüber gesungen worden ist, waren sie gar nicht.

Nur um zu sagen: Wenn ein Kind keine Mutter hat und auch keine Pflegemutter findet, wenn es keinen Vater oder Pflegevater hat, würde es kläglich sterben.

Sogar im Dschungel wäre ein Kind noch sicherer ohne Mutter und Vater, weil die Wölfe dieses Kind aufziehen würden.

In der westlichen Welt ist dies viel komplizierter und man muss mit Papierkram rechnen und Jahre warten, um überhaupt ein Kind adoptieren zu können.

Möglich ist diese Devise nur, wenn man viel Geld hat.

Dies heisst Fr. 100000.- pro Partner auf dem Konto.

Es wäre wirklich ein Fortschritt, dies auch für IV-Rentner zu gestatten mit einem Kinderbeistand, um zu schauen, ob alles gut läuft.So kann man sehr viel Leid und Zwangsprostitution vermeiden, um zu einem Kind zu kommen!

Darum überdenkt, was ihr anderen antut und wenn ihr sie deswegen auslacht!

Die positive Seite der Hippies war, dass sie den Menschen die wahre Liebe beibrachten.

Zur wahren Liebe gehört:

Den Menschen nicht nach seinen Kleidern bewerten, sondern nach seinem Charakter, den Menschen als natürliches Liebeswesen betrachten, seinen eigenen Körper lieben, sich nicht von der Gesellschaft sagen zu lassen, was einem gut tut und was nicht, dass man selbst merkt, was einem gut tut und was nicht, dass man den Menschen akzeptiert, auch wenn er manchmal nicht seiner Meinung ist, unkonventionelles Verhalten zulassen, Respekt entgegen bringen, zuhören, was jemand sagt und dadurch sein eigenes Urteil bilden, kritische Stellung dazu beziehen, gerechtes Verhalten, sich gegen ungerechte Taten auflehnen, mutig für die Liebe und Freiheit kämpfen, sich für die Liebe einsetzen und in der Welt für den Frieden sorgen.

Die Hippies hatten die Droge LSD erfunden im reinen Mass, um die militanten Söldner zum Lachen zu bringen, so dass sie nicht mehr an den Krieg denken konnten.

Der Staat hat dies bemerkt und das reine LSD verboten.

So stellten die Hippies das LSD selbst her, doch es wurde mit Heroin und Koks gestreckt! So erlitten viele Hippies den Drogentod!

Doch heute sind die Hippies Helden, die bis zum Tod für die Menschenrechte gekämpft haben.

Sie haben den Vietnamesen geholfen, so dass die Söldner den Krieg abbrechen mussten, wegen dem LSD das ihnen verabreicht worden war.

Der freie Geist wurde von LSD aktiviert. Es gibt heute Psychiater und Psychologen,

die die reine LSD-Substanz für traumatisierte Menschen einsetzen.

Die psychiatrische Klinik in Basel schert sich nicht um so eine Behandlung, auch wenn ein Psychologe oder Psychiater eine Lizenz für eine solche Traumabewältigung zugelassen bekommt!

Die psychiatrische Klinik in Basel und was ich gehört habe auch in Liestal, identifizieren sich mehr mit dem Psychopharmakageschäft und vergeben Medikamente auf Kosten ihrer Klienten und machen die Klienten dabei leer!

Das ist eine törichte Schande für die Rechte eines Menschen!

Der Tod durch Psychopharmaka, welche man nicht erträgt, ist ein Drogentod wie das gestreckte LSD!

Die Erfahrung habe ich im August 2013 gemacht, als man mich mit 20 mg Zyprexa zwangsmediziert hatte, und ich nachts einen Traum von einer Vergewaltigung durch Psychiatriepfleger hatte, dabei kalten Schweiss schwitzte, keine Luft mehr bekommen habe und nach Luft rang!

Ein halbes Jahr vorher, als mein Ex Partner OH in der Psychiatrie war, hatte er erzählt, dass ein Klient an der Medikation, die ihm gegeben wurde, gestorben sei! Im Oktober 2014 hat sich ein Autist das Leben genommen. Die Dämonen der Psychiatrien sind ihre Medikamente!

KAPITEL 46

Über den Hass der Neonazis und anderen braunen Gruppierungen

Es war der 2.9.2012. Ich war bei meinem Freund LR essen und verbrachte den Abend mit ihm. Er berichtete mir, dass einer seiner Hooliganbrüder angerufen hätte und ihn zu einem kumpelhaften Treffen mit erfahrenen Hooligans im Bahnhof SBB einlud.

Ich war entsetzt und riet ihm davon ab. Er befolgte meinen Rat und ging Gott sei Dank nicht hin. LR hat sich zum Glück nicht mehr bei seinem Hooligan-Bruder zurückgemeldet.

Als er mich nachhause begleitete, erzählte er mir von seiner Zeit, als er noch bei den jungen Hooligans war. LR erzählte mir, dass er im Restaurant Bären Metaller gesehen hatte, die Lieder von «Ramstein» sangen.

LR sagte mir, dass dieses Restaurant die Stammkneipe der Hooligans und der Neoazis war. Sie mochten die Metaller nicht und es gab immer wieder Schlägereien. Er war jeweils auch dabei.

Ich war sehr wütend darüber und sagte ihm: „Ich bin auch ein Metaller, ich sympathisiere mit ihnen seit ich 14 Jahre alt bin und mit 71/2 Jahren war ich mit meinem Vater immer wieder im Atlantis. Dort habe ich Rock`n Roll gehört. Schon seit ich das erste Mal dort Rock`n Roll gehört habe, gefiel mir diese Musik auf Anhieb und mein Freund LR hatte nichts Besseres zu tun, als diese Menschen „Linke Ratten" zu nennen! Ich war echt sauer.

Als ich zuhause war schlief ich um 23.30 Uhr ein. Diese Nacht hatte ich eine Gewaltvision. Ich träumte von der Schlägerei im Bahnhof SBB!

Ich sah einen Haufen kämpfender Menschen auf der Passerelle.

Ein Gesicht erkannte ich. Es war ein Mann, den LR und ich auf dem Fahrrad beim Burger King getroffen hatten und er hatte uns von einer Schlägerei im Bahnhof SBB erzählt.

Ich sah im Traum, dass er stark aus Mund und Nase blutete.

In meiner Vision griff er nach mir und gab mir eine Ohrfeige, während die ganze Bruderschaft in brutalste Schlägereien verwickelt war.

Der Mann hatte richtig angsterfüllte Augen und das Blut, das aus der Nase quoll, verteilte sich auf seinen Händen und auf sein ganzes Gesicht.

Erschrocken wachte ich auf!

Diese Vision war für mich fast so schrecklich, wie meine Visionen von den Dämonen, die ich im Jahr 2011 hatte!

Ich lag dann bis um 7.15 Uhr im Bett, ohne auch nur ein Auge zu schliessen. Ich nahm an, dass es sich dabei nicht nur um einen Traum handelte, sondern um eine wahre Zukunftsvision. Jetzt weiss ich, dass ich nicht immer alles erdulden und aushalten muss, was man mir und der Rockszene antut.

Am Morgen wusste ich, was meinem Freund LR sagen werde. Dass ich den Kontakt zu ihm sofort abbreche, wenn ich wieder hören würde, dass er einen Metaller geschlagen hat und er es in Zukunft nochmals tut!

Wenn sie nämlich mit den Nazis und jungen Hooligans kommen, kommen wir mit den Hells Angels und Magier!

Ich finde, Intoleranz ist der Nährboden von Hass, auf dem Spott, Hohn und Wut gipfeln. Es sind meistens einfachste Bagatellen, die eine Schlägerei mit Andersdenkenden auslösen.

Die Rocker haben ebenso ihre Mittel, sich zu wehren!

Man muss gar nicht meinen, dass sie sich nicht wehren können!

Gegen Magie haben die grössten Nazis keine Chance, wenn sie es nicht selbst ausüben!

Das Schwören, über Gott zu stehen, kommt von Hitler!

Die Punks können darüber ein Liedchen singen!

KAPITEL 47

Wie man durch den Koran astrologische Berechnungen und Analysen erstellen kann

Es war der 5.9.2012 um 1 Uhr. Ich war geschockt, was mir die Hellseherin M über meine besessenen Zustände im letzten Jahr erzählt hatte. Als ich sie fragte, warum ich damals 1g Eisen einnehmen musste und was geschehen wäre, wenn ich dieses Präparat für schwangere und stillende Mütter nicht gekauft hätte. Sie erzählte mir, dass ich dann einfach umgefallen wäre.

Ich fragte sie, ob ich dasselbe erlebt hätte wie Emely Rose aus dem Film der „Der Exorzissmus", die durch ihre Besessenheit Krämpfe und Anfälle bis zur Körpererstarrung hatte. Sie erwiderte mit Ja!

Ich war so geschockt über mein eigenes Leben und den „Grossen Alten" im Buch Necronomicon, dass ich keine Ruhe mehr fand.

Nach diesem Telefongespräch las ich im Koran und fragte mich, was in der 83. Sure meines Jahrgangs steht.

Es steht darin, dass es Menschen gibt, die Bücher schreiben:

Entweder das Buch der Lüge oder das Buch der Wahrheit und das Begehen des Verkürzens! Ich fand darin meine Lebensbestimmung.

Danach habe ich die Sure 12 gelesen, was unser Jahr betrifft.

Es war ein Jahr voller Unruhen. Das Jahr 2013 wird ein erlösendes friedliches Jahr werden, voller Freude und Glück. So wie es Astrologen und Hellseher prophezeien.

Mein Ex-Partner RS hat die Sure 73, „der Verhüllte". Seine Bestimmung ist, den Koran zu lesen, in den Nächten zu verweilen, immer stehend und glaubend, dem Koran seiner Worte zu vertrauen und auch in Allah.

Wenn man die Sure in der Zahl des Monats liest, muss man die Worte der entsprechenden Verszahl, die der Tag hat, lesen, um so einen Einblick in den Tag zu bekommen. Bei einem Wochenhoroskop liest man die Sure von der entsprechenden Woche, in der man gerade ist. Das Jahr hat 52 Wochen. Z.B. im Januar liest man die erste Sure, weil der Januar der erste Monat ist usw. Wenn man eine wichtige Frage in der Zukunft beantwortet haben möchte, schliesst man die Augen und schlägt den Koran nach Gefühl auf und schaut, welche Sure es ist und liest sie durch.

Wenn es sein eigenes Alter betrifft, liest man aus allen Suren die Verse mit der Zahl seines Alters. Bei jenen Suren, die weniger Satzzahlen haben als man alt ist, lässt man sie sein. So gibt es ein individuelles Jahreshoroskop.

Will man etwas über sein Sternzeichen wissen, liest man die entsprechende Sure durch. Bei den Sternzeichen beginnt die 1 beim Widder. Ich habe das Sternzeichen Fisch und ich muss die 12. Sure lesen.

Will man etwas über sein Geburtsjahr als Geburtshoroskop wissen, liest man die ganze Sure des Geburtsjahres.

Will man herausfinden, welchen Einfluss unsere Geburtszeit auf uns ausübt, liest man die Sure, welche dieselbe Nummer trägt wie die Uhrzeit.

Die Minuten sind die Verszahlen in der Sure, welche die Zahl der Stunde beträgt, in der man geboren ist. Ich bin um 3.05 Uhr geboren und lese in der 3. Sure den 5. Vers.

Will man die astrologischen Kombinationen und Verbindungen bedeutungsvoll verstehen, muss man für ein Quadrat die 4. Sure lesen mit der Verszahl, wie viel Quadrate im Horoskop zu sehen sind.

Im astrologischen Radix kommt es darauf an, wie viele Ecken die Form hat und wie viele Ecken durch die Radixverbindungslinien verursacht werden.

Mit dem Koran kann man also die Zukunft sehen, bis in alle Ewigkeit. Beim Jahr 2173 liest man die Sure 21 und die Sure 73.

Bei einem Jahr 10000, liest man die 10. Sure. Bei dem Jahr 10100, liest man noch die 100. Sure dazu.

Wenn man über den Planet Mars etwas herausfinden will, liest man die Sure, mit der Sonne gerechnet, die 1. und der Mars wäre die 5. Sure.

Geht es um die Monde, liest man die Sure des Planeten, die Verse von 1 bis 16, wenn es um die Monde des Planeten Saturn geht. Der 1. Satz in der Sure 7 ist die 1. Sure für den Mond, der an einem Saturntag zuerst erscheint, usw.

Will man über einen Felsbrocken vom Schweif des Planeten Saturns ermitteln, muss man von innen gesehen nach aussen zählen bei gleichen Grössen der Brocken und um welche Farbe des Saturnrings ermittelt werden soll. Dafür kann man mein Bild vom Zahlenpentagramm im Kapitel „Der Ursprung von Formen" nehmen.

Will man etwas über die Zustände jenes Planeten und sein Leben wissen, rechnet man die Entfernung dieser Planeten in Lichtstunden um und liest die Suren wie bei den Jahren 10000 oder 173988.

Durch den Koran kann man über alles Informationen bekommen.

So stimmt der Satz, dass nach Mohammed kein Prophet mehr etwas Neues sagen wird. Den Satz hat meine Freundin PS gesagt, die zum Islam konvertiert ist.

Ich hatte am 5.9.12 die Sure 55 gelesen, die den Jahrgang meiner Mutter ist.

Dort drin stand über die Ungläubigen und berichtet von Menschen, die den Koran als Märchen der Alten bezeichnen würden.

Ich war noch nicht sicher, wie meine Mutter zum Koran stand.

Ich las darin, dass sie spirituelle Menschen belächelt, was meine Mutter schon am Samstag davor tat! Ich ging nach meiner Psychiaterin zu meiner Mutter.

Meiner Psychiaterin las ich ihren Jahrgang vor, aber sie verstand ihn einfach nicht.

Als ich wieder bei meiner Mutter war, hatten wir nicht darüber geredet; doch als ich meines Geldes wegen nochmals zurück zu ihr kam, war sie noch am Telefon.

Ich ging wieder und als sie mich anrief, war ich bereits am Bahnhof SBB in Basel bei der 10er Tramstation. Sie entschuldigte sich bei mir, weil sie mir das Geld nicht geben konnte. Ich erzählte ihr, dass ich die schönen Aleister Crowly-Tarotkarten auf den Freitag reservieren liess, die nur noch Fr. 18.- gekostet hatten, anstatt Fr. 28.90 im Laden.

Sie war wütend und sagte mir, dass ich mein Geld nicht für so einen Blödsinn ausgeben sollte. Ich wurde wütend und sagte ihr, dass eben diese Achtlosigkeit gegenüber anderen Glaubensrichtungen mich an ihr so aufregen würden. Ich sagte ihr, dass gerade in dieser Sure 55 so etwas steht! Der Koran hatte wieder einmal recht gehabt.

Bei mir steht in der Sure 83, dass ich das Mass nicht verkürzen soll, was mein Buch, welches ich schreibe, betrifft. Auf das habe ich seither geachtet, dass die Menschen es verstehen können!

In dieser Sure geht es auch um Menschen, die sich an anderen erquicken und sie danach schonungslos fallen lassen.

Hatte ich das nicht schon in Jahr 2011 und im Jahr 2002 als ich 19 Jahre alt war bei meinem Ex-Partner RS und den Dämonen erlebt? Ja!

Es wurde in dieser Sure auch über Gehannam auch Abyss genannt gesprochen, den ich in meinen Visionen sah!

Es handelt sich auch von Menschen, die Bücher schreiben. Die Bücher der Lüge und die Bücher der Wahrheit.

So frage ich sie: Ist die heutige Bibel ein Lügenbuch oder eines, in dem die Wahrheit steht? Das Neue Testament, welches ich besass, ist verkürzt und verlogen, in welchem Lilith leider nicht gewürdigt wird!

Sie können selbst mit ihren inneren Dämonen nicht fertig werden und so geschehen Kindesmissbräuche in den christlichen Kirchen!!!

Das Alte Testament ist wahr, doch die wahre alte Bibel ist die einzig Wahre, nämlich die Hebräische! Weil Jesus sie geschrieben hat! Bei meinem Freund LR, handelt es sich um das Zerbrechen. Es ist die 84. Sure im Koran.

Da geht es um korrupte Machenschaften, wie z.B. illegale Waren zu verkaufen. Im Koran ist das beschrieben. Er zeigt auch den Lösungsweg daraus: LR soll diese Korruption in gute Taten umwandeln, indem er die korrupten Taten durch gute Taten ersetzt! Auch damit hat der Koran recht!

Alle im 20. Jahrhundert Geborenen, das heisst, alle die im 19. Jahrhundert geboren sind, waren die Hilfesuchenden.

So war es bei meiner Mutter, bei mir und bei allen, die ich kenne!

Diejenigen, welche im 21. Jahrhundert geboren sind, sind die Selbständigen, so wie meine Tochter.

Diese Beweise sollten in Erinnerung bleiben!

Der Koran ist meiner Meinung nach wahr und Mohammed wusste Bescheid.

Denkt daran: Nicht die alten Bücher sind die Toren, sondern jene Bücher von Intoleranten oder Fantastikern, die nur Gewalt und Lügen predigen!

Was für ein Buch habe ich geschrieben?

Ist das Necronomicon auch eine Fantasterei? Wohl kaum!

Es gehört zu den wahren Büchern, obwohl es schwarze Magie enthält sowie auch weisse Magie!

Der Koran ist die Sicht in die Zukunft, in Liebe zu Allah und seiner ganzen Schöpfung!

Die alte Bibel ist die Sammlung von Taten, welche Menschen begehen, was mit dem Bibelcode anfing.

Doch wie ich schon sagte: Der Code der Wahrheit und Zukunft steht im Koran, astrophysikalisch in der Thorarolle, in den Siegeln, vom Buch Aibon, Necronomikon,

Buch Mosis, die Satansbibel von Szandor la vey, Aleister Crowly, Jhon Dee und F.Frather!

Ich habe mich mit all diesen Büchern beschäftigt.

Neben dem Koran gibt es kein Buch, mit dem man in alle Zeiten schauen kann, weil Mohammed mit Gabriels Hilfe durch Allah den Allmächtigen und Allbarmherzigen, den Koran Mohammed diktiert hat!

Hitler war aus dem Grund ein Christ, weil er der festen Überzeugung war, den heiligen Gral zu finden, um allmächtig zu sein, den er aber nie fand!

Meine Freundin PS sagte: Er war der Christ, der gemordet hat!

Ein Antichrist ist ein Christ, der im Namen von Adonai Morde begeht!

KAPITEL 48

Die Bedeutung von Dimmu Borgirs Songtexten in ihrem Musikalbum Agrahadabra

Der Traum von jedem Blackmetaller ist, das Christentum mit der Wahrheit über den Terror, den sie im Mittelalter begangen haben, zur Sau zu machen!

Es war der September 2003, als ich mit meinem Ex-Partner RS im Z7 in Pratteln

ans Dimmu Borgir Konzert ging.

Ich war im 5. Monat schwanger mit meiner heute 19-jährigen Tochter.

Ich war richtig begeistert von dieser Band!

Die ganze Band war mit Spitzennieten bestückten Schuhen und Kleidern auf der Bühne.

Ich fand den Auftritt einfach atemberaubend! Mir gefiel die Band auf Anhieb!

Sie war und ist bis jetzt die erste Band, von der ich wirklich zum Fan wurde.

Keine andere Band hat mir besser gefallen als Dimmu Borgir!

Ich habe mich immer mit den Texten identifizieren können.

Ich hatte mich schon seit ich 16 Jahre alt bin immer zu Heavymetal, Powermetal und Blackmetal-Musik künstlerisch und philosophisch betätigt.

Durch die Musik fangen meine Gedanken richtig an zu fliessen, so dass ich zum Beispiel mit 23 Jahren im Jahr 2006 das schwarze Loch in Anzahl von Quadraten berechnen konnte! Ich litt sehr stark unter den zermürbenden Worten meines Expartners. Ich habe in dieser Zeit von Dimmu Borgirs Album „In Sort of Diaboli" gehört und dieses schwarze Loch ausgerechnet. Das Hexagramm hat mir meine Visionen mit dem Winkelkreuz gezeigt und so konnte ich meine 3D-Puzzlepyramide erschaffen.

Nach dieser Berechnung kamen am 16.9.2006 um 3.00 Uhr morgens die sechs Sturmwinddämonen.

Ich hatte Angst, weil ich durch den Hass, den ich in mich hineingefressen hatte, solche dunklen Energien entfachte.

Ich wollte den Sturmwinddämonen die Seelen von RS, meinem Ex-Partner und allen Leuten vom Dorf Vermes, in dem wir wohnten, die hasserfüllten Seelen geben.

Das war mein erster Deal mit den Dämonen und der ging schief!

Mein Expartner RS sah an der Wand in meinem Zimmer alles schwarze, auf den Kopf gestellte Kreuze.

Er sagte mir, wenn ich alleine in mein Zimmer gehen würde, dass meine Matratze schweben und schaukeln werde.

Zum Glück konnte mein Ex-Partner RS damals die Dämonen durch den Chaosstern auf dem Album Stormblast wieder zurückschicken!

Ich war mit der Berechnung des schwarzen Lochs in den Galaxien den Astrophysikern neun Monate im Voraus!

Doch wie sie sich im Universum verändern würden, fand ich erst im Jahr 2007 heraus!

Durch die zermürbenden Worte meines Ex-Partners hatte ich noch mehr den Drang, jene Menschen, die mich hassten, zu überbieten!

Mein Ziel war immer der Fortschritt im Leben!

Erst durch dieses Buch, welches ich selbst geschrieben hatte, konnte ich meine hohen Ansprüche an mich selbst erreichen!

Die Bedeutung der Lieder von Dimmu Borgir im Album Abrahadabra habe ich so angeordnet, wie die Situationen in mein Leben eingetreten sind.

Die Bedeutung vom Lied „Chess with the Abyss":

Die Bedeutung dieses Liedes hing mit meiner Erfahrung zusammen, als ich damals Lilith versehentlich rief.

Ich hatte während dieser Zeit Träume, welche später wahr wurden.

Ich sah den Foltertod, blutige krackselnde Wesen in einer Felsspalte, die hinaufklettern wollten, als mich Lilith dorthin führte. Dies geschah im Dezember 2007.

Dabei dachte ich, woher ich wohl abstammen würde.

Es herrschte nur seelische Kälte und es war während der Zeit, als ich angeblich das Weltuntergangstor durch das „Rad des aufgestiegenen Schakals" geöffnet hatte!

Das hiess damals für unsere Erde, dass sie von einem schwarzen Loch verschlungen würde, bevor die Sonne stirbt!

Mein Ex-Partner RS bezichtigte es als eines der schlimmsten Verbrechen in der spirituellen Welt!

Die Dämonen, von denen ich besetzt war, zwangen mich, durch den Hass meines Ex- Partners RS, den er auf mich ausübte, dazu, dies zu tun. Das Medium P. im Jahr 2014 sagte, dass ich dies nicht getan hätte, was mich damals sehr beruhigte.

Weil ich meinem Ex-Partner RS glaubte, war ich sozusagen in einem Albtraum gefangen, aus dem ich keinen Ausweg mehr gefunden habe.

In dieser Nacht fühlte eine innerliche Leere und hoffte auf den Tag, um aus dem Dämonium zu flüchten. Ich hatte das Gefühl zu sterben!

Ich hielt an den vergangenen schönen Momenten mit meinem Ex-Partner RS fest.

Ich habe mich dadurch geistig am Leben erhalten, um seelisch nicht ganz zu vereisen. Die Dunkelheit kam an bestimmten Daten, an denen ich durch meine Philosophie über Zahlensymbologie die Tore öffnete.

Stagnierend blieb ich in diesen toten Gewässern von Cthulhu, den ich damals sehr verehrt habe. Ich hatte neben meinem Bett Symbole, schwarze Sterne und eine Wasserflasche. Damit wollte ich mit Cthulhu zum ersten Mal in Kontakt treten, um ihn von seinen Feuerketten zu befreien. Ich reiste geistig mit einem U-Boot in den Abgrund, um mich mit Cthulhu zu treffen. Dies geschah, als Satan neben mir wachte und so konnte mir nichts geschehen. Ohne Satans Schutz hätte mich Cthulhu sofort zerfetzt!

Er sagte zu mir, dass ich die Dämonen finden werde. In meiner Vision sprach er die Wahrheit. Die Dämonen waren enttäuscht, weil ich das Rad des aufgestiegenen Schakals und seine Bedeutung meiner Mutter verraten hatte. Ich wusste nicht, dass dies verboten war.

Ich wurde durch meinen Ex-Partner RS dermassen isoliert, dass ich selbst zu einem Dämon wurde.

Ich hatte das Los, als letzte der spirituellen Menschen das Tor ganz zu öffnen und die Dunkelheit so wieder zu gebären.

Es war meine schlimmste Erfahrung in meinem Leben!

Ich habe den Abyss zum Glück alleine mit dem Teufel darin schliessen können und somit muss kein Wesen diesen Ort jemals wieder betreten!

Um dieses Ziel zu erreichen, riskierte ich bis dahin sechs Klinikaufenthalte und mein Leben, geistig wie auch körperlich, durch die Demolation mit Psychopharmaka Medikamenten zu vernichten.

Die Bedeutung des Liedes Born Treacherous:

Es war Januar im Jahr 2008, als ich meinem Ex-Partner RS mein selbstgeschriebenes Buch und meine selbst gezeichneten schwarzen Sterne zum Verbrennen mitgab, weil ich davor Angst bekam. Ich glaubte, die Brücken zur Finsternis verbrennen zu können.

Ich flehte die Dämonen an, dass ich meine spirituelle Welt behalten dürfe und auch Schwächen haben darf, und dass ich nicht immer stark sein kann wie die Dämonen.

Die Dämonen haben wirkliche Wunder vollbracht, so dass ich meine alten Zweifel beiseitelegen konnte.

Sie sollten doch meine spirituelle Welt lassen, obwohl ich damals vor Hass blind wurde.

Ich habe meinem Ex-Partner RS viele Male Gutes gewünscht, obwohl er es bei mir nicht zu schätzen wusste und er mich immer seelisch peinigte, bis ich mich bei ihm gerächt habe. Er hat sich dabei wie in der Hölle gefühlt!

Ich war bei Tag und bei Nacht, ohne frische Luft einatmen zu können, in meinem Zimmer, mit verschlossenen Fenstern und Läden. Doch wenn ich lüftete, blieben die Fensterläden unten.

Mein Philosophiebuch hat mich fern und frei gehalten vom Leid, das mein Expartner RS mir und meiner Tochter zugefügt hatte.

Die Seite hat sich gedreht, als ich den Puzzlepyramidenwürfel mit den dunklen Spektrumfarben und dem Doppelpentagramm darauf unabsichtlich gegen mich gedreht habe. Ich schob den letzten Fluch meines Ex Partners mit meinen selbstgezeichneten Monstern in meinem Zeichnungsbuch zu ihm zurück.

Ich war dann ausser mir, in einem völlig geistigen Gefängnis, von den Dämonen gefangen worden, was mich dann in die psychiatrische Klinik brachte!

Die Bedeutung vom Lied „A Jewel traced through coal":

Es war im Frühling 2007, als ich mich anfing mich in Effingen AG zu langweilen. Immer dieselben Wege zu betreten, begann ich öde zu finden. Ich suchte deshalb neue Herausforderungen und begann mit meiner 3-jährigen Tochter steile, rutschige Erdhänge zu erklimmen. Ich stiess sie jeweils mit meiner rechten Hand hinauf und hielt mich mit der linken Hand an Wurzeln und der nassen Erde fest.

Ich habe mich auf diese Weise gegen die Gefahren mit Dämonen resistenzfähiger gemacht und dabei meiner Tochter gelehrt, auf welche Gefahren sie eingehen kann und welche für sie zu gefährlich waren. Dies habe ich gemacht, damit wir meinem Ex- Partner RS standhalten können. Eine Flucht vor ihm war damals nicht möglich, weil er immer in der Nähe war!

Ich bekam dadurch positive Gedanken, endlich gebraucht zu werden und mich für etwas einsetzen zu können.

Brennende Bünde der Dämonen sollten gebrochen sein, damit auch jene der strahlenden Situation zu den Siegern gehören und genommen werden.

Ich sah viele Images von Personen durch die schwarze Magie verschwinden. Mein Ex- Partner RS übte diese Magie auf ihn hassende Personen aus. Wie lange sie wohl ihr Image noch wahren konnten, weiss ich nicht.

Ich atmete die Lügen der Menschen ein und sah die höhnisch lachenden Gesichter hinter meinem Rücken.

Der Schatz liegt immer darin, die Stufen der Zukunft zu erklimmen. Das ist in der Magie sehr wichtig. Dieses Verlangen ist in uns

Menschen schon Jahrhunderte lang vorhanden. Jahrhundertelanges verlorenes Wissen.

Geist und Tat finden sich nicht oder sie finden sich.

Die Oberen Mächte planen innerlich und sind als co-Alliance adressiert. Das sind die 55 Elder, wie auch Cthulhu einer davon ist, aus dem Buch Necronomikon!

Das ist, wie wenn Geist und Tat sich treffen.

Die Bedeutung vom Lied „The Ritualist":

Es war im Oktober 2010, ich wohnte in Basel in der Villa Mobile, als eine Freundin MS und ich ein Ritual planten, welches 1000 CHF kostete.

Ich war gerade aus der Klinik ausgetreten und organisierte die Utensilien, was mich restlos überforderte. Ich hatte alle Utensilien und die 3 Hexagrammamulette auf den Tag genau zusammen bekommen!

Die ganze Vorbereitung dauerte einen Monat.

Dieses Ritual erwähne ich nur kurz, weil es sehr gefährlich war.

Ausserhalb des Kreises war ein Radio.

Wir spielten das Album Abrahadabra ab und führten unser Ritual um 24,00 Uhr bei Vollmond durch. Es dauerte etwa eine Stunde.

Meine Freundin MS trug schöne Kleider, ich trug einen kurzen Minirock mit schwarzen Leggings, schwarz glänzende Plateauschuhe, eine pinkige Korsage mit schwarzem Dessou überzogen, meinen schwarzen langen Ledermantel und einen schwarzen Hut mit aufgenähten schwarzen Kettenschläuchen.

Wir baten um die Heilung von MSs jüngster Schwester, die todkrank war und die Heilung von PSs Diabetes, wie auch die Erlösung von Emely Rose und jenen Dämonen, von denen ich besessen war.

Ich hielt in der linken Hand die kleine Statue von Cthulhu und betete auf Altaramäisch. Dazu hat es auch noch geregnet!

Am nächsten Tag stand dieses Ritual in der Zeitung Blick, Blick am Abend,

in der BAZ und im 20-Minuten!

Diejenigen die mich kannten, wussten genau, dass ich es war.

Wir hatten dieses Ritual im Sandkasten auf dem Mammutspielplatz Margarethen durchgeführt!

Die Polizei fand nicht heraus, wer das Ritual durchgeführt hatte, doch die WG in der ich damals wohnte war entsetzt darüber!

So hatte ich meine alte Haut abgestreift, neue Sünden begangen und isoliert von der Aussenwelt dieses Ritual durchgeführt.

Danach wehte ein anderer Wind!

Ich wurde einiges spiritueller durch Cthulhu und das mit verhängnisvollen Folgen.

Ich habe die WG-Regeln nicht mehr befolgt, sodass jemand von der WG eine Notfallpsychiaterin bestellte. Sie redete mit mir und ich sagte ihr:" Die Lügen sollen brennen! Alle Kirchen, die auf Lügen aufgebaut wurden, sollen brennen!"

Mein Ziel war, nicht die gewohnten Wege in der Magie zu betreten, sondern die noch unbekannten, mit der Anleitung vom Jhon Dee Necronomicon!

Ich habe in diesem Buch meistens nur bestimmte Siegel und magische Sprüche gebraucht. Das meiste habe ich mir selbst beigebracht, denn mein Lehrer war und ist Cthulhu und mein selbst geschriebenes Buch, obwohl es schon zwei Mal verbrannt wurde und ich es wieder neu schreiben musste!

Im Lied wird vom Gewinn magischer Kenntnisse geschrieben, die schon von anderen Magiern gewonnen sind:

Expandiere eigene Ressourcen aus der Hand. Mach die Vergangenheit und Gegenwart älter, indem du geistig in die Zukunft gehst. Die Zukunft wechselt die Kette des Kommenden, welches man durch Geistreisen erreicht.

Das neue Blut transfusioniert und mobilisiert neues Blut.

Was geht ist schon gegangen, ohne Ketten zu berühren.

Man soll die Vergangenheit ruhen lassen, denn die Dinge werden nie mehr dieselben sein, denn wir waren im Einfluss dieses Spiels.

Die Geretteten soll man nicht berühren, weil sie von den Augen der Zeit beobachtet werden.

Alles ist jetzt klarer. Man sucht jetzt nach einem neuen Horizont.

Bewege dich vorwärts, in Stille und rapider Geschwindigkeit.

Es mag sein, dass der Horror auf unser immer datiertes Rennen stürzt.

Der Fehler ist wieder einmal eingetreten von den Gedanken, die vor unseren Augen erscheinen.

Das heisst, dass man seinem Selbstzweifel, welcher sich im Geist in Bilder zeigt, nicht glauben soll, denn das ist der Fehler, wenn man ein Ziel in der Magie erreicht hat. Dies habe ich im Herbst 2014 mit der Erlösung von Tox und die 100% Versiegelung des Teufels alleine erreicht.

Die Bedeutung vom Lied „The Demigue Molecule":

Es war im Juni 2011 als ich DM auf der Strasse traf.

Sie war, wie wenn sie von synthetischem Gift aus der spirituellen Welt erfasst wurde! Sie hatte Schmerzen und energetische Wunden, die fortlaufend auftauchten und wieder verschwanden.

Weil ich ihr geholfen habe, kam ich selbst in die psychiatrische Klinik.

Die Gegner und Verlierer werden selbst auf der Strasse mit dem eigenen Abyss konfrontiert. Ich rief durch die innerliche Materie und den Wind, den ich auf der Strasse durch Cthulhu entfachen konnte und so den Rhein zu brechenden Wellen verändern liess.

Ich wusste nicht, wo ich mit meiner magischen Arbeit zu beginnen vermochte, um DM zu helfen! Ein anderer Tag sollte jetzt kommen, denn die Kartenlegerin PZ sagte zu ihr, dass sie sterben würde, wenn man bei ihr diese Besessenheit nicht auflösen könne, bevor die Nacht sie zu sich nehmen würde. An was wird erinnert? Was wird zurückbleiben? Im Juni 2012 habe ich die Durchreise durch Zeit und Universum erlebt. Die arkane Perfektion und Illumation wurden erreicht.

Die Dunkelheit fällt von den alten Wegen ab und begrüsst eine neue Geburt eines anderen Weges. Jagende Visionen treffen auf mich, weil die Zeit für mich stehen bleibt. Der Abyss ist verloren hinter der Imagination, die durch die Seele nicht mehr erreicht wird, wie auch das Verschliessen vom Rad des aufgestiegenen Schakals, das ich vor dem versiegeln des Abyss geschlossen habe.

Die Bedeutung des Liedes „Renwal":

Es war August im Jahr 2012 als ich mich gegen den Willen der Psychiater und der Ärtztin das Medikament Risperdal mit einem Schlag absetzte. Meine Psychiaterin wollte nicht mit mir über die Medikamente verhandeln, um mir ein langsames Absetzen der Medikation zu ermöglichen! Ich sagte ihr, dass sie nicht mehr über meine Wünsche bestimmen könne. Sie soll sich auch nicht über meinen Lebenswandel beschweren! Sie sollte auch nicht meine Wunden lecken, wenn es immer heisst, eine andere Wunde durch das Medikament Risperdal zu öffnen. Ich bekam dadurch nämlich Leberprobleme!

Es geht um falsche Gedanken, Verhalten, Visionen und Taten, die als Abschwächung ihrer selbst, nicht sich selbst sein zu lassen!

Ich wünschte, dass Klarheit und universelles Wissen kommen und gehen könnten.

Ich bin zu jung und zu alt für diesen sinnlosen Kampf.

Ich habe durch die Finsternis gesehen, um die Beschaffenheit des Lichtes zu verstehen. Dadurch habe ich mich heimlich von den Ideen des Ziels versteckt.

Ich beobachtete die Dunkelheit, öffnete es und es wurde hell.

Was auch immer geschieht, was meinen Geist grüsst, ist immer für jeden, den ich auswähle, hineinzuhören.

Die Bedeutung vom Lied „Dimmu Borgir":

Am Juni 2011 war ich mit Damien in Kontakt getreten, als ich sein Siegel von Cthulhu angeleitet, schrieb.

Kräfte der nordischen Lichter sollen aufgehen und sie sollen in Armeen kommen.

Aufgehellt sollen die Geheimnisse der Leidenschaft sein.

Wir treffen auf Tiefgang auf dem Weg, den wir genommen haben. Um dies zu erreichen, haben wir uns mit uns selbst konfrontieren müssen.

Zurück bleibt das, was eine gemeinsame Union ausmacht.

Als ich auf der Strasse war, galt es zu überprüfen, welche Brücke ich symbolisch überqueren musste und welche ich verbrennen sollte, also nicht begehen sollte.

Cthulhu führte mich über die Brücken, die über den Rhein führen. Auf einer dieser Brücken fand ich Jasskarten, welche verteilt auf dem Boden lagen.

Ich hob sie auf und brachte sie zahlensymbolisch an die passenden Orte.

Ich weitete meine Energie auf die schwachen Menschen und ihre Beschwerden aus.

Sorgfältig aufheben und beheben, nicht in konsistenzieller Hinsicht, sondern auf feinstofflicher Ebene. Jetzt schlägt der Puls.

Restaurieren ist wie das Eineisen eines Zustandes in der Vergänglichkeit, um sie im Spiel zurückzulassen. Man sieht dies oft an Wandgemälden und Fresken.

Invokation ist das Rufen höherer Wesenheiten, es ist der Name unserer Flamme.

Im Reiki ist das die ultraviolette Flamme, die ich später für die Heilung von DM in weiss und silber benutzt habe. Die Tiefen verstecken alles auf ein Mal, so wie es das Wesen Tox kann, mit dem ich im Jahr 2011 auch in Kontakt getreten bin.

Vorwärts, aufwärts, Zukunft. Jenen Menschen, die uns grosses Leid zugefügt haben,

sollen wir nicht vergeben und sie auch nicht vergessen!

Gegen diese Menschen kämpft Cthulhu seit Oktober 2014.

Feinde sollen den Untergang sehen!

Es ist kein Platz für Träumer, denn unsere Formation ist Lava, die unsere Erde zusammenhält. Feuer ist mit uns gegen die Feinde und so soll es brennen!

Es ruft eine konstante Nachgeburt von den Schatten der drei Sechsen.

Sie zerquetschen mit dem kalten dunklen Vakuum, wie es im schwarzen Loch vorherrscht, das aus der gefährlichen Berechnung stammt.

Das Talent der Feinde ist sinnlos, ungleich und spasshaft.

Wenn die Welt sich dreht, das heisst, die Erdachse wie beim Planeten Uranus, bis der Südpol im Norden und der Nordpol im Südpol ist, wirst du deine wahre Natur finden.

Wenn das erste = Neutralität zuletzt ist und das letzte zuerst ist = als das Gute und Böse voneinander in 2 Welten getrennt wurden und dies zuerst ist, dann bist du dort, wo du wirklich sein solltest.

Das spannendste Leben in der spirituellen und der physischen Welt ist immer der Weg der Neutralität.

Magier und Erfinder, wie auch alle anderen Künstler, sollten neutral ihre Werke betrachten, um gewisse Stimmungen und Ausdrücke besser auszudrücken und ihr eigenes Schönheitsideal zu vollziehen. So können sie ihre künstlerischen Ziele im Leben verfolgen. Darum wird es mir nie langweilig!

Ich habe immer etwas zu lernen. Man muss nämlich nur den Blickwinkel auf etwas anderes richten, um in der Kunst Neues zu erlernen.

Die Bedeutung des Liedes Gateways:

Der Kern des Lebens ist der Frieden.

Dieser ist die einzige Option, die in Betracht zu ziehen ist.

Die Formel der Schöpfung und Sünde zeigt den Weg. Die Wiedergeburt ist nahe an der Vervollkommnung, wenn wir langsam aus dem Schlaf erwachen.

Die geistigen Martyrien enden, wenn das Geschenk einmal da ist.

Keine Regeln oder Restaurationen sind mehr fällig, wenn die nahe Zukunft erklommen ist. Für die Augen, die nichts sehen können, ist alles da.

Die Blinden werden immer in Ungeklärtheit verweilen.

Für das steht das Omen, auf dem was lügt, zermürbt atmet und unberührt in uns blutet, um das Licht, das in der Dunkelheit scheint, zu verdienen. Es ist das Licht, was für immer scheinen wird.

Das schreibt meinen Kontakt mit Damien aus.

Entweder bist du der Gebrochene oder du bist der Brecher, der Schenkende oder der Stehlende.

Ich war übrigens die Gebende und mein Ex-Partner der Stehlende.

Verschliesse und öffne die Tore; das bedeutet, den Abyss zu verschliessen und die Himmelstore zu öffnen.

Sei der Heiler, wie ich es versuche oder der Krankmachende, wie es mein Ex-Partner RS ist! Er hat durch das Necronomicon alle von ihm gehassten Menschen verflucht und krank gemacht und sich über die anderen gestellt, auch über meine Tochter!

Die Schlüssel sind in deinen Händen! Realisiere, dass du ein Lebewesen bist mit einer Seele und der Kreierer von deinem eigenen Meisterplan.

Die Bedeutung des Liedes „Endings and Continuations":

Es war der 13.9.2012 als mir in den Sinn kam, die Engelssymbole auf meine Mandalas zu legen und mich von negativen Einflüssen aus der Vergangenheit zu lösen.

Altes von der Vergangenheit soll für immer der Vergangenheit angehören.

Durch meine Übung, nachdem ich die 60 Engelssymbole auf meine Mandalas geklebt hatte, habe ich mein 3. Auge mit meinen Füssen und danach mit meinem Herzen verbunden. Ich führte diese Übung jeden Tag durch, um mein Merkabaenergiefeld täglich zu erneuern. Ich trete so in eine sichere Unwissenheit, die von der Mitte der Welten kommt, und es gibt eine Expansion vom eigenen Willen, die von den anderen Räumen kommen und so das Wachstum von seinem eigenen freien Willen zur Folge hat.

Durch die Vorausschau auf morgen erweitern wir uns immer zeitlos und elementar.

Von der nahen Zukunft kommt Wahrscheinlichkeitsloses und End-loses aus

Zeiten der Vergangenheit. Energien erwachen für immer in der Vergangenheit.

Sehend, entstehend, wollend, archivierend wird die Vorausschau hinter den nächsten Welten deponiert.

Befreie das Gehege von Schmalsicht und trete in die überraschende Unwissenheit.

Expandiere deinen inneren und äusseren Horizont, damit man es überschaut, wenn es gesehen wird. Die Geistreisen und Wissen-schaften sind für weitreichendes Denken verantwortlich.

Denken erforschen kann man dank der Zahlensymbologie und magischen Symbolen.

Um mein Buch zu schreiben, habe ich mit der Anleitung, wie man die Astrologie mit dem edlen Koran verbindet, der Astronomie mit den Siegeln des Necronomicons, der Wissenschaft in den Wissen-szeitschriften wie das Spektrum, der Zeitschrift Geo, Welt der Wunder usw. mit meinem Wissen verbunden und mit den Nachfragen bei den Dämonen bewerkstelligen können!

Dimmu Borgir ist und bleibt meine Lieblingsblackmetallband!

Ich hoffe sehr, dass ich ein Drehbuch über die Entstehung meines Buches Laonomicon schreiben kann.

Die Filmmusik würde von Dimmu Borgir aus den Alben «In sort of Diaboli» und «Abrahadabra» sein und zu den musikalischen Epi-soden in meinem Film zählen. Der Film würde heissen: "The Way of the Blood-Mountain"!

Der Weg dorthin war so eisig, wie ich es mit 15 Jahren geträumt habe, bevor ich anfing, mein Buch zu schreiben!

KAPITEL 49

Wie unsere Gedanken funktionieren

Ich war 16 Jahre alt, als mir klar wurde, wie unsere Gedanken funktionieren. Zuerst ist das spirituelle Gedächtnis, danach das Gedächtnis des Physischen, das Gedächtnis der Erinnerung und das Gedächtnis der Erwartung in die Zukunft. Das Planen fusioniert mit allen Teilen des Gehirns fast gleichzeitig hintereinander abfolgend. Im spirituellen Gedächtnis sind die Ideen jene, die mit dem Gedächtnis der Vergangenheit Verbindung aufnehmen. Optimal wäre zuerst das technische Gedächtnis und dann die Planung. Dabei sind die neun Wirbel als Persönlichkeiten genauso in unserem Kopf enthalten. Bei einer Schizophrenie, bei Psychopharmakaeinwirkung oder unter gewissen Drogen, zeigt sich dieses Verhalten:

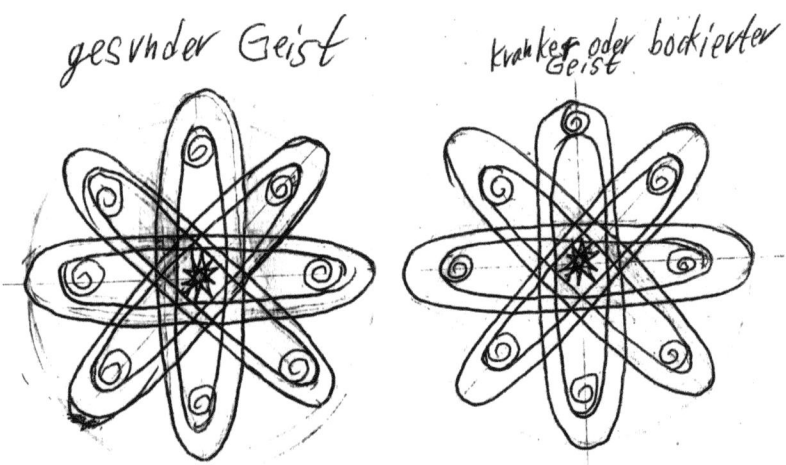

Gesunde und beeinträchtigte Gedankenbahnen

Beim gesunden Gehirn bleiben die rezeptorischen Gedanken in geordneten Bahnen und kommen nicht mit den Wirbeln in Berührung.

Beim kranken Gehirn verlaufen die Gedankenbahnen durch den Wirbel und der verändert scheinbar ihre Persönlichkeit, dass dabei eine Persönlichkeitsverwechslung geschieht, was sich wie ein Delirium anfühlt. Es ist in Wirklichkeit keine 2. Persönlichkeit, sondern eine Situation, die durch diesen Wirbel zur Persönlichkeit wird, weil sie dort stecken bleiben!

Es ist ein Impuls, der mit einer Erkenntnis einhergeht, dass dort der Ausweg ist, um die Gedanken wieder zu ordnen.

KAPITEL 50

Wie aus leblosen Molekülen eine Zelle entstehen kann

Die Zellwand besteht aus leblosen Molekülen, die magnetisch aufeinandertreffen und ganz bestimmte Rezeptoren im Körper produzieren!

Wo genau liegt molekularisch der Übergang von toter zu lebendiger Materie?

Der Übergang von toter zu lebendiger Materie liegt in den Nerven der Materie, die entweder tot sind und nicht mehr erweckt werden können, stillgelegt sind und durch rezeptorische Substanzen wieder belebt werden,oder es sind die Nerven der Materie, die noch funktionsfähig sind, aber nicht richtig versorgt wurden, was mit der Zugabe von Substanzen im eigenen Körper der Materie wiederbelebt werden kann.

Was ist die molekulare Grundlage von Bewusstsein?

Das sind die Synapsen und Rezeptoren im Gehirn, die Psychopharmakamedikamente behindern. Eine Zelle besteht aus 0,015g Nickel, 25g Magnesium, 100g Natrium, 0,07g Kupfer, 125g Kalium und 16 kg Kohlenstoff.

Es kommt immer auf die entsprechende Infusion einer dieser Rezepturen an, um tote Materie wieder zu beleben.

Das ist Draculas Weisheit.

KAPITEL 51

Wie man einen Teil der Sahara begrünt (Wüstenprojekt) und den Mars ökologisch bewohnbar macht

In Afrika und anderen Wüstengebieten, bei denen es gewünscht wird, sollte man die Möglichkeit geben, so viele Chemiker als möglich für die Osmosewerke am Strand auszubilden. Die Ausbildung könnte zum Beispiel als Fernstudium im Internet oder lokal von den Gemeinden angeboten werden!

Die Auszubildenden würden von reicheren Menschen in Afrika finanziert und könnten von überall her zum Einsatz geboten werden.

Dadurch könnten die Länder zu einem Salzverkaufsstaat werden.

Das gereinigte Wasser wird dann durch unterirdische Wasserleitungen aus gebrannter Keramik und Pumpen mit Sprenkelanlagen aus Chromstahl geleitet!

Der Erdboden sollte aus Humus sein, damit Pflanzen angebaut werden können, die in bestimmten Wüstengebieten als Nahrung dienen. 2/3 der Wüste könnte man bepflanzen. (Quellennachweis vom Buch: «Wie kommt der Hunger in die Welt» von Jean Ziegler).

Die Toiletten waren, wie bekannt ist, die Erfindung eines genialen Erfinders, der Verbrennungstoiletten gebaut hat, um den Stoff als weisses Amoniakpulver zu gewinnen. Ich fände es besser, wenn diese Toiletten weltweit gebaut würden.

So erspart man sich die Arbeit in der Kanalisation, waslebensge-
fährlich sein kann und dazu kommt die stinkige Aara! Nur so kann
man das Amoniakpulver gewinnbringend für die ganze Erde nutzen!

Somit bleibt 1/3 für den ökologischen Stromgewinn, was wieder ein
Markt für Menschen in Wüstengebieten erschliessen würde.

Um den Mars künstlich und schadstofffrei zu erwärmen, braucht
man Kohlenstoff.

So kann man auf dem Mars Kohlenstoffgewächshäuser bauen lassen
mit mit Sauerstoff gefüllten Gängen.

KAPITEL 52

Das Indianerprojekt, um alle Indianer vor der zunehmenden Einengung der Gesellschaft zu retten

Das ist ein Projekt, um die Indianer in unsere Gesellschaft zu integrieren, wie es die Indianer für richtig halten und nicht, wie wir es für richtig halten!

Es geht um Erfindungen von natürlichen Verhütungsmitteln, Erotikprodukten, die drei ultimativen Glücksparfüms, die mir Cthulhu im Traum gezeigt hatte!

Natürliches Viagra, erotische Bonbonkleider, Schuhe, Lakritzemäntel, Gurte, Bonbonnieten usw.: Das sind ca. 20-30 Erfindungen, bei denen die Indianer in Mexiko, einen 50% igen Anteil bei jeder Erfindung erhalten sollten, ausser den ultimativen Glücksparfümen. Bei denen, erhielten sie einen 30%igen Anteil. So kann man für ihre Rechte wirkungsvoll kämpfen, damit sie dann in den USA einen grossen Stellenwert haben würden, weil sie auch rechtmässige Anteile an Erfindungen haben, die mehrere Marktlücken füllen würden! Je nach Wunsch, dürfen sie auch mit Nahrungsmitteln wie Mais, Gemüse und Früchten ausbezahlt werden, wenn sie das lieber haben möchten als Geld. Speziell bei den Hopis wäre das sinnvoll. Dadurch, dass sie diese Rechte haben, können sie wieder ihre alten Rituale durchführen und ihr Leben ohne Zwang und Unterdrückung leben!

KAPITEL 53

Das Psycheprojekt

Dieses Projekt steht für den umfassenden Medikamentenbedarf von Haus- und Nutztieren und von Menschen.

Für die Tiere gibt es Kekse in verschiedenen Geschmacksrichtungen mit chemischen und homöopathischen Medikamenten darin, damit die Tiere es leichter haben, sie einzunehmen.

Dazu, welche Medikamente dort hineinkommen, habe ich das Medium CO befragt.

Die anderen Medikamente sind für den Menschen und sind eine Gegenerfindung der heutigen Psychopharmaka!

Es sind «nimm 2»-Kaubonbons mit naturheilenden Kräutern, die im Innern ein antitoxisches chemisches Medikament, eine Laxatie oder Kohle Pulvis mit homöopathischen Medikamenten zu verschiedenen Beschwerden haben. Dies könnte auch zum Beispiel für Menschen sein zur Unterstützung bei einem Drogenentzug, damit der Entzug leichter fällt. Mir ist aufgefallen, dass nur eine Intoxikation im Gehirn zu psychischen Problemen führt, wenn kein Eingriff im Kopf durchgeführt würde! Wenn ein Wirkstoff im Gehirn zu wenig vorhanden ist, ist das Antidepressiva Seralin von Mepha zu empfehlen. Das habe ich selbst getestet und bin davon begeistert. Man kann auch Acineton verschreiben, wenn man zu wenig Dopamin im Gehirn hat. Die Rezepturen, die im Gehirn nur schwach vorhanden sind, kann man auf naturheilender Basis vermehren und zwar durch das Kräuterbonbon der entsprechenden Pflanze. Darum finde ich dieses Projekt sehr wichtig! Die heutigen Psychopharmaka toxikieren das

Gehirn, weil es das Gehirn und die natürlichen Körperfunktionen einschränkt!

Die Bonbons kann man auch gegen alle Umweltvergiftungen nehmen!

Für diese Bonbons und welche Medikamente dort hineinkommen, habe ich extra das Medium P befragt!

KAPITEL 54

Der Verein für Psychiatriebetroffene

Der Gedanke zu diesem Projekt entstand im Januar 2014 durch eine Idee von Frau Sch., die dann das Weitere nachzog.

Es ist ein Projekt, welches ich nach dem Psycheprojekt mit Frau Sch. starten wollte, weil der Grundstein psychiatrischen Zwangs auf der Einnahme von Psychopharmaka, wie es heute üblich ist, gründet.

Ich dachte mir, dass man in Basel Wohnungen, WG-Zimmer nach den Farben der Zimmer aussucht. Die WGs werden im Regenbogenfarbenprinzip eines Farbtons zusammengestellt. Ich bin dabei der Meinung, wenn die Lieblingsfarben mit den anderen Menschen zusammenpassen, vertragen sie sich auch gut untereinander!

Man sollte die Zimmer so streichen, dass die Farbe einem nicht erdrückt, wie in den Isozellen der Psychiatrien.

Rotstichige Zimmer bestehen zu 94% aus weisser Farbe, zu 5% aus oranger und zu 1% aus gelber Farbe.

Das pinkige Zimmer besteht zu 95% aus weisser Farbe und zu 5% aus roter Farbe usw.

Das könnte Schule machen und wäre für die Immobilien beschwerdefreier!

Ich bin überzeugt, dass man so Nachbarschaftsstreitereien vorbeugen könnte. Der Immobilienmakler kann die Nachbarn befragen, welches ihre Lieblingsfarbe sei, und kann dann die Wohnungen gezielt passend dazu streichen lassen und einen Mieter suchen, dem diese Farbe zusagt.

Je nach Benötigung und Selbständigkeitsgrad kann die betreffende Person eingeteilt werden und man wird nicht mit Psychopharmaka vollgepumpt wie in den Psychiatrien. So könnten die Medikamentenbonbons mit antitoxischer und homöopathischer Weise behoben werden, statt mit den jetzigen Psychopharmakas.

Dies sollte auf jeden Fall zwangslos geschehen.

In Härtefällen kann Frau Sch. agieren, weil sie auch die entsprechenden Ausbildungen absolviert hat und sich der Klient in einem spetiellen Raum mit Skills, Kunststoffwürfel und Boxsack austoben kann! Darum ist sie auch prädestiniert, dieses Projekt zu leiten.

All diese Projekte, die ich hier vorgestellt habe, habe ich mit Frau Sch. durchdiskutiert. Durch ihre Arbeit konnte ich meine Erfindungen in verschiedene Projekte einteilen und sehe auch den Sinn hinter den Erfindungen, denn das ist der Grundstein, um meine Erfindungen überhaupt realisieren zu können!

KAPITEL 55

Über künstliche Ersatzteile im menschlichen Körper

Die Chemie besteht in unserem Körper aus mehr als 1000 künstlich hergestellten Ersatzteilen von einem menschlichen Körper.

Das sind alles Materialien, die funktionsgerecht entwickelt worden sind.

Sie dürfen das Blut nicht verklumpen lassen oder Entzündungsprozesse auslösen, wie es das Psychopharmakamedikament Lamictal bei manchen Menschen verursacht! Also ist das Lamictal ein altes Mittel!

Dieses Mittel ist für manche Menschen nicht das richtige Medikament, weil es dem Körper sehr schaden kann, wie ich es bei GF im Jahr 2011 bemerkt habe, die dieses einnahm und auch bei mir die Lunge geschwächt hatte!

Die Depotspritze von 25 mg Risperdal hat mir Schmerzen in der Leber verursacht. Als ich merkte, dass sie schmerzte und das Medium P deswegen anrief, hat er bei mir dies feststellt! Hätte ich dies nicht getan, wäre ich jetzt vielleicht nicht mehr am Leben!

KAPITEL 56

Die Heilung von MS's Schwester

Es war das Jahr 2010 im Sommer, als ich mit ihr in der Psychiatrie war.

Sie erzählte mir, dass sie eine jüngere Schwester hatte, die todkrank sei.

MS versicherte mir, sie würde das Ritual mitmachen, worauf wir das grosse Ritual aussuchten, wie ich es zu der Erklärung vom Song von Dimmu Borgir «the Ritualist» erklärt habe. Ich traf MS auch wieder, als ich nach Dornach umzog.

Wir gingen zusammen in die Ermitage und setzten uns auf den rechteckigen Stein am Fusse des Hügels in der Höhle, weil ich dort Engelserscheinungen erlebt hatte.

Ich nahm sie in den Arm und sagte einen Heilspruch auf:

Höchste lichte Kraft! Geliebter Jesus! Meister der violetten Flamme! Ich bitte um die Reinigung Ihrer Chakren und Meridiane! Ich bitte um: Glück, Liebe, Geborgenheit, Gesundheit, Heilung, Ruhe und Frieden! Ahmen! Selah! Selah! Selah!

Als sie die Augen schloss, sah sie nur ein weisses Licht.

Ich sah fünf Engel und den weiblichen Engel mit dem langen dunkelbraun gewellten Haaren in der Mitte.

Sie trug eine Energiekugel, während die anderen vier Engel danebenstanden und die Situation bewachten.

Als ich MS am 16.9.2012 am Abend in Basel beim Burger King am Bahnhof SBB traf,

hatte sie sich bei mir bedankt für die Heilung ihrer jüngsten Schwester!

Ich fragte sie, ob sie denn sicher sei, dass ich es war, die das getan hatte.war es nicht ihre Grossmutter gewesen, weil diese doch schon Gelähmte wieder gehen liess?

Ich kann das nämlich nicht, obwohl ich es in der psychiatrischen Klinik schon mehrmals vergeblich versucht habe!

Wir redeten noch eine Weile, verabschiedeten uns dann und ich begleitete sie noch zum Zug.

Ich ging erstaunt nach Hause und erzählte, dass die jüngste Schwester von MS,, die todkrank war, auf einmal aus unersichtlichen Gründen plötzlich geheilt war!

Am Montag, dem 17.9.2012 befragte ich zur Sicherheit noch das Medium M.

Sie versicherte mir, dass ich es wirklich gewesen sei, die MS jüngste Schwester mit den Engeln geheilt hatte!

Ich freute mich riesig, dass MS jüngste Schwester endlich gesund war!

Mein Kampf hat sich wieder gelohnt für die jüngste Schwester von MS!

Die einzige Person, die mir noch Kopfzerbrechen machte, war DM, die ich auf der Strasse getroffen hatte!

Sie sei, nachdem ich erfahren hatte, dass sie nach der Klinik wieder in der Notschlafstelle sei und immer noch von den energetischen Kobras umgeben war, die ihr Halbbruder DB durch einen bezahlten marokkanischen Magier zu dieser Zeit vor 11 Jahren geschickt hatte, und sie von ihnen besessen wurde!

KAPITEL 57

Wie man Leben in unserem Universum berechnet

Auf diese Erkenntnis bin ich im Jahr 2007 gekommen, als ich eine Sendung über Astrophysik im Fernseher verfolgt habe.

Es ging um Planeten, die im bestimmten Abstand zur Sonne Leben hervorbringen würden. Ich bin zur Erkenntnis gelangt, dass, wenn ein Stern um das 10fache grösser ist als unsere Sonne, der Vegetationsgrad auch um das 10fache weiter weg sein muss als es bei uns zwischen Sonne und Erde ist!

Man müsste unsere Sonne als Vorlage von Sternengrössen nehmen, die Sonne in eine grössere Sonne setzen, bis die Massbreite der grösseren Sonne gefüllt ist oder einen anderen kleineren Stern in unsere Sonne hineinsetzen, bis die Massbreite unserer Sonne erreicht ist! Danach rechnet man es auf die Distanz in Kilometern von der Sonne zur Erde. Entweder muss man beim grösseren Abstand als bei uns multiplizieren oder teilen bei kleineren Abständen als bei uns!

So bekommt man einen exakten Anhaltspunkt darüber, auf welchen Planeten tatsächlich Lebewesen existent sind und bei welchen Planeten nicht!

Egal wie gross der Planet ist, die Distanz bleibt immer dieselbe!

Der Lebensradix würde ich in Kilometern von unserer Erde bis zum Mars rechnen, um Leben überhaupt bestimmen zu können! Der Lebensradix bleibt auch immer gleich breit! Das könnte den Forschern die Forschung nach neuen Lebensformen wesentlich erleichtern!

Die kleineren Lebewesen sind in der Nähe vom Mars und die grösseren im Radix, in dem unsere Erde um die Sonne kreist.

Ein bisschen weiter nach innen, Richtung Venus, sind wahrscheinlich die intelligentesten Lebewesen mit festem Körper zu betrachten!

So müssten die intelligentesten Aliens in einem Lebensradix in der Nähe der Venus, umgerechnet auf ihr Sonnensystem, leben!

Die Aliens, die man im Buch Necronomicon von Jhon Dee abgebildet sieht und HR Gigers Aliens, die wahrscheinlich in der Kälte und Dunkelheit leben, müssten die nachtaktiven Aliens sein, die in einem Lebensradix Mars leben, umgerechnet auf ein anderes Sonnensystem!

Die dunklen Aliens müssten entweder mehrere Monde wie der Saturn besitzen oder sie leben tatsächlich nur in der Nacht!

Es würde sich daher um einen grösseren Planeten als unsere Erde handeln!

Wahrscheinlich in der Grösse von Uranus oder sogar von Jupiter!

Diese Lebewesen sind auch viel resistenter als wir wegen ihres Magnetfeldes auf ihrem Planeten und den stärkeren Witterungen!

Die schwarzen Aliens von HR. Giger haben einen gepanzerten Körper!

Man sieht es in seinen Bildern! Doch die Grossen aus dem Necronomicon, sind auch sehr resistent, weil sie wahrscheinlich Zellmembranen zwischen humanen und Algenmolekülen besitzen!

Die Aliens mit den grossen Augen, die man auf Plakaten von Area 52 sieht, können wahrscheinlich ohne Essen und Trinken existieren!

Sie sind wahrscheinlich in der Nähe der Venus, umgerechnet auf ihr Sonnensystem, oder sie sind ganz weit entfernt! Doch die Nähe von der Venus zur Sonne als Distanzangabe zur Umrechnung auf ihr Sonnensystem, ist für mich plausibler!

Doch ihr Planet müsste auch grösser sein als unserer! Wahrscheinlich so gross, dass nur Aliens existieren können, die feinstofflicher sind als wir! Zumal sind jene Aliens, die einen feinstofflicheren Körper als wir haben, die Intelligentesten!

Die Grossen aus dem Necronomicon, müssten so zwischendrin sein und bis zu 2/3 der machbaren Stofflichkeit des Körpers haben!

Die Aliens mit den grossen Augen haben wahrscheinlich einen zu 1/7 stofflichen Körper! Die restlichen 6/7 sind feinstofflicher Natur!

Je feinstofflicher Wesen sind, umso mehr können sie in härteren Lebensbedingungen leben! Darum bedeutet in der Magie, je bescheidener man lebt, umso höher steigt man auf ins Licht!

Die Engel und Dämonen sind bekanntlich nur feinstofflich! Darum sind sie die intelligentesten Wesenheiten, die es überhaupt gibt im ganzen unendlichen Kosmos!

Sie sind unsere Schöpfer und die Schöpfer des gesamten unendlichen Kosmos und alles kommt von Allah!

KAPITEL 58

Über die Notwendigkeit von Magie

Es war der 20.9.2012, als ich mit meiner Chefin in der Institution Florelan über meine neusten Erkenntnisse geredet habe. Sie hat mir erklärt, dass in meinem Alter Bildung sehr wichtig sei. Etwa bis 35 Jahre und danach würde der Geist nicht mehr materiell denken, sondern nur noch geistig! Sie erklärte mir, dass man da keine Magie mehr braucht, denn die Magie sei alt und gebunden an Materie.

Ich erklärte ihr meine Theorie von den Aliens und ihren Prozentsatz an Materie und Feinstofflichem; bei intelligenteren Alienformen als unseren!

Sie sagte mir, dass ich lernen müsse, nur geistig und nicht materiell gebunden zu denken!

Ich fragte sie, ob sie mir ein Beispiel geben könne, was reines geistiges Denken ohne Materie ist und wie man das macht, wenn wir ja in einem physischen Körper leben und unsere Gehirne mit Rezepturen ausgestattet sind, die das Gehirn überhaupt in Gang bringen würde. Sie konnte mir kein Beispiel nennen, doch versuchen sollte ich es trotzdem.

Die der Theorie Freiheit, Gleichheit, Brüderlichkeit gäbe es keine Magie!

Ich erwiderte ihr, dass sie mich noch lange vom Gegenteil zu überzeugen versuchen könne, aber ohne Erfolg, weil ich wahre Erlebnisse in der spirituellen Welt erlebt habe, auf die Materie! Darum fragte ich sie: Wie ist denn aus der spirituellen Welt unser Kosmos entstanden, wenn Magie keine Rolle gespielt hätte? Ein Kosmos ohne Seele, oder was?! Warum hat unser Körper eine Seele, wenn nicht die Magie unserer Seele den Körper gegeben hätte? Warum können Geistwesen uns denn helfen?

Ohne Magie würde dies nicht funktionieren! Warum habe ich solche Erfahrungen mit den Dämonen und Engeln erlebt, wenn es keine Magie gäbe? Warum können Dämonen die Entstehung und den Tod von Lebewesen bestimmen, wenn es keine Magie gäbe? Worin liegt denn die Schöpfungskraft von Allah und dem Teufel, wenn es keine Magie gäbe?! Woher kämen dann meine Erkenntnisse, wenn es keine Magie gäbe?! Wisst ihr, dass das paradox ist zu denken, Magie gäbe es nicht?!

Das höhere Selbst kommt durch die Magie, jene Alchemie im rituellen Sinne geschieht nämlich, wenn man mit Ritual-Gegenständen die Wesenheiten ruft. Dies ist nämlich die wahre Alchemie, weil man dadurch wirklich etwas Wertvolleres daraus entstehen lässt, was einem zuteil wird!

Woher kommen Erfindungen?

Sie sind die Alchemie seines Geistes, die den Materialismus zu neuem Leben erweckt und dies durch Technik, Chemie und Physik!

Wo bitte schön sind Erfinder Verrückte? Erfinder sind immer modern und ihrer Zeit voraus! Ansonsten könnten wir uns ja gar nicht entwickeln! Die These, Erfinder als verrückt abzustempeln zieht nämlich mit sich, ihnen ein neues Produkt, das sie entwickelt haben, nicht zu vermarkten, weil die anderen neidisch darüber sind, dass sie die Marktlücke nicht selbst entdeckt haben, womit sie gutes Geld verdienen können! Erfindungen sind auch spirituelle Eingebungen, die man durch Magie noch verstärken kann! Ich habe Lilith geschworen, neue Erotikartikel zu kreieren und wie man sie herstellt gründlich zu durchdenken, so wie es für mich möglich ist!

Ich habe auch Cthulhu befragt, um herauszufinden, wie man eine ökologische Natelantenne ohne Elektrosmog herstellt, nämlich mit ökologischen Solarzellen, Wasserstromzellen und Windstromzellen!

Ich wusste, dass Cthulhu unserer Zeit um das Milliardenfache voraus ist!

Er ist ja auch der Schöpfer intelligentester Aliens, mit allen Wesen aus dem Necronomicon und den grossen Alten zusammen!

Damals als ich mit Cthulhu dealte, war er noch ein Erzdämon! Das waren die grössten Dämonen aller Zeiten nach Satan, denn im Kabbalahradix gibt es 72 Erzengel! Somit sind die Grossen Alten wahre Erzdämonen gewesen und ausser Cthulhu und Tox es noch sind! Von solchen Dämonen kommt man nur los, wenn man als Besessener selbst erlöst! Das ist ja zum Glück geschehen, durch sehr harte Arbeit!

KAPITEL 59

Die Illuminaten

Die Illuminaten haben das Symbol von einem Zirkel und einem Winkelmass.

Mir ist etwas Entscheidendes eingefallen, als ich das Illuminaten-mandala für KS,

AS Bruder, also für den Bruder vom Freund meiner Mutter, gezeichnet habe.

Dabei zeichnete ich ein Heptagramm und ein gleich grosser 7-Stern ineinander.

In der Mitte war ein 14-Stern und darin ein Herz mit dem 33. Stern mit der Zahl 33 darin. Jedes Sternbild sieht man in der Thora. Auf den Spitzen des 14-Sterns schrieb ich kleine a-Buchstaben hinein. Sie sollen die Bedeutung haben wie: Pent-A-Gramm, Hex-A-Gramm, Okt-A-Gramm, was auf Lateinisch Machtlastigkeit bedeutet, was auch pro Spitze 1 Gramm des gleichen Gewichts bedeutet, auf der die Kohlenkraftschaufelmaschine, die für das Graben zur Kohle verwendet wird, und jede Spitze eines Sterns ein grosses A symbolisiert! Das könnte noch weitere geniale Maschinen der Zukunft zur Folge haben. Zum Beispiel ein Schaufelbohrkran, der am Rad individuell durch Funk steuerbar ist. Das würde auch mit dem Goldschürfen in Afrika so funktionieren, beim Tunnelbohrerrad. Der Bohrer und die Schaufel würden sich abwechseln. Rechts und links dieses Rades könnten noch zwei weitere Schaufelbohrräder angebracht werden. Die Schaufeln würden alles in Minenwägen hinein schaufeln. Das heisst, dass überall, wo gebohrt wird, zum Aufnehmen des Schutts und Goldes alles aufgefangen würde. Eine Drohne sitzt drinnen, die durch Funksteuerung im Schaufelbohrkrahn die Funkfrequenzen steuert und mit acht Hydraulikstützen hält, damit man sie auch schräg stellen kann und auch noch auf Kugelgelenken angebracht sind. Die Minenarbeiter könnten dann draussen arbeiten und sich nicht in Gefahr bringen. An der Drohne ist eine Infrarotkamera angebracht, so dass die Minenarbeiter eine Videobrille tragen, um in die Mine hinein zu sehen. Diese Maschine soll in Afrika gebaut werden, so dass dieses Land eine weitere Geldquelle eröffnen könnte, wenn sie diese Maschine an andere Länder verkaufen. Man muss die Maschinen bauen, wo es die meisten Diamanten hat und das ist in Afrika! Um das 1. Loch zu bohren, müsste die herkömmliche Bohrmaschine, die es gibt, ausreichen! Dann vermisst man das Land und bohrt einen schrägen Gang zum senkrechten Bohrloch und die neue Maschine kann dort hineinfahren!

Oberhalb des Herzes habe ich ein Omega gezeichnet, als Symbol Alpha und Omega. So waren in den höchsten 7 Sternspitzen die Zahl 22 als die Doppelblumenzahl, beim nächsten 7-Eck die 66,6 enthalten und die 11 für die Dreiecke des breiteren Heptagramms, für die Fussblockzahl meiner 3D-Puzzlepyramide, um mit den verstorbenen Pharaonen in Kontakt zu treten. Die Spitzen des Heptagramms tragen die Zahl 32, wie die Anzahl magischer Stufen. Beim 7-Stern steht auf den Spitzen die Zahl 23 als Zahl der Erleuchtung. Im roten Innenkreis sind die Zahlen 65 und 56 abwechslungsweise enthalten, die in diesem Kapitel bei der Berechnung vom Schwarzen Loch abgebildet sind. Dieses Illuminatenmandala ist der männliche 7-Stern, spitzig und nach unten gerichtet und der weibliche 7-Stern das Heptagramm.

Meine Erkenntnis ist, dass das Illuminatenzeichen eine Spitze des verbundenen 14-Sterns ist und die 14 bedeutet Gott, wie die Rune Ing.

KAPITEL 60

Das anmutige Grab im Wolfsgottesackerfriedhof

Es war der 9.9.2012, als meine Kollegin PS und ich nicht wie verabredet uns getroffen hatten, also nicht mit dem Tram am Bahnhof Dornach ankam, sondern von ihrem Vater mit dem Auto dorthin gebracht wurde.

Wir verpassten uns, wobei sie mich anrief und den Termin absagen musste, weil sie noch ihre Wohnung reinigen musste. Ich ging dann zurück nach Basel!

Ich war frustriert über meine Arbeitssituation. Mich verunsicherten meine Entzugserscheinungen vom Risperdal Depo und die Träume, die ich im Schlaf hatte! Ich war durch meine Entzugserscheinungen und der starken Monatsblutung müde und verzweifelt.

Ich habe beschlossen, zum Wolfsgottesackerfriedhof zu gehen und herauszufinden, warum es mich im Juni 2011 zu diesem Friedhof gezogen hatte und ich das Geldritual von Cthulhu und den Fluch gerade dort ausgeübt habe. In meinem Buch habe ich das nicht erwähnt, weil es zu gefährlich war.

Zuerst ging ich durch den Friedhof, bis ich beim 5. Sektor das mittlere Grab bemerkte. Es war das mittlere 7. Grab von beiden Seiten aus gesehen.

Auf der Spitze war eine Sanduhr mit zwei Drachenflügeln und unten stand der Spruch:

Vater, ich will, dass, wo ich bin, auch die bei mir seien, die du mir gegeben hast, dass sie meine Herrlichkeit sehen. Joh.17.24. Ich flehte den Verstorbenen an, mir zu helfen, eine Arbeit zu bekommen, an der man meine Gutmütigkeit nicht ausnützt, wie im Florelan und die Arbeit entlöhnt würde, so dass ich mir einen Musikraum mieten könnte für unsere Band. Auch erzählte ich von meinen Träumen von meinem Ex-Partner RS und mir und von der Band Dimmu Borgir.

Zuletzt kamen mir aus lauter Verzweiflung die Tränen.

Danach ging ich fort und sang mein selbst geschriebenes Cthulhulied: „When the Arch calls Shadows from the Sea" und sang es vor dem Friedhofsee zu Ende und schaute in den See mit dem Gedanken, mein Amulett aus Silber, das ein verbundenes Hexagramm war, in die Mitte des Sees zu werfen, als ich mit meinem Vampirdress dort hineinstieg.

Danach ging ich zu dem Grab, das fast vis-a-vis von dem Pestgrab stand und habe den Spiegel meiner Tat von Cthulhus Geldmagie gelesen, was eindeutig eintraf.

Auf dem Grab stand der Spruch:

„Wir ernten beständig, was wir nicht gesät haben. Wir sollen auch sähen, was wir nicht ernten werden!"

So ist doch das Ergebnis von Cthulhus Geldmagie ausgegangen!

Erstaunt ging ich fort, sass im Wettsteinpark und grübelte über die Zeit auf der Strasse mit meinen magischen Ereignissen zurück.

Dort sah ich D, der gerade mit seinen Metallerkollegen redete, wobei ich ein bisschen abseits sass, um ihn nicht zu stören.

Ich sah auch das Eldersiegel auf seinem Arm und ich war sicher, dass es er war.

Danach ging ich noch in die Leonhardskirche. Der Kraftort in der Krypta war geschlossen. Wie ich später erfahren habe, war sie einsturzgefährdet.

Ich stellte mich breitbeinig hin mit ausgestreckten Händen.

So zog ich die Energie in den Versammlungsort beim Altar ein. Ich fing auf Häbräisch zu singen an und rief alle Wesenheiten, um diesen Raum mit Energie zu füllen.

Danach überkreuzte ich meine Arme und projezierte mit meinen Händen einen Energiewirbel, um in die räumliche Höhe zu gelangen.

Es ging eine halbe Stunde lang, bis dieser Raum vollkommen von Energie erfüllt war.

Danach ging ich erschöpft und glücklich nach Hause und ruhte mich dort aus.

Am 13.9.2012 ging ich nach dem Besuch bei meiner Mutter und Tochter wieder zum Wolfsgottesackerfriedhof an dasselbe Grab. Dort legte ich drei Rosen hin und bedankte mich, als ich erfuhr, dass alle beim Musiklabel mitmachen wollten und hinter meinen Phytotherapeutischen Pralines standen und wir zusammen uns selbständig machen wollten. Ich schöpfte so viel Kraft, dass ich in einem Volltempo, trotz Monatsblutung und Entzugserscheinungen den strengsten Weg von Basel bis nach Dornach lief!

Unzählige Male musste ich Rast machen trotz Abkühlung vom Brunnen!

Nach der Ermitage war ich richtig erschöpft, doch ich lief weiter.

Ich kam auf die Burg Reichensteiner und die Burg Dorneck. Schliesslich regnete es und ich konnte mich, bis ich zuhause war, so richtig abkühlen.

Doch zuhause packte ich mich in die Decke ein, bis mir warm wurde.

Ich trank noch zwei Salbeitees und schlief mit meinen Kleidern ein.

Um 20 Uhr platzierte ich meine 60 Engelssymbole auf meine Mandalas und schlief wieder ein bis zum nächsten Morgen.

KAPITEL 61

Wie eine gerechte finanzielle Verteilung mit Schutz von Korruption und Diebstahl aussieht

Als ich 18 Jahre alt war, hatte ich die Idee von einer Weltwährung:

Münzen sollten den Namen Land bekommen, die Franken Continent und die Noten World. Wenn man schon globalisieren möchte, dann fair! So kann man Spenden besser kontrollieren, dass sie wirklich an den richtigen Ort gelangen, weil alle dieselbe Währung haben.

Doch das Design soll wie beim Euro den Herkunftsort bestimmen.

Der Euro funktioniert nämlich nicht, weil es nur Europa ist und alle anderen Länder davon ausgeschlossen sind.

So gibt es immer Korruption in den Finanzen.

Es ist dasselbe, wie wenn sich die Kontinente verschieben: Dort gibt es immer Erdbeben, wie es Fukushima bewiesen wurde!

So kann nur für jedes Land eine Währung oder eine Währung für die ganze Welt existieren! Ansonsten gibt es zwischen Armut und Reichtum immer Differenzen, die unbefriedigend bleiben.

Übrigens ist eine weltweite Einheitswährung nicht korrumpierbar, weil wenn jemand einem anderen Geld stielt und diese Person anzeigt, immer der Strichcode des gestohlenen Geldes fehlt. Im Geschäft können sie bei den Banken die Seriennummern des gestohlenen Geldes überprüfen und auch bei den Einkaufskassen und jene Person, die gestohlen hat, in allen Ländern weltweit finden! Jede echte Note sollte man so herstellen, dass jede Note einen individuellen Strich-code auf der linken Seite der Banknote besitzt!

Dann würde nur noch durch Interpol gesucht werden!

Die Landeswährungen sollten in Museen kommen, für jeden Kanton des jeweiligen Landes. Dadurch gibt es auch wieder mehr Arbeitsplätze!

Hoffentlich gibt es irgendwann diese Währung zum Standard von fairem Geldtransfer und gegen Korruption und die Ausnutzung von Notbedürftigen hat ein Ende!

KAPITEL 62

Über die verschiedene Chaossterne und wie man sie berechnet und mit dem Koran übersetzt

Nach dem ich um 4 Uhr morgens aufwachte, weil mir in den Sinn gekommen ist, wie man über die Vegetation von Planeten, schwarzen Löchern und Universen die Astrologie und Astronomie mit dem Koran verbinden kann, so dass Astrologen wissen, wie sie die Zahlen verbinden sollen, um über Gegebenheiten und Elemente Bescheid zu wissen.

Das schwarze Loch des entcirclet Chaos:

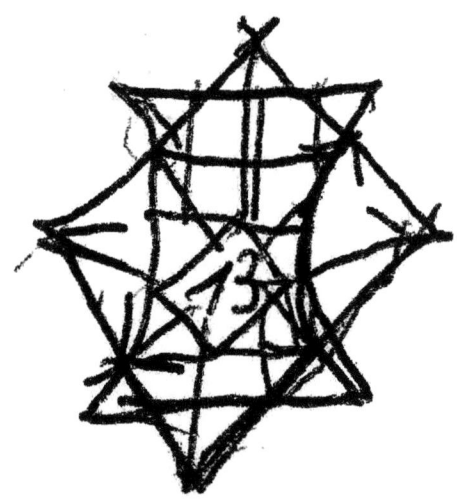

Schwarzes Loch und Zahlensymbologie

Das Siegel ist dabei in der Mitte des schwarzen Loches.

Der Chaosstern im Quadrat findet man dabei um das schwarze Loch herum, was in den Galaxien von der Grösse her gesehen die Kugel in der Mitte ist.

Doch hier ist es wieder das Chaos, das vorherrschend ist.

Querschnitt der Galaxie

In Zahlen sieht der Chaosstern so aus:

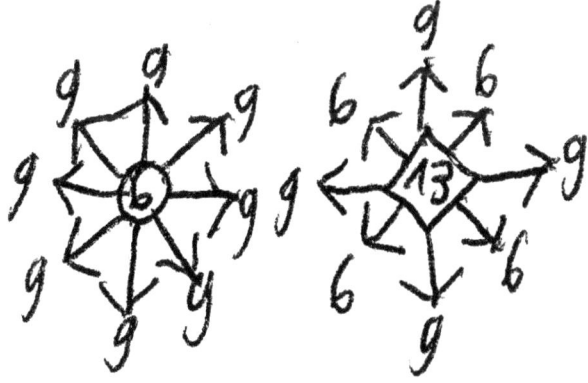

Chaossterne

Bei den Spiralgalaxien sind die Zahlen so:

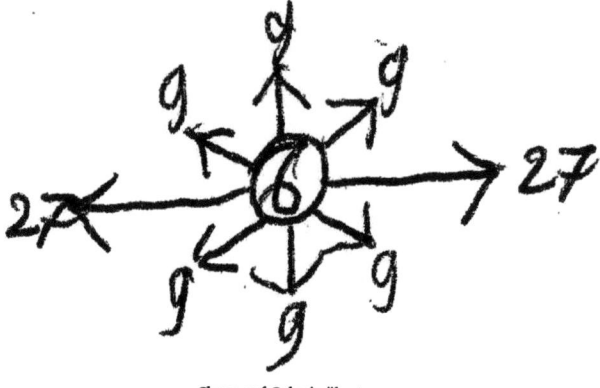

Chaos auf Galaxie übertragen

So liest man dann die Suren zu jeder Zahl und weiss dann über die Galaxien Bescheid.

Für die Planeten gelten:

Für den Mars:

Abgewinkelter Chaosstern

In Zahlen:

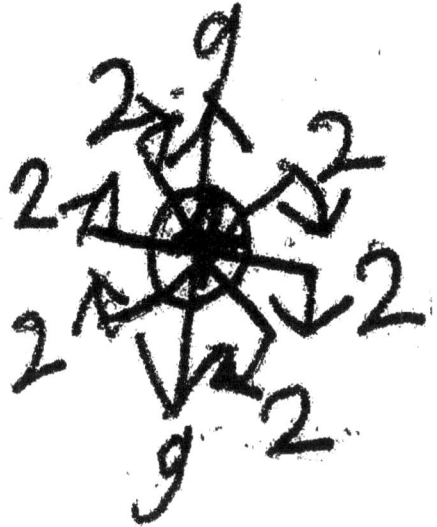

Abgewinkelter Chaosstern in Zahlen

Den Uranus:

Uranus-Chaosstern

In Zahlen:

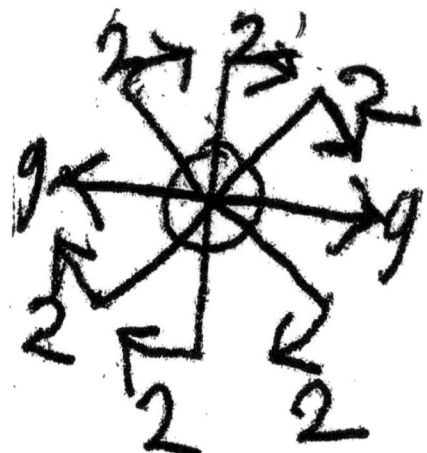

Uranus-Chaosstern in Zahlen

Die Kernzahl ist immer die Zahl des Planeten, gezählt von der Sonne oder eines anderen Sterns aus. Der Merkur ist der 1. Planet nach unserer Sonne, der Mars ist der 4. Planet von unserem Sonnensystem aus gesehen.

Dabei muss man immer die Achse des Planeten und seine Umdrehung ermitteln.

Es könnte auch sein, dass die Galaxie, in der wir sind, sich anstatt nach rechts nach links dreht. So müsste eigentlich die Planetenumlaufbahn immer der galaktischen Bewegung folgen. Bei unserer Galaxie ist sie von links nach rechts.

Wieso dreht sich dann die Erde von rechts nach links, wenn die planetarische Umdrehung um die Sonne von links nach rechts erfolgt? Ganz einfach, weil tatsächlich die ersten Sonnen in der Galaxie explodierten und eine Verteilung der Magnetfelder erfolgte.

Die groben Gesteinsbrocken müssten in einem Brennofen, in dem man Tonfiguren brennt, ähneln. Dies ist das Geheimnis des Magnetismus. Die Mandalas sind ihre Welten. Die Geometrie entsteht immer durch den Magnetismus und durch die magnetischen Felder. So entstehen die Mandalas generell!

So wissen wir nun von den Alien und ihren Alienfliegern Bescheid und warum es auf den Kornfeldern solche Mandalas gibt. Also bei gewissen wie das systemische Kornkreismandala entstanden war = Pentagramm mit Halbmonden, weiss ich noch nicht genau. Doch dieser Stern ist ein alchemistisches Zeichen. Ich hatte es bei mir, als ich es vom Abstellschmutz in der Küche mit schwarzer Tinte geschrieben hatte, es bei mir aufs Kopfkissen gelegt habe und damit einschlief. Ich wohnte damals noch bei meinem Ex-Partner RS in Effingen.

Das passte meinem Ex-Partner RS überhaupt nicht.

Ich habe damals von den Dämonen mentale Kräfte bekommen, um mich gegen ihn zu wehren. Das hatte vorerst prima funktioniert, doch die Dämonen hatten die Überhand über mich bekommen. Dabei bin ich zum 1. Mal mit dem grossen Cthulhu in Kontakt gekommen, weil ich ihn immer als Helfergeist gesehen habe.

Sein Wissen und das der Grossen Alten haben mich weitergebracht!

Das neutrale «Rad des aufgestiegenen Schakals» ist das Mandala aus den verschiedenen Universen in Farbe und Konstitution, die von den Planeten und Sternen zusammengehalten werden.

Die Sterne auf diesem Mandala sind die Planete mit galaktischen Wirkungsmechanismen, die im gesamten unendlichen Kosmos existieren.

In diesem Mandala ist der Entcirclet Chaos und der Chaosstern automatisch inbegriffen!

Es erklärt die Ordnung und die Körper des Kosmos, worauf die Sterne, die Bakterien und Menschen sind, und Planeten mit ihren Sternen usw. Die Galaxien im Kosmos sind wie bei uns die Zellen, doch alles ist auf seine Art durchsichtig, weil es Dimensionen sind und keine Körper, weil der Äter die Universen formt, damit überhaupt etwas existieren kann.

Ohne Äther gäbe es auch keine Engel und Dämonen.

So verleugnen die Atheisten den Äther, der durch die Magie von Gott und Teufel das Universum geformt hatte!

KAPITEL 63

Wie es ist, wenn psychisch kranke Menschen mit behinderten Menschen gleichgesetzt werden

Es war im Juni 2011, als ich meine Wut über die Ungerechtigkeiten in der Welt herausgebrüllt habe und bei einem Plakat vorbeilief mit der Aufschrift „Wildwuchs" mit der Bemerkung für Solche und Andere.

Ich schrie aus wahnsinnigem Zorn über diesen Namen, dass behinderte Menschen kein Wildwuchs seien! Was ist nämlich ein Wildwuchs? Es ist Unkraut!

So etwas ist doch ein Kleinkriegen von behinderten Menschen!

Ich war auch mal bei diesem Festival tätig und hatte dazu in einer Band elektrische Geige gespielt!

Erst im Jahr 2011 habe ich begriffen, dass dieser Name meiner Meinung nach menschenunwürdig ist! Ich schrie zurück:

„Wir sind kein Wildwuchs, wir sind ein Nachtschattengewächs! Unsere Früchte, die wir hervorbringen sind Tomaten, was auch Früchte sind! Unsere Werke sind kein Unkraut! Wobei ich schon wütend war, dass die Produkte meiner damals besten Freundin nie ausgestellt wurden. Nur ihre nicht! Dabei hatte sie meiner Meinung nach die schönsten Flaschenwärmer gefilzt und Taschen originell bemalt!

Sie hatte auf der Tasche Frauen ohne Köpfe im Einkaufszentrum beim Schoppen gemalt und Menschen am Strand, doch sie würdigten ihre Werke nicht!

Ich ging zu den Betreuern und bat sie, ihre Werke auch auszustellen, doch sie taten es nicht! Ich ging ein zweites Mal zu den Betreuern und als ich sah, dass ihre Werke nach einem halben Jahr noch immer nicht, ausgestellt worden waren, ging ich hasserfüllt zu den Betreuern und schimpfte mit ihnen, dass ich es allerhand finde, ihre Werke nicht auszustellen! Sie billigten es überhaupt nicht! So ging meine Freundin frustriert von der Kreativwerkstatt zum Verkaufsladen beim Bankverein. Dort wurden ihre Taten gebilligt und sie fühlte sich dort wohl!

Andere Künstler wie BL, der die schönsten Städtebilder gemalt hat und immer noch malt, wurde zum Beispiel abgelehnt. Genauso wurde auch SB abgelehnt, was mir für SB weh getan hat. Auch D hatte sehr schöne Holzfiguren kreiert! Doch die Psychiatrische Klinik schmückte sich mit den Werken vom Bürgerspital, um ihre gesundheitsschädlichen Medikamente zu verdecken und den Besuchern eine heile Welt vorzuspielen! Doch die Werke jener Menschen, die in der Ergotherapie ihre Kunst ausleben, wollen sie nicht!

Stattdessen wird ihnen vorgegeben, was sie zu tun haben und an ihnen herumgenörgelt, wenn sie ihre eigene Kunst, die sie gut können, kreieren wollen!

Immer wird dann das Produkt geändert von denen, die es nicht gut können!

Dies kann ziemlich zermürbend sein, wenn einem solche Aufgaben, für die man nicht so talentiert ist, kreieren muss! Die Bilder und Werke von den Klienten, werden gar nicht in der UPK Basel ausgestellt! Da merkt man schon, dass die UPK in Basel, wie es Hitler auch tat, die Künstler für ihre Zwecke und heuchlerischen Machenschaften benutzen! Doch sie sind dabei nur scharf darauf, dass die Besucher einen guten Eindruck von dieser Klinik bekommen und jene, die unter einem medikamentösen Delirium leiden und über Nebenwirkungen klagen, abzulenken!

Am 9.9.2012 diskutierten meine Betreuerin AW, die Künstlerin in der WG und ich über den Namen Wildwuchs. Sie fand es genauso töricht wie die Betreuerin und ich!

AW hatte den Vorschlag gemacht, die Probleme anderer nicht mehr bei Institutionen anzupreisen. Ich bin dabei auf ein Verhalten aufmerksam geworden, die Betreuer, die Probleme anderer Menschen anpreisen, sich selbst als Helden bezeichnen, sich täglich abzumühen, mit behinderten Menschen und mit psychisch kranken Menschen und vereinfachte Werke auf den Markt zu bringen, die auf dem Markt nicht verkauft werden! Alle müssen mitmachen, doch ich habe mir etwas anderes vorgenommen: Mein einziger Fortschritt war bisher der Rückschritt wegen meiner Besessenheit! Nun suche ich mir die schwierigsten Aufgaben aus, um mich fortwährend zu steigern, bis ich im freien Markt überleben kann!Meine Anforderungen an mich selbst sind dabei sehr hoch und wenn es nicht perfekt aussieht, arbeite ich weiter, bis ich einen kleinen Teil der Arbeit abschliessen kann, um nach einer Pause dann weiter zu arbeiten. Doch solche Menschen, die psychische oder körperliche Probleme haben, sollen Werke erarbeiten können, die auch auf dem Markt verkauft werden, damit sie ihren Stolz wahren können und es ihnen Selbstbewusstsein einbringt!

KAPITEL 64

Wie man kleine Gegenstände, exakt in kleine Behälter trifft, mit geschlossenen Augen

Es war der 16.9.2012, als ich wie bei meinem Ex-Partner RS geübt habe, meine Spiritualität durch das Treffen von Gegenständen in Behälter blind zu vollziehen.

Zufälligerweise hatte ich meinen linken Arm und die Hand nach oben geöffnet, so dass mein Arm vor meinem 3. Auge war. Ich warf mit der rechten Hand über meine Schultern in den Papierkorb und traf!

Ich versuchte es auch dann, wenn ich mich blind um meine eigene Achse gedreht habe und dort stand, wie ich gedacht habe. Danach spürte ich mit der linken Hand, wo der Papierkorb war, ohne dabei die Augen zu öffnen und mich von meinem Standpunkt aus fortzubewegen! Beim 3. Versuch traf ich in den Papierkorb!

Als ich es am 23.9.2012 nochmal versucht habe, einen Filzstift in ein von Filzstiften gefülltes Marmeladenglas zu treffen, habe ich, als ich den linken Arm hängen liess, es nicht geschafft, den Stift aus 1,5m Entfernung in das Marmeladenglas zu treffen.

Ich versuchte die Technik mit dem Arm blind, was wieder nicht geklappt hatte!

Erst als ich meine Augen offen hielt und diese Technik angewandt habe, traf ich exakt in das Glas mit den Stiften darin! Er wurde nicht mehr aus dem Glas gespickt!

So müsste man auf Messen in die Behälter treffen, um Preise zu bekommen.

Am 23.9.2012 um 22.30 Uhr versuchte ich mit einem Flaschendeckel von Cola Zero mit der rechten Hand über meine Schulter, blind von 2m Entfernung aus in eine Metalltasse zu treffen. Ich musste meinen Standpunkt genau studieren und auch alle meine Bewegungen. Zuletzt stellte ich mich breitbeinig hin, richtete meine Hand nach oben, als wollte ich eine Kugel halten, richtete die Bewegung auf mein 3. Auge aus und richtete meine Hand noch weiter nach oben. Danach überkreuzte ich meine Beine im Stand, sodass ich mit den Beinen ein Runen-O gebildet hatte. Das Standbein sollte immer vorne sein. Ich zielte und konnte beobachten, wie der Deckel auf Gegenstände traf, die ich ohne diese Übung nie getroffen hätte!

Ich traf den Deckel genau hinter einem aufgerichteten Bild auf meinem Tisch!

Einmal prallte der Deckel an der Tischkante ab und flog dabei direkt auf die Spitze meiner 3D-Puzzlepyramide! Zuletzt traf ich den Deckel auf den Rand der Metalltasse und danach flog er in das Marmeladenglas mit den Stiften, die dann den Deckel in sich gehalten haben! Ich dachte mir dabei, na toll! So treffen die Dämonen!

Warum bin ich denn nicht früher darauf gekommen?!

Die Antwort ist, dass ich damals noch nicht in meiner inneren Mitte gewesen war und unter einem enormen Leistungsdruck stand, um für meinen Ex-Partner RS im Jahr 2007 gut genug zu sein!

Durch die Merkabaübung habe ich meine innere Ruhe und meine Urkraft wiedergefunden, ohne dabei zu leiden! Eines ist mir dabei klar geworden: in der Magie muss man sehr gut verlieren können, um zu gewinnen, weil der spirituelle Weg von der schwarzen Magie und der Besessenheit zum Licht tatsächlich «The Way of the blood Mountain» ist, der gefährlicher nicht sein könnte!

So kann mir mein Freund LR nicht mehr erzählen, dass er in der Magie über mir steht! Es gibt keine Sanitätsmagier, Halbmagier, Ganzmagier und Dreiviertelmagier!

Auch gibt es in der weissen Magie keine Werwölfe und Vampire, wie es mir LR erzählte, um mich zu beeindrucken! Das Lügengebilde, durch das ich eines meiner drei hellsichtigen Medien, das keine Hilfsmittel braucht und in der Esoterikzeitschrift steht, auf einmal zusammengebrochen ist!

Sie sagte mir auch, dass LR keine der aufgestiegenen Meister kennt und auch kein angehender Priester sei! Er konnte keines meiner Siegel selbst zu schreiben, als ich ihn fragte, ob er mir das Siegel von Dracula schreiben könne!

Das Medium und mein Buch Laonomicon

Magier, die keinen Führer haben wie ich und selbst Bücher schreiben, müssen ihre Rituale bei professionellen Medien immer wieder nachprüfen, um ihre Rituale bestätigt zu bekommen und ihre Taten auch, wenn sie wahrhaftige Magier sein wollen!

Ich merke, dass ich dem «Rad des aufgestiegenen Schakal» gefolgt bin.

KAPITEL 65

Meine Vision vom Foltertod an psychiatrischen Patienten in Deutschland

Es war Juni im Jahr 2011, als ich barfuss von der Notschlafstelle nach Kleinhünnigen in Basel lief.

Ich schrie hasserfüllte Worte über die Psychiatrische Klinik.

Ich lief über die Grenze nach Deutschland.

Dort sah ich ein psychiatrisches Zentrum und spuckte aus Hass auf den Boden.

Ich ging energisch weiter und merkte schon dort, dass die Psychiatrie mit den Menschen umgeht, als seien sie zu vergasen. Cthulhu hatte mich dorthin geleitet, weil DM mit mir dorthin fuhr, um das Fotoalbum ihres Halbbruders DB zu holen, welches er vergessen hatte! Sie fand es aber nicht. Ich merkte, dass ihre Krämpfe dort um das 3-fache gesteigert wurden.

Am 23.9.2012 rief mich meine Kollegin PS an und erzählte mir von einem jungen Mann, der von der deutschen Psychiatrie gefoltert worden war!

Ich erschrak und habe ihr gesagt, dass ich aus diesem Grund dort das psychiatrische Zentrum aufs übelste beschimpft hatte.

Meine Vision, die mir Cthulhu gegeben hatte, ist wieder eingetroffen!

Ich dachte mir an diesem Tag: Ich bin durch Cthulhu auf ca. das 100fache von der Hellsichtigkeit meines Ex-Partners gelandet! Ich war sehr erstaunt, dass all meine Visionen, die ich seit ich Cthulhu beschworen hatte, nun eingetroffen sind!

Als ich dies meinem damaligen Freund LR erzählt habe, sagte er zu mir wütend, dass ich jetzt bremsen solle! Ich erwiderte ihm, dass ich ihm auch immer zuhören würde, wenn er von seinen früheren Schlägereien erzähle, also könne er mir auch zuhören.

KAPITEL 66

Das Ritual zum Jüngsten Gericht

Als ich in die Soteria nach Bern kam, haben sie mir das Medikament Ebilify gegben in flüssiger Form. Das war so eklig für mich, dass ich es aus dem Fenster gespuckt habe. Alle Traumatas kamen bei mir wieder hoch und ich rief einen Hellseher an und wurde erwischt, was Ärger gab. Meine Bandkollegin rief an und ich fragte sie, ob sie einen Fluch für die Ärztin und deren Betreuer wisse, um sie zu bestrafen. Sie sagte mir ein Ritual. Ich hatte ein weiteres Ritual gegen die Menschen, die mich blockierten. Dieser Fluch schrieb ich auf ein Blatt Papier.

Diesen Fluch sah sie auf Youtube, der dort sogar verboten war.

Danach rezitierte sie einen japanischen Blackmetaller im Internet. Er wurde vom FBI verfolgt wegen seiner provokativen Bilder im Internet. Wir redeten noch ein bisschen miteinander und beendeten dann das Gespräch.

Am Abend um ca. 19.00 Uhr rief meine Bandkollegin entsetzt und aufgebracht an und berichtete mir, dass der Blackmetaller im Todestrakt sass.

Sie fragte mich, ob ich ein magisches Ritual machen könne, um den Blackmetaller zu befreien. Ich hatte bereits eine Idee und wollte zuerst, dass sie das Ritual machen würde, weil sie sich mit jüdischer Magie besser auskenne wie ich. Sie erwiderte mir aber, dass sie Muslimin sei und keine Rituale machen würde. Ich sagte ihr dann, dass ich es durchführen werde.

Ich ging an den Computer, liess sieben Mal die R Lyeh Tafel ausdrucken, das FBI-Gebäude von California und auch den Todestrakt von California.

Den Betreuern war es richtig unheimlich und sie waren nicht damit einverstanden. Ich erklärte ihnen, ob sie es bevorzugen würden, dass wieder ein Mensch hingerichtet werden soll wegen eines Fotos. Sie haben es verstanden und ich konnte das Ritual im Zimmer auf dem Papier machen.

Dabei klebte ich 6x A4 Blätter mit Klebstreifen zusammen. Dabei klebten noch Fasern des toskanaroten Teppichs darauf. Meine Fingernägel waren immer noch schwarz mit roten Zacken bemalt. In beiden Handinnenflächen zeichnete ich das Elderauge von Cthulhu und konnte dabei die Handgriffe aus den Necronomikon besser manifestieren.

Wenn ich eine Krallenhand mit der linken Hand machte, gab es dabei das Elderauge mit rotem Pentagramm des Feuers. Meine Kleidung symbolisierte die Nacht. Ich schnitt die 7 R Lyeh Tafeln aus und klebte sie bei diesem Papier an sieben verschiedene Orten an. Das Abysstor klebte ich direkt auf das Bild zwischen dem kalifornischen Todestrakt und dem FBI-Gebäude, schrieb mit schwarzem Fineliner den Doppelzehnstern mit der Trinität nach links gerichtet im Kreis in das Tor und küsste es mit meinen aufgesprungenen Lippen, aus denen ein bisschen Blut floss, nahm den roten Nagellack und strich mit dem Pinsel über den R Lyeh Turm.

Danach stellte ich ein Glas Wasser, jenes mit den Siegeln des Abyss, stülpte das russische Jadearmband darüber, legte die grosse und die kleine Kopie vom Hexagon mit meinem Lapislazuli-Armband darauf, darunter meine Edelsteinkette und stellte das mit Wasser gefüllte Glas, auf dem ich Cthulhu mit dem Hexagon einritzte, auf das Papier. Danach legte ich Kissen darauf, um das Ritual zu verstecken. Meine Zeichnung mit der innerlich weissen Welt und äusserlichen schwarzen Kruste tat ich darauf und den selbst modellierten Fimostift mit seinem Symbol am Rücken auch und rief den Spruch aus dem

Necronimokon, den man dazu benutzt, um Feinde zu vertreiben. Ich formte eine Krallenhand mit den angestrichenen Fingernägeln zu einem Pentagramm. Ich rief auf Hebräisch einen Spruch, nahm aus meinem Buch das Buddhistische Rad, sprach einen Schutzspruch auf Hebräisch, von mir selbst ohne Anleitung gesprochen. Danach legte ich die CD von Dimmu Borgir auf mit dem Lied „Chess with the Abyss". Danach stellte ich auf Wiederholen und spielte das 10. Lied ab, das Abrahadabra hiess und sang gleichzeitig dazu drei selbst geschriebene Songs. Als ich die Musik abgeschaltet habe, fühlte ich die Energie in meinem Zimmer. Sie war stärker als an dem Tag, als ich Cthulhu mit meinem Blut beschwor. Das Glas mit den Siegeln von Abyss liess ich bis zum 9.10.2012 stehen. Meine Bandkollegin rief mich an und sagte, dass der Blackmetaller wieder glücklich und zufrieden sei! Sie habe mit der FBI-Agentin geschimpft, dass sie ihn nicht so zu behandeln sollten. Sie haben sich danach wieder gut vertragen.

Es kam aus, dass er gar nicht im Todestrakt war, sondern in einer psychiatrischen Klinik. Ich habe dann eine Hellseherin angerufen, um zu fragen, was mit den Menschen, die ich verflucht habe, geschehen sei. Den Papst sah sie betend in Handschellen, Mitt Romney in einem Koffer eingesperrt, usw.

KAPITEL 67

Wie man ohne Gedankenbeeinflussung in lärmigen Gegenden trotzdem erfolgreich mit dem Pendel pendelt

Es war Februar 2011, als ich mir ein Pendelset gekauft habe und anfing zu pendeln. Ich probierte es bei einer Frau in der WG Wegwarte in Basel aus, doch er zeigte falsch an. Ich rief daraufhin einen Hellseher an und fragte ihn, was ich falsch gemacht hatte. Er hat mir erzählt, dass ich nach jeder Frage, die Ja/Nein-Schwingung überprüfen müsse. Ich habe dann nicht mehr den Mut gehabt, das Pendeln bei dieser Person zu testen und fing an, meine selbst geschriebenen Siegel immer wieder auszupendeln. Damals war ich mit dem Thema Fukushima beschäftigt und fing an, eine Mischung aus chemischen Salzen und Metallen auszupendeln, um die atomar verseuchte Luft dort zu reinigen.

Diese Mischung sollte man aus Militärhubschraubern, so wie in Kanada geerntet wird, aussprühen. Die Mischung hat 11 Zutaten. Die Menschen mussten während dieser Zeit zuhause bleiben. Ich habe auch eine Brausetablette für Menschen, Tiere und Pflanzen mit Mengenangaben exakt ausgependelt!

Mir ist aufgefallen, dass Missbildungen und Erbgutschädigungen von einem plötzlichen Eisenentzug resultieren! Ein Downsyndrom leidet von Geburt an einem Eisenmangel. Eisen macht auch während einer Besessenheit durch Dämonen resistent, auch gegen massiven schwarzmagischen Einfluss. Hätte ich nicht auf meinen Körper gehört, wäre ich an meiner Besessenheit gestorben! Darum darf man als Magier weder Alkohol noch Drogen zu sich nehmen. Das abrupte Stilllegen seiner magischen Sinne kann zu Selbstmord und schwersten Depressionen führen, so wie im November 2011 bei mir! Emely Rose sollte Beweis genug sein.

Das Pendeln erfolgt bei mir mit aufgestütztem Ellenbogen. Gewöhnlich schlägt mein Pendel auf ein Maximum aus, bis dass der Pendel beim Schwingen über meine eigene haltende Hand des Pendels schwingt, wenn ich meine Siegel auspendle, was ich in Basel in der Tally Weijl- Bücherei mit dem Enagramm des Lichtes, der Neutralität und der Finsternis mit meinen eigenen Siegeln der Verkäuferin demonstriert habe. Prompt hat mich damals ein alter Mann darauf angesprochen, der mich dort pendeln sah. Für Menschen habe ich mich erst im Sommer 2012 wieder getraut zu pendeln, nämlich für eine meiner Freundinnen, als ich die Medikamente für die Tierbiskuits für Nutztiere aus dem Veterinär-

Medizinbuch, das ich aus der Zürcher Uni ausgeliehen habe, auspendelte. Meine Kollegin aus Somalia, die eine Heilerin als Grossmutter hatte, die Gelähmte wieder zum Gehen bringen konnte, hat sie mit mir getestet. Ich stützte meine Hand auf und pendelte: Das war für sie auch nicht gut genug. Dann legte ich meinen Arm auf den Tisch, sodass meine Hand mit dem Pendel über die Tischkante ragte. Es schwang weiter mit Ja und Nein. Sogar das war nicht genug und sie hielt meine Hand mit beiden Händen fest und stützte ihre Ellenbogen auf ihre Knie, und es schlug immer noch mit Ja und Nein aus. In lärmigen Gegenden pendelt man so: Man macht den Ja/Nein-Test und stellt danach die Frage. Man meditiert über die Frage, als gäbe es keinen Lärm und pendelt die Frage aus.

KAPITEL 68

Wie man mit Chaosmagie gesuchte Artikel in einem fremden Laden findet

Als ich in der Soteria in Bern einkaufen ging, habe ich mir eine Technik angeeignet, um Artikel dort zu finden. Sehr zum Staunen der Betreuer. Sie fragten, warum ich in dem Geschäft die Artikel um das doppelte schneller zusammentragen konnte als diejenigen, die den Laden kannten.

Ich erzählte der Person die Technik:

Ich imaginiere den Chaosstern in der Mitte, während ich stand. Ich hielt die Hand, die beim Einkaufen noch frei war nach oben, in der Höhe meines Sonnengeflechts. Die Hand formte ich, so als hätte ich eine Kugel in der Hand und schloss meine Augen und senkte meinen Kopf nach unten. Ich stand mit geschlossenen Beinen da und rief in meinen Gedanken den Namen des Artikels.

Nach kurzer Zeit wusste ich, wohin ich gehen musste und schlug mit meiner Handkante sowie mit einem Schwert, wie ich es im Karatekurs gelernt hatte, in die entsprechende Richtung. Ich öffnete meine Augen und fand den Artikel auch!

Ich sah den Gegenstand nicht in meinem Innern.

KAPITEL 69

Wie man mit eigenen Siegeln Beschwerden wie Schizophrenie heilen kann

Am 21.10.2012 rief mich meine Bandkollegin an. Sie erzählte, dass der Metaller mit dem wir im Internet chatteten, Stimmen hören würde, und dies seit er seinen Sohn und seine Frau verloren hatte! Er fragte mich, was man dagegen tun könne. Auch seine Chatkollegin hätte dieses Problem.

Wie man Angststimmen vernichtet:

Ich rief Tox und sein Siegel aus diesem Buch an, um diese Stimmen von allen Betroffenen zu vernichten, um wieder ein Leben in Freiheit und Glück führen zu können. Hier der Spruch:

Tox Zidingir. Aphadelia soduka emorphir dulla sommnia Loki ribithun Kanpa! Asinet Aschathoth Gybrill summur eitur ollam irep!

Querzir duffar hobet kullur Sidip other sempar emir lur doxi! Ampeth sophar elim luor! Diffaroth hoffusizus klerpfur dusuro kimminnarra ollophyto sydika!

Duotyr symbyto Allah schudolka keberith rebitha sefett! Emerun liamer soddommo diffurro exale Fortuna inhale! Sibinnu doro mirruo Lanzaloth killus iphimor delu dalia amathu! Lilith, Pazuzu, Areadne, Kali, Cthulhu, Lucifer, Satan, Azathoth!

Siegel gegen Angstbilder

KAPITEL 70

Das Ritual vom Jüngsten Gericht Teil 2

Am 7.11.2012 wurde Obama zum Präsidenten der USA gewählt, was mich sehr gefreut hatte. Drei Wochen zuvor war der Hurrikan Sandy über Amerika hinweggefegt. Obama konnte sich als Retter in der Not beweisen und die Plakate von Mit Romney sind ausgegangen. Die Ereignisse, die die grossen Alten ausgelöst hatten, gingen Hand in Hand miteinander her! Daran hatte ich gar nicht gedacht. Es war für mich ein ganz spezielles Erlebnis. Was beweist das? Dass die grossen Alten aus dem Necronomikon und Tox die Welt verändern würden!

KAPITEL 71

Siegel, um sie in die entsprechende Sure in den Koran zu legen

Kraftsiegel für mentale und körperliche Stärkung – Sure 1

Siegel für alle Personen, jene gegen die Psychiatrien und Pharmatonere antreten um die Verhandlung zu gewinn auf dem Bundes oder Strafgericht, das sie von den Pharmakonzernen und Psychiatrieärzten Schadensersatz in Geldform bekommen, in der Sure 4 die Frauen

Siegel für Personen gegen die Psychiatrien und Pharmakonzerne

Siegel für alle Personen,jene gegen die
Psychiatrien und Pharmakonzerne antreten
um die Verhandlung zu gewinnen.
auf dem Bundes oder Strafgericht und
schadenersatz von ihnen zu bekommen
in Geldungen sure 4 die Frauen

320

Siegel für Personen gegen die Psychiatrien und Pharmakonzerne 2

Siegel um die Einnahme von Neuroleptika zu stoppen und dass personen weltweit keine solche Medikamente verabreicht bekommen, in die Sure 5 der Tisch

321

Siegel gegen Neuroleptika – Sure 5

Siegel gegen Neuroleptika 2

Heilsiegel gegen Psychosen und manisch depressiven Episoden weltweit, in der Sure 7 die Höhen

323
345

Heilsiegel gegen Psychosen – Sure 7

324

Heilsiegel gegen Psychosen 2

um allen Menschen und mir, den
Lebenspartner, jener für mich
und für andere vorbestimmt ist
anzuziehen in der Sure 8 die Beute

Siegel für Lebenspartner-Anziehung - Sure 8

um alle Menschen und
Tiere von chronischen Krankheiten
Leiden und Allergien zu schützen
und bereits Kranke zu heilen
in der Sure 13 der Donner

Siegel gegen chronische Krankheiten und Allergien – Sure 13

um alle Tiere und Menschen
gegen alle tropischen und tödlich
Krankheiten zu schützen oder
heilen in der Sure 15 Al-Hir

Siegel gegen tropische und tödliche Kranheiten – Sure 15

Siegel gegen tropische und tödliche Kranheiten 2

Mein eigenes Sieggel und für
alle Menschen eine optimale
Verdauung zu bekommen,
egal was und wie viel ich
und andere Menschen essen,
bei allen Essoaren bieter, Sure 22
Die Pilger
tauft

Siegel zur optimalen Verdauung - Sure 22

um alle Menschen und Tiere
vor Aids und HIV virus
zu heilen in der Sure 24 das Licht

Siegel um HIV zu heilen – Sure 24

für alle armen Menschen jene
Geld brauchen. Liebe, Gerechtigkeit
Friede, Glück, Stärke, Kampfgeist und
Erfolg, in der Sure 29 Die Spinne

Siegel für arme Menschen - Sure 29

Siegel für arme Menschen 2

dass Menschen mit schnarchen
in der Nacht im Schlaf geheilt
sind weltweit in der Sure 32 Die
Niederwerfung.

Siegel für schnarchende Menschen – Sure 32

Siegel gegen Epilepsie – Sure 75

Schutzzeichen gegen Flüche und verfluchungen aller Art, Weltweit bei jenen Personen, jene ich nicht selbst verflucht habe. In der Sure 72 Die Ginn

336

Schutzzeichen gegen Flüche – Sure 72

Siegel gegen Epilepsie 2

316

für alle Zeugungsunfähigen Männer
und Gebährunfähige Frauen, dass
sie wieder fruchtbar werden
in der Sure die Ankündigung

Siegel für Zeugungsunfähige - Sure 78

Die Siegel gegen Gedächtnisverlust und fehlendes Erinnerungs vermögen aller Art und Weltweit in der Sure 87 der Allerhöchste

Siegel gegen Gedächtnisverlust – Sure 87

Siegel gegen Gedächtnisverlust 2

für alle Menschen jene eine
geistige oder körperliche Behinde
rung haben und darunter Leiden.
Es ist wichtig jene Menschen mit
körperlicher oder geistiger Beeinträchti
gung zu heilen, jene doch nicht das
sind, was und wie sie wirklich sein wollen,
Menschen, jene damit zufrieden sind
sind ok mit dem wie und was sie sind!
in der Sure 97 die Bestimmung

Siegel gegen Behinderungen aller Art - Sure 97

Siegel gegen Behinderungen aller Art 2

Siegel für alle kranke oder
fälschlich als krank verurteilte
Menschen in geschlossenen
Räumen in den Psychiatries 4
und anderen auf der ganzen
Welt·mögen sie geschützt sein,
das sie das bleiben oder werden,
was und wie sie wirklich wollen
in der situation

Siegel für Kranke – Sure 110

Siegel für Kranke 2

Siegel[0m]alle Psychiatriepfleger
und Ärzte weltweit vergesse,
mir und anderen Menschen,
Psychopharmakatabletten oder
spritzen zu verabreichen.

Siegel gegen Psychiatriepflegende und Ärzte

Siegel gegen Psychiatriepflegende und Ärzte 2

Siegel gegen Psychiatriepflegende und Ärzte 3

Siegel gegen Psychiatriepflegende und Ärzte 4

Siegel für Menschen und Tiere die auf der Strasse leben

Siegel für Menschen und Tiere die auf der Strasse leben 2

329

KAPITEL 72

Die Bedeutung von Kim Gallagher als Keltenname

Im Juni 2011 schrie ich in der Stadt Basel umher, nach dem ich Dracula beschworen hatte: "Ich bin Kim Gallagher, das bedeutet Krieger Galgenherr!" Ich betitelte dazumal Graf Dracula als Galgenherr. Er war aber der Pfähler, wie es mir meine heutige Bandkollegin mitgeteilt hat. Am 11.11.2012 um 20.00 Uhr las ich im Buch des Hexenmeisters «Zaubersprüche einen Beitrag über Odin.

Er sei der Herr der Galgen gewesen. Er war aber auch ein Krieger.

Odin ist der Gott der Kelten. Ich bin auch Urkelte.

Meine ursprüngliche Abstammung ist Irisch-Schottisch und ich bin in Basel, einer ursprünglichen Keltenstadt aufgewachsen. Komischerweise habe ich ein selbst abgeändertes Cthulhuknot mit seinem Necronomikonsiegel aus der Platte von R Lyeh auf der Stirn des Cthulhuknots tätowiert, bevor ich überhaupt wusste, dass ich kelischen Ursprungs bin! Eigentlich müsste der Name Kim Gallagher (Krieger Galgenherr) für den Namen Odin stehen.

KAPITEL 73

Über die wahre und scheinbare Emanzipation, die nicht von Bedeutung sein sollte

Die Emanzen betonen in ihren Bedeutungen, Herrscher als Mann und Herrscherin als Frau, wie auch bei der Mehrzahl Aktivisten = Männer und Aktivistinnen = Frauen. Ich nenne mich einen Magier. Nicht etwa eine Magierin! Meiner Meinung nach fängt wahre Emanzipation mit dem gleichen Nenner für den Mann, wie auch für die Frau an. So ist der Mann ein Magier und eine Frau auch ein Magier.

Ich denke mir, wenn man mich ansieht und bei mir eine Schriftprobe verlangt, weiss sowieso jeder, dass ich eine Frau bin. Dafür muss ich nicht mit Worten mein Geschlecht verteidigen! Oder etwa nicht?

Meine Gotte war wegen meiner männlichen Andeutung meiner Person erschlagen und empörte sich. Warum ich mich Magier nenne und nicht Magierin! Meine Mutter verstand es und konnte meine Gotte beruhigen.

KAPITEL 74

Das Glücksritual mit dem Stechpalmenblatt

Es war der 16.10.2012 als ich ein Stechpalmenblatt vom Stechpalmenbaum rupfte. Danach schrieb ich den Wunsch auf das Blatt, dass meine Mutter mich endlich so akzeptieren soll, wie ich bin und ich mich nicht immer für sie verbiegen muss, was ich schon zigmal getan habe. Ich schrieb den Wunsch mit schwarzem Kugelschreiber darauf und vergrub dieses Blatt unter dem Baum, von dem ich es abgerupft hatte. Der Wunsch ging sofort in Erfüllung. Meine Mutter rief mich an diesem Abend an und wir hatten ein gutes Gespräch zusammen. Dasselbe tat ich mit den Ärzten und dem Pflegepersonal der UPK auch, dass sie nach meiner Güte handeln würden.

Dann übergoss ich das Stechpalmenblatt mit dem geweihten Wasser, das ich mit einem Spruch segnete. Dieser steht auch im Buch «Hexenmeisters Zaubersprüche». Der Spruch lautet: "Komm zu mir an jedem Tag, du der du das Wasser der Jugend bist, erfrische mein Herz mit dem klaren Wasser deines Stroms, gewähre mir, dass ich Gewalt über das Wasser wie der, der voller Macht ist."Der Spruch, der gesprochen wird während ich das Wasser über die Stechpalmblätter übergiesse, lautet:

*Adrach emna dach kahir misch Gybrill ad namach ker
Nagash ar behir nech Kimmunnu adrach kaber nech erdin
doch nibith.*

Diesen Spruch drei Mal mit angenehmer Stimme aussprechen.

KAPITEL 75

Die magischen Farben und ihre Wirkung

Als ich am 18.11.2012 das Magiebuch «Des Hexenmeisters Zaub-ersprüche» weitelas, kam ich auf das Kapitel mit den magischen Farben auf Seite 89. Mein Name Kim Gallagher hat die Farben Orange, Gold, Grün, und mein Nachname Gallagher hat Silber und Blau und doppelt so viel Violett, Rot und Gelb. Dieses sah das Medium M und ich hätte eine Aura mit goldenen Punkten. Der Buchstabe I und R stehen für Gold und H steht für Silber. Der Name trägt jeweils die Farbe der Aura des entsprechenden Menschen.

Die Zahl 6 ist die Zahl des Universums, wie es einmal ein Medium aus dem Astro TV genannt hatte und hat die Farbe Indigo.

Also stimmt dies auch überein. Der Name Supernova ist rot, gelb, violett, blau, gold, indigo, grün und rot. Die Erde hat die Farben Blau und Gold.

KAPITEL 76

Alle Siegel der Erzengel und aufgestiegenen Meister

Engel- und Meistersiegel

Engel- und Meistersiegel 2

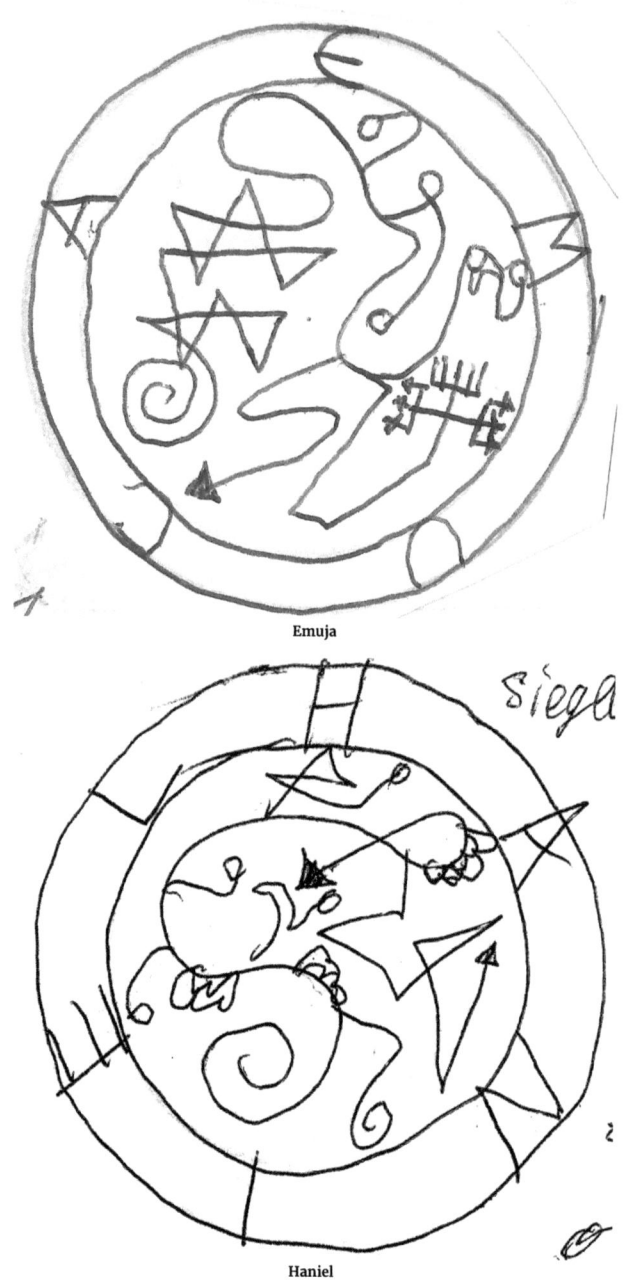

Emuja

Siega

Haniel

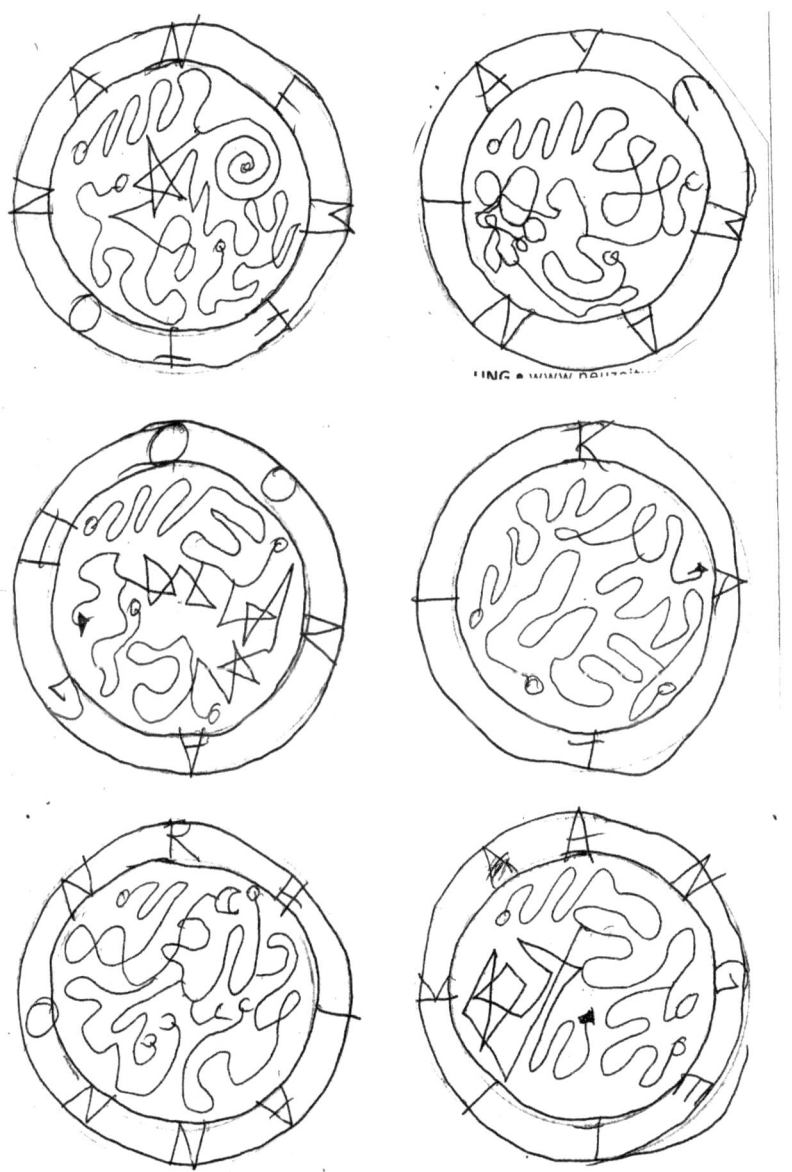

Engel- und Meistersiegel 4

Engel- und Meistersiegel 5

Engel- und Meistersiegel 6

Engel- und Meistersiegel 7

Engel- und Meistersiegel 8

354

Engel- und Meistersiegel 9

342

Engel- und Meistersiegel 10

343

Engel- und Meistersiegel 11

344

Engel- und Meistersiegel 12

358

Engel- und Meistersiegel 13

Engel- und Meistersiegel 14

Engel- und Meistersiegel 15

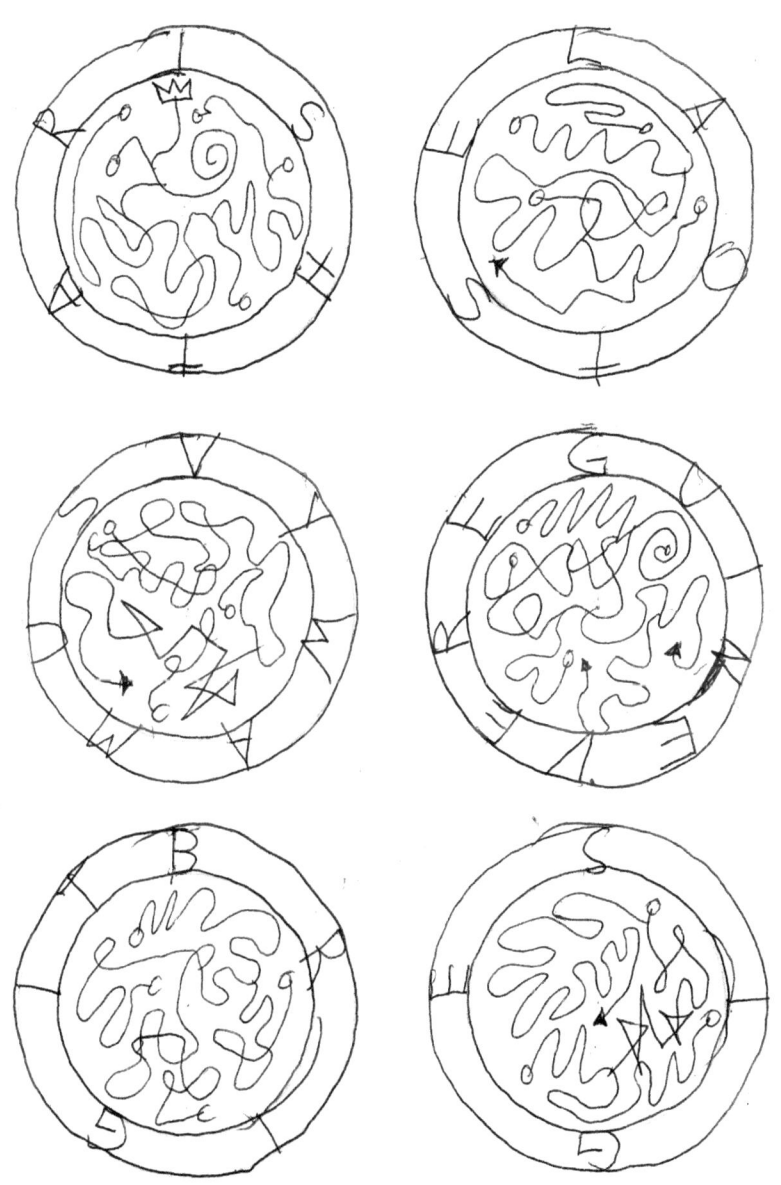

Engel- und Meistersiegel 16

Engel- und Meistersiegel 17

Engel- und Meistersiegel 18

Engel- und Meistersiegel 19

KAPITEL 77

Die Erklärung zum Hexeneinmaleins

Du musst verstehen:
Aus 1 macht 10 – ist der Zeitkreislauf der Einheit gemeint, der alles in überdimensioneller Weise umkreist.

Die 2 lass gehen – weil die Zeit keinen Anfang und kein Ende kennt.

Die 3 macht gleich, so wirst du reich. – Der Mensch und jedes Wesen bis zu den Bakterien, lebt mit einem Körper, Geist und Seele in der Vergangenheit, Gegenwart und Zukunft. Das ist der wahre Reichtum.

Verlier die 4 – ist dasselbe wie mit der 2. Eine 4heit gibt es nicht.

Mit 5 und 6 so sagt die Hex – heisst, dass man mit einer 5heit und 6heit rechnen muss, mit den Elementen, jene man mit Alchemie in Verbindung bringt, um ein Ritual durchzuführen oder auch beim Berechnen des schwarzen Lochs.

Die 7 und 8 so wird's vollbracht: So wird die Rechnung am schwarzen Loch abgeschlossen.

Die 9 ist 1: das ist die 9, die höchste Dimension und ist die 1 auf der universellen Pyramide.

Die 10 ist keins, weil man den Kreis der Einheit von Vergangenheit, Gegenwart und Zukunft, nur als Linie wahrnimmt, weil der Mensch nicht so weit schauen kann. Dies mir klar zu machen hat bei mit 8 Jahre Bestätigung im Denken eingebracht, um zu wissen, dass das, was ich ausrechne und sehe, wirklich stimmt!

Ich habe dies vollbracht mit der 8 Jahre langen geistigen Recherche. Dieses Hexeneinmaleins kann man für jedes Rätsel anwenden.

Cthulhus Vision (Wuscherfüllungsritual) mit dem ultimativen Glücksparfüm, hat mir 3 verschiedene Glücksparfüms eingebracht mitsamt dem Flaschendesign. 2 für die Frauen Lilith und Eva und das männliche Parfüm für Adam. Dazu kommt noch das Flaschendesign.

KAPITEL 78

Das Ritual zum jüngsten Gericht Teil 3

Auf Krankheiten übertragen

Es war der 13.4.2013 am Abend, als ich dachte, wenn ich andere so gut heilen kann, warum versuche ich nicht, mich selbst mit dem islamischen Fluch zu heilen? Ich schrieb ihn nieder und zeichnete meinen Kopf auf das Papier.

Das tat ich auch gegen Borderline für meinen damaligen Freund. Plötzlich spürte ich ein starkes Kribbeln in meiner rechten Hirnhälfte.

Ich war ganz erstaunt darüber, dass dies funktionierte.

Ich ging am 14.4.2013 an den FCB Match mit der WG. Basel hat 3:1 gegen Zürich gewonnen. Nach dem Match rief ich die Hellseherin M an und fragte nach der Gesundheit von mir und meines damaligen Freundes. Sie sagte mir, dass wir uns in einem Transformationsprozess befinden würden. Damit hätte ich ganz enorm starke Selbstheilungskräfte entwickelt. Als ich OH anrief und ihn fragte, wie es ihm gehe und ob er was gespürt hätte, sagte er, dass er sich gut gefühlt habe. Seine Gedanken, sich etwas anzutun, waren weg.

Danach habe ich gedacht, dass ich diesen Fluch gegen den Krebstumor von BK und ihren anderen Beschwerden einsetzen könnte. Wie auch für meine andere Freundin PS und ihren Freund. So habe ich am 15.4.2013 nochmals das Medium M angerufen und sie gefragt, wie es um die Gesundheit von BK uns PS und ihrem Freund HB stehen würde.

Sie antwortete mir, dass BKs Tumor im Kreis herumläuft und ihre Depression und Magersucht gerade aufgelöst würden. Leider ist sie ein Jahr später gestorben.

KAPITEL 79

Über den Glauben im Allgemeinen

Heutzutage gibt es drei Weltreligionen. Im Grunde genommen machen wir denselben Fehler wie Satan und Lucifer einst machten, sei es Atheist, Christ, Buddhist, Islamist, oder die Naturreligion. Jeder dieser Glaubensrichtungen versucht, die Weltherrschaft an sich zu reissen, was im Grunde genommen gar nicht geht, denn jedes Menschen unterschiedlichen Glaubens ist nicht Gott! Gott macht uns durch Engel und Dämonen glauben, dass sie existieren. Dazu braucht es alle Religionen auf der ganzen Welt! Denkt immer daran, dass jemand der besessen war oder Helfergeister bei sich hat, mehr über Gott und den Teufel sagen kann als ein Pfarrer in der Kirche, der das nicht hatte und keine Magie ausübt! Also hatten alle wahren Propheten, deren Prophezeiungen immer wieder eintrafen, einen Helfer bei sich! Die einzelne Glaubensrichtung ist viel zu klein, um Gott dienlich zu sein. Denn ein wahrer Magier ist weder Christ, Moslem oder Buddhist, wenn er die Welt und das Universum retten will. Der Magier vereint alle Glaubensrichtungen in sich selbst und dient Gott mit Ritualen aus verschiedenen Kulturen. Deshalb ist Abdul Al hazred in verschiedene Länder gereist. Jeder Glaube ist ein Kuchenstück eines ganzen Glaubens. Den Koran konnte ich in meinem Buch auf seine Wahrheit beweisen. Der Buddhismus kann ich beweisen durch die CHI Energie, die ich in Karate gelernt habe, und die Bibel wurde durch den Bibelcode im Buch von Michael Prosnin "Der Bibelcode" im Heyne Buchverlag (auf hebräisch) bewiesen! Dies aber nur im Alten Testament und somit stimmt der Spruch, den ich über das Neue Testament in diesem Buch geschrieben habe. Die Thora hat nämlich den Bibelcode auch und zusätzlich die Sternbildkabbalah!

Übrigens das Sternbild bei Nezach habe ich im Juni 2011 in Aesch am Himmel selbst gesehen, was mir sehr merkwürdig vorkam, weil ich vorher dieses Sternbild noch nie gesehen hatte!

Im Internet, als ich die Internetadresse von einer Person im Forum Allmystery zugesandt bekommen habe, sah ich das Sternbild.

Übrigens habe ich das Alter unseres Universums durch die Thora und die Berechnung des schwarzen Lochs herausgefunden. Denkt daran: Solange man die Magie vom Glauben abspalten will, wird man Gott nie wirklich dienen können. Der Glaube half den Menschen im Leben. Es ist des Menschen Willen, sein Glaube zur Weltherrschaft zu machen und nicht den Willen Gottes! Es ist lediglich des Menschen Willen!

Das Erbe der vorangegangenen Diktatoren, ihren Glaube über alles zu stellen, ist heute noch vorhanden. So wird man rechtsextrem. Als Besessener oder als Prophet ist man im Recht extrem. Also heisst das, in der Rechtschaffenheit extrem. Das passt zwar den meisten Menschen nicht, aber es ist gottgefälliger.

Das steht auch im Koran. Also sollten alle Glaubensrichtungen gleich an Macht sein, um gottesgefällig zu sein. Nepal ist der beste Beweis dafür, dass dies funktioniert. Ein echter Gotteskrieger kämpft nicht mit Bomben und Unterdrückung, er kämpft mit Magie! Abdul Alhazred war auch ein Gotteskrieger. Alle Menschen oder höhere Lebewesen, die mit Erzengel oder Elder Wunder bewirken, sind die wirklichen Gotteskrieger.

Wer im Rechthaben mit falschem Wissen extrem ist, und dies mit Religion macht, ist ein Sektenführer! SB hat mir einmal ein bekanntes Paradox geschildert. Er sagte mir: Wenn Gott allmächtig wäre, könnte er einen Stein erschaffen, der so schwer ist, dass Gott ihn nicht tragen kann. Wenn er dies nicht kann, ist er nicht allmächtig. Der Mensch kann auch etwas erschaffen, das so schwer ist, dass er es nicht tragen kann. Zum Beispiel ein Auto, ein Hochhaus, die Pyramiden von Gize, ein Flugzeugträger usw.

Was Gott wirklich allmächtig macht ist, dass er einen Stein erschaffen hat, der schwerer ist, als er tragen kann und dafür alle Eldergötter, die er selbst erschaffen hat, ruft, dass sie alle zusammen diesen Stein, den Gott nicht tragen kann, tragen, weil Gott allmächtig ist. Die Elder tragen für ihn den Stein. Was Gott im Grossen macht, macht der Mensch auf der Erde.

Lebewesen schaffen Räume, um darin leben zu können, die schwerer sind als sie es tragen können, ausser den Krebsen und Schnecken. Die Krebse und die Schnecken können ihr Gehäuse nur tragen, weil es nicht viel grösser ist als sie selbst. Die Urzeitkrake ist für mich ein Rätsel, wie sie in ihrem Gehäuse schlafen und schwimmen konnte, ohne den Boden zu berühren. Ich vermute, dass sie sich beim Schlafen einfach auf den Boden legte und sich nicht in eine Höhle verkroch wie unsere heutigen Kraken, die kein Gehäuse haben.

Der Mensch erschafft Sterne durch Glühbirnen und Neonröhren. Negativ ist ein Mensch, der mehr zerstört, als er erschafft. Positiv ist ein Mensch, der mehr erschafft als zerstört und neutral ist ein Mensch, der so viel erschafft, wie zerstört. Sinnvoll ist ein Mensch, der mehr zerstört als er erschafft, wenn er einen Diktator stürzen will. Solche Menschen sind eher bescheiden in ihrem Hab und Gut. Sie sind Rebellen, Magier, Revolutionäre und Gerechtigkeitskämpfer. Negativ sind Diktatoren, Sekten, und Terroristen. Der Mensch, der so viel zerstört, wie er erschafft, ist im Positiven ein Recycler und auch ein Gerechtigkeitskämpfer und ein Magier. Das beste Beispiel ist Robin Hood oder ein ordentlicher Typ, der seine Plätze immer aufräumt. Der Mensch, der mehr erschafft als zerstört, ist ein Künstler, ein Philosoph, ein Wissenschaftler, ein Erfinder und ein Magier. Im negativen Sinne ist jemand, der das Chaos liebt, ein Messie, der mit seiner Kunst die andere Kunst zerstört.

Am 30.5.2013 rief mich meine Kollegin BK an und teilte mir mit, dass ihr Lungenkrebstumor, der vor einem Monat noch so gross war wie eine Baumnuss, ohne weitere Chemotherapie verschwunden ist. Zuvor hatte ich das muslimische Ritual durchgeführt! Sie brauchte nicht einmal Homöopathie. Sie ging von nun an nur noch jede Woche zur Kontrollvorsorge. Sie hat sich bei mir bedankt, und ich war froh, dass sie wieder gesund ist. Sie hatte mich letztes Mal gefragt, ob sie nochmals eine Chemotherapie durchführen lassen soll oder nicht.

Ich hatte lange überlegt und war verlegen, für sie zu entscheiden.

Ich sagte ihr aber dann, dass sie es bleiben lassen sollte. Meine Entscheidung hätte ihr Todesuhrteil sein können. Meine Mutter war auch entsetzt darüber.

Doch das Vertrauen in das Ritual und in die Hellseherin M hatte mich entscheiden lassen und das zu Recht.

KAPITEL 80

Die verstorbenen Seelen vom Bernhardsberg

Ich hatte Tox geschickt, um D zu heilen. Von dem Tag an ist ihr Tox an jenem Abend erschienen. Sie erzählte mir, dass er eine Glühbirne zerstört hatte und dass seither keine weitere Glühbirne mehr hineingeschraubt werden konnte. Sie zog den Vorhang zu und ging aus ihrem Zimmer. Als sie wieder in ihr Zimmer kam, war der Vorhang zurückgezogen. Sie lag im Bett und die Decke atmete, das Taschentuchpäckchen bewegte sich und knisterte. Das machte ihr richtig Angst. Am 29.5.2013 war ich zum Platzwischen eingeteilt worden. Ich versuchte eine Wischtechnik, bei der der Parkplatz nicht ganz sauber wurde, weil ich mit der herkömmlichen Wischtechnik immer wieder Krämpfe in meinen Händen bekam.

Der Leiter war nicht zufrieden. Dann holte ich den Bodenschrubber und wischte eine Art Muster in den Boden. Danach mochte ich nicht mehr wischen und ging zu den Eiern, wo auch D war. Wir redeten zusammen. Sie sah immer wieder Geister und merkwürdige Gegebenheiten. Tox hatte einmal ein Ei verschwinden lassen und ein anderes Mal ein Ei vom Tisch geworfen, auch wenn D nichts gemacht hatte. Da bekam sie noch mehr Angst. Als wir in die Pause gingen, hörte sie auf dem Platz ein Hexengelächter. Ich hörte dies aber nicht.

Als wir im Aufenthaltsraum waren, kam N herein und hatte das T-Shirt unten hängen lassen, sodass man ihren ganzen BH sah. Die Betreuer waren gar nicht begeistert. Sie weigerte sich aber, den Betreuern zu gehorchen.

Am 30.5.2013 musste ich auf der Weide das Gras wegmachen. Ich tat dies mit zwei anderen Männern zusammen. Ich füllte mit der Mistgabel die Karretten und machte Grashaufen. Bevor es anfing zu regnen, waren wir fertig. Danach kam der Leiter und sagte uns, dass wir das Gras noch zusammennehmen sollten. Ich habe gesagt, dass ich nicht mehr mag, mir war ganz sturm vor Erschöpfung. Der Betreuer reagierte nicht auf meine Äusserung und meinte, dass ich weiter machen sollte. Ich schrie ihn an und sagte, ob man bis zum Burnout arbeiten müsse! Er hörte nicht auf mich. Als er ging, fluchte ich und ging einfach Eier putzen, weil meine Bezugsperson nicht da war. D und N waren unten und haben ein Gläserrückspiel vorbereitet. Ungläubig und zugleich begeistert, fragte ich sie, was sie da machen? Sie wollten einen Geist befragen wegen des verstorbenen Mädchens, das in der WG noch herumgeistert.

Wir fingen an. Der Geist, den wir befragt haben, hiess Brijy. Hier ist sein Siegel:

Geistersiegel Brijy

Wir fragten nach dem Namen des verstorbenen Mädchens, das im Schwimmbad ertrunken war. Sie hiess Kaya. Danach hörten wir damit auf und gingen in die Pause. Ich musste mit der Leiterin S über die Arbeit sprechen und dann hatten wir AI-Sitzung. Bei den wichtigen Themen habe ich mich wegen der Arbeit gemeldet. Sie meinten, es betreffe nur mich und weigerten sich, mit mir darüber zu reden. Ich war wütend und flüsterte zu D:" Typisch Christen, sie kehren alles unter den Teppich, mit dem sie nicht konfrontiert werden wollen." Bisher habe ich das bei vielen Christen erlebt. Ich passte aber die Befindlichkeitsrunde ab.

Als ich dran war, sagte ich, dass es mir nicht so gut ginge. Ich sagte nur, dass ich das Gefühl hätte, ich spreche an eine Wand bei den Leitern. Ich sagte, dass ich nicht mehr möge und man sagt mir, dass ich trotzdem weiter machen müsse. Sehr ungerecht! Ich bin im Jahr 2012 auch wegen eines Burnouts, das von meinen Erfindungen herrührte, in die Psychiatrie gekommen! Ich will hier nicht auch wieder, weil sie mich nicht ernst nehmen, wegen Überarbeitung in die Psychiatrie eingewiesen werden! Sie sollen es respektieren. Die Leiterin sagte mir, dass sie wollen, dass wir unsere Grenzen erweitern. Ich sagte ihr aber, dass der Mensch kein Roboter sei und man irgendwann die Grenzen nicht mehr erweitern könne. Wenn ich ihnen sage, dass ich nicht mehr mag, soll man mich nicht mehr zwingen. Mir kommen dabei immer die Bilder der Übergriffe meines Ex-Partners hoch, die er meiner Tochter und mir angetan hatte!

Sie sagte mir nur, dass ich das mit dem Psychiater aufarbeiten sollte. Ich sagte, dass ich das genug getan habe. Aber wenn man bei mir die verarbeiteten Bilder wieder hochkommen lässt, werde ich kämpfen, wie ich gegen die schwarze Magie meines 1. Ex-Partners gekämpft hatte. Dann komme ich in die Psychiatrie und werde mit Psychopharmaka vollgestopft! Eines ist dann sicher! Ich werde dort dann fünf Eibenbeeren essen und all ihre Kernen zerbeissen! Dann sterbe ich garantiert und die Psychiatrie muss sich wegen meines Selbstmordes vor Gericht verantworten! Es gibt dort genug giftige Beeren; auch die Stechpalmenbeeren sind giftig. Der ganze Garten ist nämlich voll davon. Als ich das gesagt habe, haben sie mir dann endlich zugehört. Ich sagte, dass es zwei Personen gibt, die sich nicht trauen, ihr Befinden ihnen mitzuteilen, weil sie meinen, dass sie nicht ernst genommen werden! Ihr Rücken ist wegen ihnen kaputt gegangen und sie müssen regelmässig zur Physiotherapie! Sie sagte, dass sie zu ihr kommen sollen, wenn es nicht mehr ginge. Ich sagte ihr, dass man am Verhalten und im Gesicht lesen kann, ob jemand Schmerzen hat oder es ihm nicht gut geht.

Sie sollen die Personen ansprechen, die sich nicht trauen sich mit-zuteilen! Wir sind keine Arbeitssklaven im Kongo! Wir sind in einer geschützten Einrichtung. Das hat nichts mehr mit Arbeitsintegration zu tun, wenn man sich täglich bis zur völligen Erschöpfung über-arbeitet. Gebt sorg zu uns; wir haben nicht umsonst eine IV-Rente! Also sollen wir nicht so behandelt werden! Sie nahmen es endlich zur Kenntnis. Ich sagte ihr, dass man mir nicht beibringen müsse wie ich meine Grenzen erweitern soll! Ich mache das schon, seit ich dieses Buch schreibe.

Ich habe wegen diesem Buch schon drei Burnouts bekommen! Wenn ich mich nicht so angestrengt hätte, wäre mein Buch heute nicht das, was es jetzt ist! Wenn ich sage, ich mag nicht mehr, dann ist es so. Dann habe ich bereits meine Grenzen erweitert! Merkt ihr das! Also nehmt mich endlich ernst! Ich bin als Frau nur mittelmässig stark von den Frauen dieser Welt! Ich schaffe es maximal 3km am Stück zu rennen ohne Pause zu machen und ohne zu essen und zu trinken, früher noch mit Kinderwagen. Mehr liegt bei mir nicht drin! Ich habe es ausprobiert!

Ich wurde wieder zum Putzen eingeteilt und sie hörten wieder nicht auf meine Bitte, bei den Eiern arbeiten zu dürfen. Dann ging ich einfach zu den Eiern. Sa kam und sagte ich solle zu S gehen und sie fragen, ob ich nicht bei den Eiern arbeiten könne. Sie war nicht im Büro, also ging ich einfach zum Eierraum. Dort war Sa. Er fragte mich, ob ich hier arbeiten darf? Ich log ihn an und ich arbeitete dann im Eierraum mit D zusammen. D hatte die Vision, dass Kaya gespielt hatte und sich am Bassinrand den Hinterkopf angeschlagen hatte. Sie war am Bassinrand am Verbluten. Sie hatte hellblondes, langes Haar und ein pinkiges Kleid mit farbigen Blumen darauf. Da kam ein Mann. Das war ein Afrikaner mit Glatze, gross, mit gestreiftem T-Shirt und Jeans vorbei und hatte einen wütenden Gesichtsausdruck. Er schubste das Mädchen einfach in den Pool. Die Mutter von ihr, mit gekraustem blondem Haar, rief den Krankenwagen an. Sie holten Kaya ab. Im Spital war sie schliesslich gestorben.

Die Mutter wurde im Zimmer, in dem vorher C und F waren, vergewaltigt. In einem grossen Himmelbett sah D ihre Visionen!

Sie sagte mir, man müsse etwas dagegen tun, sonst wird man auf dem Bernhardsberg noch wahnsinnig.

Ich beschloss um 22 Uhr nachts ein Ritual durchzuführen. Es regnete ein bisschen. Ich zog die Schuhe an, holte meine Siegel, den Kabbalahbaum, zog die Gothicjacke an mit dem Tox-Siegel und mit der orange farbenen Aufschrift «This Superhero is working in Wonders» und nahm die Regenjacke und meine Edelsteine.

Es war Cthulhus Pentagramm mit der Aufschrift: „That is not death that can eternaly lie and with strange Aeons, even Death may die." Das Enagramm von Cthulhu mit seiner Anrufung, das Siegel von Aesmodaeva, Nyarlathotep, Mephisto, das Tor von Yog Sototh aus dem Necronomikon, das Rad des aufgestiegenen Schakal, das Siegel von Nyarlathotep, das M.St mich zeichnen liess, das Tor aus diesem Buch Hoxath und legte mich hin. Ich legte meine Edelsteinchakrapyramiden auf meinen Körper, den Merkabahkristall mit dem Saturnsiegel auf meine linke Hand. Auf der rechten Hand war meine Kristallkugel mit meinem eigenen Siegel und nun begann das Ritual auf dem Betonboden, dort wo der Tischtennistisch stand, den ich vorher auf die Seite schieben musste. Ich sagte den Spruch, der mir Tox übermittelt hatte, auf:

„Im See des Vergessens ruhen die Toten und wo die Toten ruhn, da ruhn die Elder." Später am Samstag, den 1.6.2013 habe ich das

Medium M kurz angerufen, um sie zu fragen, was dieses Ritual bewirkt hatte, und sie hat mir die Antwort gegeben, dass ich das Ritual nochmals wiederhohlen soll. Ich wiederholte dann das Ritual, aber mit zusätzlichen Holzrunen.

KAPITEL 81

Tox's alchemistisches Erfolgsritual

Es war der 9.6.2013 um 21.30 Uhr, als ich auf meinem Siegel und Ritualstapel lag und das Euromillionlottolos mit Quittung und Cthulhus Wunscherfüllungsritual darauf. Ich legte meinen Kopf darauf, legte meine Edelsteinchakrapyramiden auf meinen Körper, nahm den Merkabahkristall in die linke Hand, so dass man ihn mit der rechten Hand drehen konnte, indem ich ihn am obersten Zacken zwischen Daumen und Zeigefinger hielt und drehte den Stern im Uhrzeigersinn und immaginierte das Angleweb aus dem Necronomikon!

Plötzlich sah ich vor meinem inneren Auge Pranalythgegenstände und fragte mich dabei, wie ich Gegenstände mit derselben Wirkung des Pranalyts viel günstiger herstellen könnte. Da stand ich auf und tanzte zu Gothicmusik. Dabei stiess ich mich mit meinem Fuss am Plastikbehälter an. Verärgert kickte ich diesen Behälter um. Meine Edelsteinperlen fielen aus dem UPK-Pappbecher.

Ich schmiss den Becher fort. Da kam mir die Idee, dass ich Cthulhus Enagramm auf die Siegel der Sternspitzen legen sollte und tat dies. Danach holte ich die kleine Holztruhe, wo damals die Wasserkristalle drin waren. Auf dem Deckel schrieb ich Cthulhus Siegel darauf, welches ich auf der rechten Wade tätowieren liess. Links oben zeichnete ich den Arrastern und rechts davon einen Halbmond zum Stern Arra gerichtet. An der Vorderseite die Anrufsiegel der Elder und auf der rechten Seite zeichnete ich das Siegel vom Mars, auch aus dem Buch Necronomikon. Links davon schrieb ich Lucifers Zeichen mit dem weiblichen Symbol und daneben Cthulhus weiteres Symbol darauf. Hinten schrieb ich rechts davon den Arrastern, in der

Mitte das Pentagramm mit dem schwarzen Auge und links davon den Halbmond zu den zwei Sternen gerichtet. Danach beschriftete ich 45 Lorbeerblätter. Auf jedem Blatt war ein Wunsch, den ich mit einem wasserfesten Stift, Edding R 3000 und 3mm dick, in schwarzer Farbe darauf geschrieben habe. Ich nahm diesen Stift deshalb, weil der Kugelschreiber beim Schreiben das Lorbeerblatt zerstören würde. Ich legte dabei die Lorbeerblätter mit dem Wunsch nach oben gerichtet in die Truhe und liess es wirken. Dadurch dass ich ein Medium anrief, sagte es, dass ich die Lorbeerblätter besser in einer Glasschale deponieren sollte anstelle der Truhen. Danach habe ich Cthulhus Tor mit Parfüm besprüht und Zimt darauf gestreut. Dann habe ich das Papier mit Cthulhus Tor an der Luft trocknen lassen. Es sah beeindruckend aus, als käme es von der Wüste mit rotem Sand bedeckt.

KAPITEL 82

Über die Verhüllung der Frau

Am 14.6.2013 sah ich im Fernseher am Abend um 22 Uhr die Arena auf SF1 zum Thema Kopftuch. Es gab sehr gute Argumente darüber. Dies auch über die Kopfbedeckung der Juden mit Perücken. Ich finde es generell unsinnig, eine Perücke zu tragen, wenn man noch genug eigene Haare hat. Es ging in der Sendung darum, dass Frauen, die in der Schweiz eine Burka tragen, Vitamin D Mangel bekommen.

Das ist meiner Meinung nach nicht so gut. Eigentlich ist die Burka eine Bekleidung für die Wüste. Wenn eine Frau zum Arzt muss, zieht sie sich sicher nicht noch in der Wüste um, um im nächsten Dorf sich so wie dort zu bekleiden.

Wenn in Dörfern unterschiedlich verhüllte Frauen eintreffen, gibt das ein Durcheinander. Mohammed hat im Koran die Verhüllung nicht beschrieben, weil er dachte, dass die Verhüllung eine Wüstenbekleidung ist. Er war nämlich selbst ein Nomade.

KAPITEL 83

Was macht jemanden wirklich zu einem Staatsfeind Nr.1

Es war Montag den 10.6.2013 als ich im Blick am Abend den Bericht über Edward Snowden gelesen habe zum US-Deal. Ich war entsetzt über die Skrupellosigkeit von Agenten, die Banker mit Alkohol hintergehen! Ich war auch entsetzt über das amerikanische Spy-Programm, das die USA angezettelt hat mittels neuen Smartphones und deren Passwörter usw. Edward Snowden hatte seine Sicherheit und sogar die seiner Familie aufs Spiel gesetzt, um die Wahrheit ans Tageslicht zu bringen! Nun wurde er verfolgt und als Staatsfeind Nummer 1 betitelt! Nun mal ehrlich, was macht einen Menschen zu einem Staatsfeind? Einer wie Edward Snowden oder ein Drogendealer im Jahr 2011, bei dem die Polizei 120 Millionen Tonnen Kokain beschlagnahmen musste?

Wie krank muss ein Staat sein, der eine Person, die die Wahrheit aufdeckt, weltweit verfolgt und einen Drogenboss im Jahr 2011 mit 120 Millionen Tonnen Kokain politisch in Ruhe lässt, vielleicht verhaftet, was ich nicht gelesen habe in der Zeitung und nur die Drogen beschlagnahmt wurden?

Ich denke, ich weiss was das Problem ist. Ich denke, der Staat meint, dass er alles perfekt macht, ohne einen Fehler zu begehen. Doch wenn der Fehler mal von einem Menschen entdeckt wird und dieser die Menschheit vor einem gravierenden Fehler bewahren will und dafür seine Sicherheit und die seiner Familie aufs Spiel setzt - ist das ein Staatsfeind? Nein!

Er sollte zu einem Staatsfreund Nummer1 erklärt werden! Vor allem von Barak Obama selbst und zum Helden der Nationen erwählt werden! Ihn als Feind zu betrachten, ist einfach haltlos, ungerecht und inakzeptabel! Ist das Staatsimage von Barak Obama dies denn wert? Das Problem zu vertuschen, ist für mich eine bodenlose Schande, wenn Barak Obama nicht endlich anerkennt, dass der Fehler im CIA-System gemacht wurde. Denkt mal nach!

KAPITEL 84

Uns genügt Allah, er ist der beste Anwalt

Neues Ritual

Es war der 17.6.2013, als die Psychiatrieärzte mit mir gesprochen haben. Trotz eindringlicher Bitte haben sie mir das Medikament Risperdal verschrieben. Ich ging in mein Zimmer und meditierte zu laut aufgedrehter Musik. Es war Blackmetal von Dimmu Borgir. Ich rief in einer bestimmten Sprache, die mir Baal beigebracht hatte. Schon am Abend vorher lief ein Horrorfilm im Fernsehen, der auf wahren Begebenheiten beruhte, den ich aber bisher noch nie zuvor gesehen hatte. Er zeigte, wie Baal von einem christlichen Priester Besitz ergriffen hatte.

Dieser Film hat mich sehr beeindruckt. Tox hat mich dorthin geführt. Die Erlösung von Baal, die ich durchgeführt hatte, war exakt vor vier Jahren an diesem Tag und in derselben Stunde, als ich ihn erlöst habe. Dies war das Ritual, das ich im Jahr 2009 mit dem Geist von PS, der Schabadei Zwi hiess, geschehen habe, nachdem sich Satan zu uns gesellt hatte und mich gebeten hat, ihn zu erlösen, was sich PS nicht mehr traute. Ich tat dies dann, was ich aber doch nicht geschafft habe laut dem Pendelmedium. Doch Baal sei erlöst. Tox wollte damit zeigen, was ich bereits im Jahr 2009 mit dem Ritual erreicht hatte. Ich entdeckte, als ich den Film sah, eine neue Sprache, die magisch noch verstärkt wurde als auf Hebräisch oder Aramäisch. In meinem Zimmer sprach ich sie aus.

Am nächsten Tag kam DS zu mir, weil sie meine Heilenergie gespürt hatte.

Sie erzählte mir, dass sie in der Nacht starke Schlafmedikamente bekommen hätte. Sie sei heute aufgestanden, als sei nichts gewesen! Ich war begeistert.

Am 18.6.2013 hatte ich das Gespräch mit den Psychiatrieärzten.

Für mich hatte das Gespräch keinen guten Ausgang. So lag ich im Bett und beschwor die Legionen, die im 1. Weltkrieg gestorben sind, nachdem ich am Morgen neben ihrem Monument im Kannenfeldpark meditierte. Es waren die französischen Legionen und ich nahm sie in die Klinik mit. Ich redete in Baals Sprache. Zuletzt rief ich wieder 23 Mal den Elderspruch, wobei Dimmu Borgirs Musik laut in der Psychiatrie erhallte. Die Psychiatrieärzte bekamen Angst und verschwanden laut Medium M. Ich bekam trotzdem Medikamente. Ich ging hinaus, wieder auf den Kannenfeldpark und sammelte Stechpalmbeeren in einen Pappbecher. Danach ging ich wieder in die Klinik. Ich holte meine Jacke mit Tox`s Siegel, Papier, einen roten Farbstift, einen schwarzen Kugelschreiber, die Stechpalmbeeren und zwei abgebrannte Zündhölzer.

Danach schrieb ich den islamischen Fluch auf alle Psychiatriepfleger, Ärzte und Psychologen darauf und die Worte: „Uns genügt Allah, er ist der beste Anwalt." Dann zeichnete ich ein Fegefeuer, in der Mitte ein Totenkopf und rechts schrieb ich das Tor von Cthulhu, das mir mein 1. Ex-Partner gezeigt hatte, auswendig darauf und ca. 12 Namen der grossen Alten in Runenschrift hinein auf die Gesichter der gemalten Personen und Siegel, um das Tor mit den Anrufsiegeln der grossen Alten. Danach schrieb ich: „Die Hölle und die Plage Ägyptens, möge Gott ihren Körper noch vor dem jüngsten Gericht verbrennen. Möge Gott ihnen die schlimmste Qual schenken." Dann bekritzelte ich das Fegefeuer, den Totenkopf und die Köpfe mit rotem Farbstift. Danach tat ich die Beeren hinein, falzte das Papier und zerstampfte die Beeren im Papier mit einer gefüllten Mineralflasche und walzte alles flach. Danach tat ich das Papier in den Aschenbecher. Die Asche und der Rauch kamen darauf und ich ging in mein Zimmer. Am Abend war ein Roter Sessel auf den Kopf gestellt am Boden, als ich Cthughas Siegel geschrieben habe.

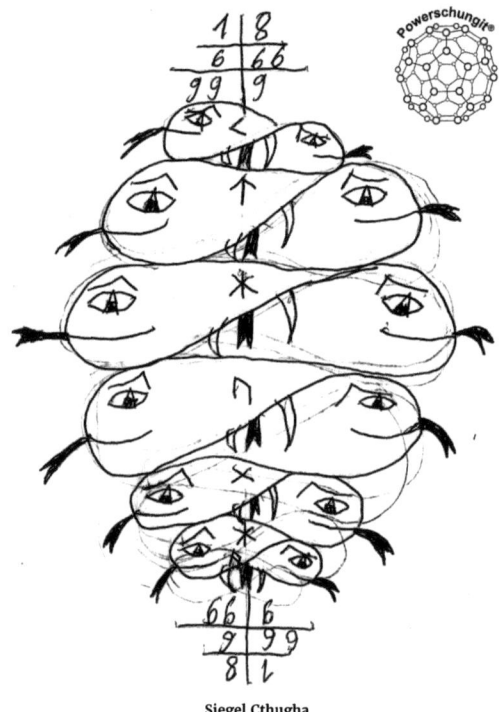

Siegel Cthugha

Am Mittag vorher waren die weisse Lederjacke von A und die Uhr von DS verschwunden und am Abend ihr iPhone. Sie war sehr wütend.

Am 21.6.2013 habe ich wegen DSs verlorenen Gegenstände wieder ein Lorbeerblatt an Tox geschrieben, um ihr ihre Gegenstände zurückzubringen, weil ich dachte, dass Tox sie wieder hat verschwinden lassen. Ich fragte sie dann am Abend. Ihre Armbanduhr und das iPhone sind wieder hervorgebracht worden. Ein Klient hatte sie bestohlen. Doch sie sagte mir, dass ihre Tasche am Mittag im Tram gestohlen wurde. So beschriftete ich wieder ein Lorbeerblatt für sie, dass Tox den Dieb dazu bringen soll, die Tasche bei der Polizei abzugeben.

Am 22.6.2013 war etwas Besonderes geschehen. Ich habe Tox`s Anweisungen befolgt und zuletzt, als ich im Burger King sass und gehen wollte, nachdem ich meinen Gratiswopar gegessen hatte, habe ich eine Nachricht von Edward Snowden gehört.

In den Nachrichten kam die Durchsage, dass die amerikanische CIA mit dem Geheimdienst von England gemeinsam Privatpersonen ausgespäht haben.

Dabei dachte ich, dass Edward Snowden dann richtig verfolgt werde.

Doch es hiess dann, dass er Dokumentpapiere anfordern liess und dass der britische Geheimdienst und die CIA gemeinsame Sache gemacht hatten im Spyprogramm. Jetzt wusste ich, dass Edward Snowden gegen beide Geheimdienste als Einzelperson gewonnen hatte! Ich jubelte und dachte: Was für ein Held! Danach kam ich überglücklich in die UPK zurück. Als ich DS dies erzählte, jubelte sie auch! Dann sagte ich ihr, dass ich vor drei Wochen, ein Lorbeerritual für Edward Snowdn gemacht hatte. Einmal, dass er geschützt vor der Verfolgung der CIA ist und hier in der Klinik, dass er gegen die CIA gewinnt! Nun ist es endlich eingetroffen! DS rief begeistert: "Das müssen wir feiern!" Ich sagte ihr, dass ich sofort dabei sei!

Am 24.6.2013 geschah etwas Sensationelles. Um 16.30 Uhr kam meine Zimmernachbarin in den Ergoraum auf der Abteilung und erzählte mir, dass Sachen von mir weggekommen sind. Eine Afrikanerin hätte etwas Glitzernes aus meinem Zimmer geholt. Ich ging in ihr Zimmer und sah, dass mein Elderkistchen offen am Boden lag, alle Lorbeerblätter, beschriftete und unbeschriftete, Edelsteine, Cthulhuikone, Cthulhusiegel, das ich mir tätowieren wollte, den Stift, mit dem ich die Lorbeerblätter beschriftet habe, weg waren. Die Coca Cola-Flasche 1,5L war auch leer und ein bisschen von dem Grapefruitgetränk fehlte auch. Die Afrikanerin hatte sie nicht und SZ auch nicht. Da wusste ich, es war Tox! Ich rief nochmals die Hellseherin an. Sie sagte mir, dass Tox geschaut hat wo er die Wünsche hintun soll und die Edelsteine brauchte er zum Spielen, weil Tox sehr verspielt ist. Nur eine Karneolperle blieb übrig. Das Elderkistchen hat Tox zu Boden geworfen. Ich war sehr überrascht und die Zimmernachbarin auch.

Eines Tages hatten meine Zimmernachbarinnen gefroren und ich habe ihnen einen Spruch von Azathoth ausgesprochen, dass sie warm bekommen würden:

Kopri satura emerillo dofur klopiz diffurru klani abarca. Simminnu delian Samael. Krishnoth sophal sebeth ir-runna dunnallah sobith koquin solarix besheth. Semminiga sabathith sommodokku klabathurra demendu. Astar dariax ebeth. Azathoth! Azathoth! Azathoth!

Siegel Azathoth

KAPITEL 85

Meditation mit Pazuzu

Am 29.6.2013 ging ich wieder in den Kannenfeldpark und meditierte auf dem Gras.

Ich beeinflusste gerade den Wind, als ich auf die Idee kam, dass ich jetzt das Ritual, um die Erde mit allen Wesen, in fester und unsichtbarer Form, in die 9. Dimension zu bringen, durchführen sollte. Denn nur so ist die Welt wieder ein Ort der Harmonie, des Friedens und der Liebe.

Ich stellte mir das Logo von Vector Swissangola vor, das ich für DS gezeichnet hatte, als ich an Pazuzu dachte. Es handelt sich um eine rote Gottesblume, jene die die ganze Welt ummantelt. In jedem Kontinent der Erde war ein Schlüsselloch, bei der die Urkultur an Menschen darinstehen. Die wichtigste Person jeder Kultur trat aus diesem Schlüsselloch und die Erde hatte eine violette Aura.

Das Bild unserer vorherigen Welt bis heute, stiess ich mit der linken Hand nach unten von mir weg und die Welt in der 9. Dimension führte ich mit der rechten Hand von mir zur Sonne hinauf, mit dem Spruch:

Dalia schar Gybrill ad namasch dech Pazuzu. Ebnet schir dorko nach schagyr nech ebar. Nech schybith dach namith ed demasch gar schod. Karuna mach demir ed nemesch kargoth. Nimich di sanda lach byrill kesch nor, nabich schen kabal nem geschir narr schod.

Dieser Spruch muss man in angenehmem Ton drei Mal aussprechen.

Danach ging ich wieder in die Klinik zurück.

Am 30.6.2013 rief ich wieder das Medium M an und fragte sie nach der Wirkung dieses Rituals meiner drei Wünsche für Frieden, Freude und Gesundheit der Welt. Sie antwortete: In der Erde sind lauter schwingende Kreise. Die Welt wird in die 9. Dimension gebracht. Die Diktatoren werden abgewählt und von Tox bestraft werden. Bei Krankheiten wurde ein Lichtstrahl geschickt.

In 50 Jahre werden wir sehr grosse Fortschritte machen.

Die rote Gottesblume steht für die Liebe. Die orange Gottesblume für das Feuer. Die blaue Gottesblume für die Luft, das Wasser und das Universum. Die grüne Gottesblume für die Heilung, die braune Gottesblume für das Materielle,

die schwarze Gottesblume für die Entstörung, die gelbe Gottesblume für die Wärme, die rosarote Gottesblume für den Segen, die violette Gottesblume für den spirituellen Aufstieg, die bronzene Gottesblume ist für geistigen Schutz,

die silberne Gottesblume für die Anrufung der Nacht und Naturgeister, die goldene Gottesblume steht für die Anrufung der Sonnenwesenheiten, Engel und Naturgeister, für Feuer und Luft.

KAPITEL 86

Die Tarotlegung, um ungelöste Fälle für die Polizei zu lösen

Detailgetreu

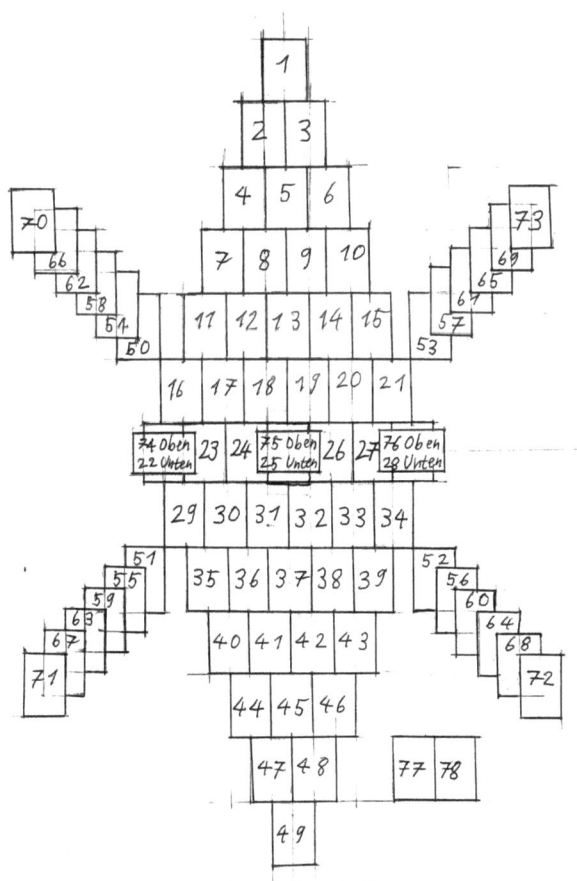

Meine Tarotlegetechnik

Meine Tarotlegung ist die Saturnlegung. Mit dem Crowlytarot und dem Waittarot, gibt es die Saturnmondlegung. Crowly und Kipperkarten, gibt es die Zeitzonen 3erlegung. Mit Crowly und Lenormandkarten der grossen Tafel, gibt es die Erdlegung und Crowly mit Zigeunerkarten der Kreis, gibt es die Sonnenlegung.

Mit dieser Kartenlegung kann ich 11 ½ Jahre in die Vergangenheit und ebenso 11 ½ Jahre in die Zukunft schauen. Wenn man davon eine Groblegung legt, kann man 49 Jahre sehen. Gegenwartskarten sind bei der Zeit nichts von Bedeutung, aber bei den Zeitzonen. Die Einzelkarten bei den Schräglinien symbolisieren zweimJahre. Bei den zwei Schlusskarten beträgt eine Karte 24 Jahre.

Am 1.7.2013 rief ich wieder die Hellseherin an und fragte sie, ob einer der drei Beteiligten vom Raub an der Binninger Tankstelle zum Familienname Wobir heissen würde. Sie sagte, dass ein Täter tatsächlich Wobir heisst. Jetzt wusste ich, dass das Gläserrücken für das Herausfinden von Namen ist.

KAPITEL 87

Das Ritual, um Edward Snowden vor Feinden zu schützen

Es war der 2.7.2013 am Abend, als ich das Bild von Edward Snowden aus der Zeitung Blick am Abend riss. Ich wünschte ihm Sicherheit und Geborgenheit und legte das beschriftete Lorbeerblatt auf sein Foto und für jedes Blatt einen Spruch. Die rechte Hand ist auf dem Foto und dem Lorbeerblatt, mit einer kleinen Rose und die linke Hand streift man mit den Sprüchen auf Hebräisch nach aussen.

1. Spruch: *Kodoth ammar durru eckar rockor dul.*

2. Spruch: *Kobeth hannar soduk nemeth elere saloth.*

3. Spruch: *Krimmir nurru loketh samin delar sobo*

4. Spruch: *Kuthur lummu noguth sebal homet amar.*

5. Spruch: *Kishur beneth horon suboth mamnar ela.*

6. Spruch: *Krishu simox defeth nebeth sichat mobel.*

7. Spruch: *Kammmar demmor lubik simmen aim.*

Am 3.7.2013 rief ich wieder M, der Hellseherin an und fragte sie, ob sich bei Edward Snowden das Ritual etwas bewirkt hätte.

Sie sagte: «Sicherheit und Schutz!» Er müsste aber noch eine leichte Strafe bekommen. Das war für mich das bestmögliche Gelingen, weil sie sagte, dass er um die leichte Strafe nicht herumkommen würde. Ich freute mich über das Ritual und seiner Wirkung. Dieses Ritual ist bei massiven Problemen aller Art anzuwenden. Die sieben Sprüche bleiben dieselben wie beschrieben. Nur die sechs Lorbeerwünsche sind anders. Je nach Problem, wenn eine Strafe droht, dann nur, nach dem Schuldermessen der Person und nicht als über- oder untertriebene Strafe, sondern so, dass die Strafe fair ist, weil Spiritismus fair sein soll und nicht bösartig satanisch, wie Satanisten es als Selbstsucht tun. Dieses Ritual war auch Tox's Werk; und es funktioniert!

KAPITEL 88

Sich erfolgreich
Geld wünschen

Viele wünschen sich mal einen Geldgewinn, jedoch nicht alle bekommen ihn. Dieses Ritual bitte nur durchführen, wenn man unbedingt Geld braucht. Zum Beispiel für Erfindungen, Studium, Haus oder Hausboot, wenn man vier Kinder hat und arm ist, oder für gewisse Anschaffungen zu wenig Geld hat, wie einen Anwalt bezahlen, Schulden bezahlen, oder ein Hybridauto kaufen oder wenn Geld gestohlen wurde und man es zurückbekommen möchte.

Man kauft sich das Kartenset von Hannah Rick «Mit Geld erfolgreich umgehen» Geheimnisse der Geldenergie. Man mischt die Karten und zieht eine.

Dann beschriftet man ein Lorbeerblatt mit dem Wunsch: Ich wünsche mir, dass ich Lotto spiele und den Hauptgewinn durch Tox gewinne. „Danke Tox" schreiben und auf die Karte legen. Bei mir hiess es: Geld will träumen. Man muss immer sich selbst dabei bildlich vorstellen, wenn man für sich die Karten zieht und die Frage stellen, abheben und die 1. Karte von oben nehmen, wie beim Tarot.

2. Wunsch: Ich wünsche mir, dass ich vor jeder Lottoziehung am Tag vorher die Lottozahlen durch Tox weiss und ankreuze. Danke Tox.

3. Wunsch: Ich wünsche mir, dass der Geldgewinn im Lotto ausreicht für den Prototyp und Patentierung meiner Erfindungen durch Tox. Danke Tox.

4. Wunsch: Ich wünsche mir, dass ich durch meine Beiständin durch Tox eine Mastercard oder Visakarte bekomme. Danke Tox. Wichtig

ist, dass in der Mitte auf der Karte ein Wunsch ist, und um die Karte mindestens drei Wüsche auf den Lorbeerblättern geschrieben sind. Dann kommen die vier Sprüche. Bei jeder Person sind es die gleichen (maximal neun Sprüche):

1. Spruch: *Ummina semelith rodox emri salligo.*

2. Spruch: *Rebeth, limmur gebar lemir egex.*

3. Spruch: *Obith inri sembeth lojabi ribor.*

4. Spruch: *Mammon, Belphegor, Gullur Amon Mephisto.*

5. Spruch: *Redexus lemmina sullur keboth Arra.*

6. Spruch: *Yog Sototh Cthulhu merex Azathoth emar.*

7. Spruch: *Cthugha menar Shub Niggurath eter tabach.*

8. Spruch: *Nalla emri prisol summith kobath.*

9. Spruch: *Baphomet amnet Schaitan sillir Adonai.*

Dieses Mal mit der rechten Hand auf der Karte und auf die darauf liegenden Lorbeerblätter legen und mit der linken Hand von aussen nach innen streichen. Zuletzt bedanken: Dann ein Dreieck mit der rechten Hand mit dem Zeigefinger von rechts nach links schlagen und 3x laut Tetragrammathon sagen, wenn man die Linie über die Lorbeerblätter zieht. Dann einen Kreis ziehen mit dem Zeige- und Mittelfinger gleichzeitig und dabei 1x laut Adonai sagen und sich 3x bedanken, dann ist das Ritual ist fertig.

KAPITEL 89

Vom Traum der gestürzten Diktatoren und andere Traumvisionen

Nach dem Geldritual legte ich den Lottoschein auf die Geldkarten mit der Spielabrechnung und stellte die beiden Elderkistchen darauf.

Am 13.7.2013 träumte ich von einem Planeten, auf dem Hochhäuser waren wie Metallmikrophone des amerikanischen Nachrichtendienstes. Ich hörte die Melodie von einem frisch entstandenen Lied. Ich erwachte um 3.23 Uhr morgens und schrieb den Text des Liedes auf. Das Lied begann so: „Welcome to the dark Lords of Shadows. Welcome to the Dark Rooms in Space." Ich träumte von einer schwangeren Alienfrau, die auf einen Turm von ihrem Mann (dem Diktator) flüchtete und um Hilfe flehte. Es war ein Mond mit Häusern darauf. Ich war mit Tox zusammen dort und gab ihr Unterschlupf, damit sie vom Diktator in Sicherheit war. Es war der Tag, als der Diktator seinen Sohn vom Mond hinunterschmiss. Der Sohn stürzte zu dem Planeten hin mit den Mikrophonhäusern; dabei flog der Diktator mit seinen Düsenschuhen fort.

Bald war sein Sohn am Boden aufgeschlagen, als Tox unglaublich schnell zu ihm flog und den Jüngling rettete. Tox sagte ihm, dass er nun in Sicherheit sei.

Dem Jüngling gefiel es und er sagte zu Tox, dass er schneller fliegen solle und so flog Tox schneller und zwar so schnell, dass der Jüngling vor Freude jubelte.

Dann schossen sie aus der Atmosphäre. Man konnte den blauen Himmel mit den getürmten weissen Wolken sehen. Dann sind sie auf ihrem Mond gelandet.

Der Diktator war verschwunden und die Alienkönigin kam zu mir. Sie gab mir zum Abschied ihre Hand und sagte:" Ihr seid bei mir immer willkommen." Ich freute mich und sagte zur strahlendweiss scheinenden Alienkönigin: "Danke, du bist bei mir ebenfalls willkommen." Danach kam ihr Diener und führte uns aus dem Sonnensystem.

Er hatte eine Glatze, eine schwarze Sonnenbrille und schwarzes Jackett. Der Mond war mit Licht durchflutet sowie der Kristallturm. Ich war aufgewacht.

Dann rief ich die Hellseherin M an und fragte sie, was dies zu bedeuten hatte? Sie sagte mir, dass dies eine Zukunftsvision gewesen sei. Ich fragte sie, ob dies mit den Wünschen für das gesamte Universum zu tun hätte. Sie sagte ja.

Die Wünsche, die ich für das ganze Universum abgeschickt habe, würden zuerst in Erfüllung gehen. Die eigenen Wünsche werden zurückgestellt, sie würden später eintreten.

Am 14.7.2013 hatte ich auch wieder eine Vision um 7.00 Uhr. Ich träumte, dass ich gelb rot gekleidet war und geschminkt im japanischen Stil, in einer Halle auf einem Trapez schaukelte, als eine japanische Armee rot bekleidet unten war.

Es stürmte eine feindliche Armee von Chinesen in die Halle. Doch die Japaner haben sie erfolgreich vertrieben. Sie fanden aber die verletzte Japanerin vor. Der Herrscher kümmerte sich um sie und ich auch.

Dann sagte er mir, als sie wieder gesund war: "Du bist keine Japanerin. Ich weiss, warum Gott dir ein Herz geschenkt hat. Du bist nicht wie wir, sonst hättest du dein Herz in den Händen. Dann bin ich aufgewacht und fragte wieder die Hellseherin M nach dieser Vision. Sie sagte mir: «Das war ein Zeichen, dass alle wieder gesund werden im gesamten unendlichen Kosmos.»

Am 15. 7.2013 um 6.00 Uhr träumte ich von einem Mann, der versucht hatte, von seinem Planeten zum Mond zu gelangen. Ihm gelang es, aber er war schwer verletzt dort angekommen. Dann luden andere menschenähnliche Lebewesen eine Bombe in den Jet und flogen diesen zum Mond und liessen sie dort fallen.

Die Personen, die Bomben bauen oder tragen für die Armee, sollten selbst aussehen wie Bomben. Ich sah einen buckligen, dicken, verzerrten Mann. Dann fragte ich wieder M das Medium, was dieser Traum zu bedeuten hätte?

Sie sagte: "Sie hätten irgendwie Schutz gesucht."

Am 16.7.2013 um 4.00 Uhr morgens hatte ich folgende Vision:

Meine Grossmutter in Basel hat Schmuck in Kochpfannen in der untersten Schublade in einem weissen Kleiderschrank gelagert. Ein weisser Keramikkrug gefüllt mit Wasser war auch dort drin, bei dem sie jeden Tag das Wasser neu auswechselte. Meine Cousine und ich haben ihn heimlich gefunden.

Da kamen meine Eltern und fragten, was wir da machen würden? Wir sagten, dass wir Schmuck verkaufen wollten, um mehr Geld zu haben. Dann leerte meine Mutter eine Pfanne mit dem Schmuck aus. Unten eingestanzt war der Name Lilith, und dann erwachte ich. Ich fragte die Hellseherin M wieder, was diese Vision zu bedeuten hatte? Sie sagte daraufhin, dass ich eine Erbschaft bekommen werde und mit meinen Familiengeheimnissen Geld verdienen werde. Lilith habe immer etwas mit Ritualen zu tun. Dann fragte ich sie, ob dieser Traum auch damit zu tun hat, dass ich armen Menschen und sozialen Lebewesen im gesamten unendlichen Kosmos, Geld gewünscht hätte. Sie sagte daraufhin, dass die finanziellen Wünsche in Erfüllung gehen würden und dass alle genug haben werden. Das Geld wird umverteilt werden. Also ist dieser Traum ein Zeichen dafür, dass mein Geldritual funktioniert.

Am 16.7.2013 hatte ich eine Vision um 4.00 Uhr.

Ich träumte, dass eine Mutter, ihr Freund, meine Tochter und ich in ein Vergnügungsfreibad gingen und das auf einen Mond, der in einem zukünftigen Sonnensystem war. Dann war ich aufgewacht. Die Hellseherin M sagte zu dieser Vision, dass bei mir in Zukunft noch etwas Angenehmes kommen wird.

Um 6.00 Uhr am selben Morgen träumte ich, dass es in den Wüstenregionen Wasser gab. Die Menschen badeten im Niger, weil es genug Wasser gibt.

Eine Frau wollte einen Stuhl holen und lief auf einem Korb, auf dem sie im Wasser zum Stuhl ging und bekam ihn. Sie setzte sich danach zum Trocknen an die Sonne. M sagte, dass die Menschen es gemütlich haben werden.

KAPITEL 90

Das Augustritual

Am 1.7.2013 bin ich am Abend zu meinem Freund OH gegangen und wartete auf ihn. Ich legte mich ins Bett und entdeckte eine Blume auf einem kleinen Stück Karton. Ich habe zu dieser Zeit das Siegel von Aesmodaeva neben mir auf das Kopfkissen gelegt. Unter der Bettdecke entdeckte ich ein Lederarmband mit Druckknopf. Ich sah auch, dass die Decke, mit der ich mich zugedeckt hatte, ein Brandloch von seiner Zigarette hatte. Weil es eine Daunendecke war, kamen die weissen Federn zum Vorschein.

Ich verstreute sie über Aesmodaevas Siegel und als ich auf den Fenstersims schaute, sah ich ein Paar grosse Frauenohrringe. Ich tat sie unter Aesmodaevas Siegel, sodass die Vorderseite eines Ohrrings unter dem Alienkopf war und der Haken sich zum Menschenkopf richtete. Der umgedrehte Ohrring legte ich zum Menschenkopf und richtete den Haken so, dass der Haken zum Alienkopf gerichtet war. Dann nahm ich den Karton mit der Blumenzeichnung und tat sie zwischen die zwei Ohrringe, direkt in der Mitte unterhalb von Aesmodaevas Siegel. Ich verband mit dem geschlossenen Lederarmband unterhalb der Blume die Ohrringe so, dass die untersten Teile der Ohrringe miteinander verknüpft waren. Dann streute ich wieder weisse Federn auf Aesmodaevas Siegel. Draussen sah ich blaue Wirbel leuchten, die von den Augustraketen verursacht wurden. Und dachte mir, dass das ein Zeichen sei, dass das Tor nun geöffnet ist. Ich sprach die Worte: „Schan galosch et nemith der sodor narch et kalim der schor. Bismillah Ehamdulelah."

Dann rief mein Freund wieder an und ich sagte ihm, dass ich für ihn eine Überraschung habe. Er kam eine Stunde später. Er freute sich darüber.

Ich sagte ihm, dass dieses Ritual für die Freundschaft zwischen allen unterschiedlichen Wesen im gesamten unendlichen Universum sei.

Er wollte zuerst, dass ich dieses Ritual lassen sollte, wie es ist.

Die Blume, die er gezeichnet hatte, sei die Blume der Menschheit.

Ohne dies überhaupt zu wissen, habe ich das Ritual richtig durchgeführt.

Ich nahm die Ohrringe und die anderen Utensilien weg, bis nur noch die Federn übrig waren und sagte meinem Freund, dass wir die Federn aus dem Fenster pusten sollen. Wir taten dies beide gleichzeitig. Wir formulierten unsere Herzenswünsche.

Am 2.8.2013 rief ich wieder der Hellseherin M an und fragte sie, was mein Freund und ich mit diesem Ritual erreicht haben. Sie sagte mir dies:" Die Freundschaften werden aufgeschlossen zwischen den höchstentwickelten Aliens und den niedrigstetwickelten Aliens im ganzen unendlichen Kosmos. "

Alle Lebewesen werden miteinander gut auskommen. Dieses Ziel wurde auch erreicht mit unseren Wünschen.

Wenn sich alle Lebewesen im gesamten unendlichen Kosmos immer weiter entwickeln wollen, müssen sie mit allen Lebewesen in Frieden und mit friedlichen Absichten kommunizieren können und so in Freundschaft und Respekt, allen Lebewesen gegenüber haben. Was ich von meinem 1. Ex-Partner gelernt habe, ist, dass Inakzeptanz zu anderen Lebewesen oder Gesellschaften zur Stagnation inneren Wissens und der eigenen Entwicklung führt. Denn nur mit Akzeptanz, Respekt und Liebe ist ein dauerhaftes Lernen neuen Wissens überhaupt möglich.

Darüber sollten sich allen Lebewesen, die Bodenschätze von anderen Ländern auf Kosten der Armen rauben, im Klaren sein. Auch den Menschen die in 3. Weltländern mit giftigen Chemikalien ohne Schutz arbeiten. Was ist ihnen wichtiger? Ihre Gesundheit oder das Geld. Ich verübe keine Arbeit, wenn sie mir schadet. Dafür ist mir das Geld zu schade.

KAPITEL 91

Das UPK-Fest

Am UPK-Fest 2013 erlebte ich eine Überraschung: DM ging es endlich gut! Die Gold, Violett, Weisse Strahlenenergie aus meinen Fingern, die ich als Laser imaginiert habe und damit ihren Körper durchflutet habe und all ihre negative Energien verbannt, geklärt und gelöst habe, hat tatsächlich funktioniert. Diese Heiltechnik brachten mir Azathoth und Tox bei!

Nun weiss ich, dass der 2jährige Kampf um DMs Leben, gewonnen war! Sie fragte mich, wie ich dies gemacht habe, und ich erzählte es ihr. Von diesem Tag an war sie endlich beruhigt. Wenn dies nicht geschehen wäre, laut der Kartenlegerin P Z im Jahr 2011 beim Messeplatz, wäre DM gestorben wie Emely Rose!

Nachher gab es eine Führung durch das Psychiatriemuseum. Die Leiterin hat gesagt, dass die Klienten diese Methoden wie Elektroschock usw. freiwillig gewollt hätten. Ich fühlte in diesem Raum eine unglaublich starke und negative Energie.

Sie zog in meine Hände, hinauf bis zu meinen Schultern, sodass die ganzen Arme taub wurden, und ich flüsterte wieder den Spruch: „Im See des Vergessens, ruhen die Toten und wo die Toten ruhen, da ruhen die Elder!"

Dann schrie ich die Leiterin an:" Die Klienten haben dazumal diesen Mitteln nicht freiwillig zugestimmt! Ansonsten wären hier nicht solche Sauenergien!"

Der Film «Einer flog über das Kuckucksnest», sagt etwas Anderes! Solche schlimmen Energien wie in diesem Museum, hatte es nicht einmal auf dem Bernhardsberg gehabt!

Ich sagte allen, die noch dabei waren, dass sie das allen weitererzählen sollen! Eine Frau sagte zu mir, dass ich eine Heldin sei, ich sei wie Kim Possible! Sie versprach mir, dass sie das allen weitererzählen würde.

KAPITEL 92

Das CD-Orakel für präzise Antworten

Es war der 14.8.2014 als ich das Pendelmedium anrief, ob es der Seele von BK, meiner verstorbenen Freundin, gut geht oder nicht.

Ich habe die Antwort bekommen, dass es BKs Seele nicht gut geht und ihr Geist noch hier sei und dort, wo sie vorher wohnte, herumgeistert.

Dann wollte ich ihn noch fragen, ob sie den Weg ins Licht findet, da war mein Geld schon weg. Ich dachte am Abend, dass ich mal versuchen kann, mich vor meine CDs zu stellen. Das tat ich und stellte mich breitbeinig hin, mit ausgestreckten Händen, die Arme leicht nach aussen voneinander nach vorne ausgestreckt. Mit geschlossenen Augen habe ich Tox und Cthulhu gefragt, als ich sie vor meinem inneren Auge vorstellen liess. Dann fragte ich Cthulhu: ob BKs Seele den Weg ins Licht findet? Ich sagte vorhin, dass bei einer CD, die mir nicht gefiel dein und bei einer CD die mir gefiel, nein.

Mich führte die Hand zu einer CD, die mir gefiel. Es war die CD von Stoneman mit dem Titel: „How to spell Heroin." Ich hörte die CD und las in einem Buch.

Ich sah Bilder von B K, die ins Licht geht.

Ich freute mich für sie. Ich war richtig euphorisch!

Dann fragte ich Cthulhu persönlich, ob er in fünf Jahren, wenn ich den Lorbeerwunsch so lange aufbewahren würde, erlöst sei?

Meine Hand führte mich zu einer Gothic- CD, die aus der Gothiczeitschrift Orkus 39 stammt, mit meinem selbst designten Cover. Es stand nirgends, welche Lieder es waren. Es war also eine Überraschung! Mir gefielen fünf Lieder hintereinander. Als ich Tox befragt habe, leitete mich meine Hand zum CD- Gestell auf meiner rechten Seite. Es war die CD Seether mit dem Geistermädchen darauf! Dieselbe CD, bei der ich Tox gefragt habe, welche CD mir am besten gefällt! Dies aber 2x hintereinander, als ich Tox befragt habe! Seht ihr, wie mächtig Tox ist? Ich könnte ihn nicht in meinem inneren Auge vorstellen, weil er von uns Menschen unbekannt ist und nicht in der Dämonenliste steht! Dann ging ich alle CDs durch, welche mir am besten von allen gefällt! Ich merkte, dass mir diese CD von allen am besten gefällt!

Ist das noch zu fassen? Ich glaube nicht! Einer Betreuerin vom @ home habe ich dies auch am gleichen Tag erzählt! Sie wird dies zuhause auch ausprobieren!

Dann fragte ich Cthulhu, ob es am Freitag, dem 15.8.2014 regnen wird? Meine Hand leitete mich zu einer CD von Orkus Magazin, bei der mir die meisten Lieder nicht gefielen. Dasselbe am Samstag. Ich wählte eine CD von der Zeitschrift Rock Hard Magazin. Durch die Anzahl der Lieder, die einem gefallen oder nicht, kann man prozentual errechnen, wievielmal eine Antwort eintrifft!

Vor allem wenn man das Wetter befragt, liebe Arbeitende, wer zustimmt oder nicht, wenn es um ein Projekt geht usw. So ist das Hellsehen viel exakter vorauszusagen!

Am selben Abend habe ich die Euronews Welt Meteosendung angeschaut. Es war für den Freitag, den 15.8.2014 tatsächlich Regen angesagt, aber dies zu 30%, also 100:24=4,1666x7=29,1666. Für den Samstag aber 40%, also 100:24=4,1666x10= 41,666

Am 15.8.2014 habe ich das Orakel wieder befragt, ob nach acht Jahren alle Wünsche für den gesamten unendlichen Kosmos, die ich auf die Lorbeerblätter geschrieben hatte und so lange in der Glasschüssel lagern werde, in Erfüllung gehen würden.

Ich habe eine CD genommen von Tristania mit dem Titel Illumination. Das hiess für mich ca. 80% für alle dafür vorbestimmten Wesen und Situationen!

Bei zehn Jahren, sind es 100% aller Wesen und Situationen, die dafür bestimmt sind. Danach habe ich die CD von Covenant mit dem Titel Polaris Nexus gezogen, als ich Tox gefragt habe. Also im Sommer 2024 werde ich mein Ziel erreicht haben!

Was für eine Freude! Jetzt ist mein Buch, das, was es sein soll!

Übrigens geht es bei der Befragung des CD-Orakels um die CDs, die mir im Moment gefallen oder nicht. So ist das Orakel nicht beeinflussbar!

Probierts mal selbst aus! Es ist nicht gefährlich und trifft jedes Mal ins Schwarze!

Noch ein anderer Beweis dazu:

Am 14.8.2014 fragte ich Cthulhu und Tox wieder mit diesem Orakel.

Ich fragte, welche CD für B K nun am besten sei, ohne zu wissen, welche sie am meisten mag. Meine Hand leitete mich zur CD von Linkin Park mit dem Titel Meteora. Ich hörte sie mir an, als ich duschen ging.

Am 15.8.2014 ging ich an ihre Abdankungsfeier.

An diesem Tag regnete es tatsächlich zu 30%!

Als ich zum Leichenmahl nach Riehen ging, habe ich mit den Personen geredet.

Im Gespräch kam heraus, dass B K auf die Band Linkin Park steht!

Also zwei weitere Beweise, dass ein CD-Orakel zu 100% eintrifft!

Einfach grenzenlos!

Am 16.8.2014 habe ich das CD-Orakel wieder befragt, wie viel meine Blockaden nun aufgelöst sind, durch das ich die 5 platonischen Körper aus Bergkristall aufgelegt habe, die ich in der Spinx- Bücherei beim Andreasplatz in Basel am 13.8.2014 gekauft hatte und seitdem jeden Tag ca. ½ Stunde aufgelegt habe. Dabei zog ich die CD von der Gothiczeitschrift Sonic Seducer cold hands Seduction vol.76. Es waren 12 Lieder, bei denen mir zwei Lieder nicht so gefielen. Alle anderen gefielen mir.

Dann habe ich mit dem Taschenrechner den Prozentsatz ausgerechnet, 100:12=8,333, das heisst, dass jedes Lied 8,3333% ist, das mir gefiel und zehn Lieder gefielen mir, also hiess es 8,333=83,333 %.

So kann man Ja und Nein exakt in Prozente zerlegen.

Dann habe ich Cthulhu befragt, was er für ein Wesen sei. Danach habe ich die CD von der Gothiczeitschrift Orkus Nr.41 gezogen. Bei solchen Fragen muss man die Bedeutung von den einzelnen Liedern anhören und verstehen.

So hat man eine ausführliche Antwort auf die Frage, wenn man nichts darüber weiss. Das 1. Lied von Lacrimas Profundre, dem «A Pearl», bedeutet für mich, dass Cthulhu eine Perle ist. Das Lied 2 von Dunkelschön- «Skaggimitch», hat etwas Altes in sich, und Cthulhu ist alt! Das Lied 3 von Dk Danle Feat

Naviara»,Forgive and Forget», bedeutet für mich, dass ich Cthulhu für die Taten vergebe, die er früher begangen hatte und vergesse diese auch, weil ich ihn für gute Taten einsetze. Das 4. Lied von Mark Shades, das «Anonym» heisst, bedeutet für mich, dass er gerne anonym sein möchte.

Im Lied 5 von Echdemonia, «Burn», heisst für mich, dass sein Leid ein Brennen ist. Das 6. Lied, von Serial-Killers «Dont kill their Lover», bedeutet, dass wenn ich ihm folgen und nicht die Fehler machen würde, wie ich sie im Jahr 2011 gemacht habe, er mir keinen Schaden zufügen wird. Das 7. Lied von Christian Zander heisst «Estonia»was für mich bedeutet, dass er viel leisten muss und dies auch kann, bis er erlöst wird.

Das 8. Lied vom Orgelrök heisst es «halte ich dich». Das bedeutet, dass er mich haltet was heisst, dass er mich beschützt, und dass er mich mag.

Im 9. Lied von Freak Electric Band mit dem Lied «Just Electric Fool Orkus Mix», heisst es, dass er einmal ein einsames Wesen war, das gegen Gott verloren hatte. Beim 10. Lied von Werkraum heisst es «Slavest du vriedel ziere», was heisst, dass er sehr lange geschlafen hatte.

Bei Tox bin ich auf diese CD von Lions Share mit dem Titel «Emotional Coma» gekommen. Das bedeutet, dass er in einem Horrorkoma gehaust hatte.

Das 1. Lied heisst "Cult of Denial". Das bedeutet, dass er auf einem Planeten eines Erduniversums, das auch im 100000. Überuniversum ist, exessiv von deren Bewohnern verehrt worden ist. Beim 2. Lied «the Agonist» heisst es, dass er diesen fernen Planeten zerstört hatte durch die riesenhaften Gestalten, die diesen Planeten bewohnten. Das 3. Lied heisst wie der Titel, «Emotional Coma» und hat die Bedeutung wie der Titel. Das 4. Lied heisst «Clones of Fate». Das heisst, dass er mehrere Sachen gleichzeitig erledigen kann. Das 5. Lied heisst «The Edge of the Razor». Er tötet wie eine Säge mit seinen Zähnen. Das 6. Lied heisst «Toxican Rave». Er kann sehr dunkel und durch den Seelentausch wie eine toxikierte Party wirken, weil er den Seelentausch oder ein einzelner Wunsch bei einem Ort überall gleichzeitig in Erfüllung bringt. Das 7. Lied heisst «Trafficking». Das heisst, dass er sehr schnell durch Zeiten reist und handelt. Das 8. Lied heisst «Bloodstained Soil». Er sieht blutig rot aus von seiner Gestalt und kann teleportieren, wie zum Beispiel Blutflecken am Boden einer ermordeten Person. Das 9. Lied heisst «Soultaker». Das heisst, dass er viele Seelen genommen hat. Das 10. Lied heisst «Hatred`s my Fuel». Das heisst, dass der Hass sein Treibstoff war. Das 11.Lied heisst «Sorcerers». Das bedeutet, dass er viele Fähigkeiten hat und demjenigen der ihn liebt, viele Schätze in geistigen Fähigkeiten gibt, auch nach dem Tod. Er ist ein Erlöser des Leids für mich und hat mir meine sehnlichsten Wünsche mit Cthulhu erfüllt! Er ist ein echter Zauberer!

Ich fragte Tox am 17.8.2014 nochmals, was heute seine Absichten seien in dieser Zeit. Dabei habe ich die CD von Axel Rudi Pell gezogen, mit dem Titel «Diamonds Unlocked». Das heisst, dass Tox wie ein scheinender und seelisch ein Diamant sein soll und er sich bessern will. Das 1. Lied heisst «Diamond» Overture. Das heisst, dass er dabei ist, dieses Ziel zu verfolgen. Das 2. Lied heisst «Warrior». Er ist ein sehr zäher Kämpfer. Das 3. Lied heisst «Beautiful Day». Das heisst, dass heute ein schöner Tag ist und dass er sich nach solchen Tagen sehnt. Das 4. Lied heisst «Stone» und bedeutet, dass er noch in seiner Horrorwelt lebt und wie versteinert ist. Das 5. Lied heisst Love Gun. Das heisst, dass alle Lebewesen die ihn heute kennen sehr lieben und er bei diesen einen bleibenden Eindruck hinterlassen habe. Das 6. Lied heisst «Fools Game». Das bedeutet, dass er gegen Gott ein Verliererspiel gespielt hatte und dabei Tox gefallen sei. Das 7. Lied heisst Heartbraker. Das heisst, dass er ein Herzbrecher ist, weil er die geheimsten Wünsche aller Lebewesen kennt, wenn er auf sie trifft. Das 8. Lied heisst rock the Nation. Tox sagt: ”Say it with Metal!“ Das 9. Lied heisst, «in the Air tonight». Er ist oft nachts unterwegs. Das 10. Lied heisst, «like a Child again». Wenn der Tag seiner Erlösung kommt, wird er sich wieder wie ein Kind freuen. Das 11.Lied heisst «won`t get fooled again». Er will nicht mehr verlieren wollen.

Es gibt zum Beispiel auch CDs, bei denen man den Inhalt nicht richtig versteht, wie ich bei Tristania mit dem Titel «Illumination». Ich habe vor der CD von Axer Rudi Pell, «Diamonds unlocked» gezogen. Dann habe ich einfach die nächste CD gezogen, nämlich diese. Vor dem Anschauen dieser Lieder auf der Rückseite hat diese CD «Illumination» mehr dunkle Inhalte gehabt, weil Tox ja nicht erlöst ist. Also stimmt diese CD auch. Wie gesagt, Tox ist ein Wesen, das so intelligent ist, dass man ihn nie ganz verstehen kann! Weil CDs aber von Menschen gemacht sind, kann man deren Botschaft, nach dem Recherchieren der englischen Titel, die man nicht versteht, dann doch verstehen. Man muss aber zu diesen Wesen Kontakt haben und sich selbst nichts vormachen, sondern diese Person, um die es geht, befragen. Wenn man eine Person befragt, muss man zuerst sein Geistwesen befragen und erst dann die Person und diese sich geistig vorstellen.

So geht das Fragen am besten.

KAPITEL 93

Das Ritual, dass der Verein Psychex wieder erfolgreich in allen Belangen wird

Es war der 21.8.2014, als ich am Morgen um 9.45 Uhr an den PC ging. Beim Gmx las ich in meiner E-Mail, dass die Psychex mehr Geld bräuchte, um zu existieren, weil vom Bund die Leistungen an die IV-Stellen gestrichen wurden.

Ich habe auch mein Psychiater darauf angesprochen. Ich konnte nichts machen.

Also dachte ich am Abend, dass ich das Lorbeer-Ritual, das ich für Edward Snowden gemacht hatte, umdrehe. Also fing ich für die Psychex an, neun Wünsche zu formulieren.

Der 1. Wunsch lautete: Ich wünsche mir, dass der Verein Psychex unterstützt wird, wo es nur geht.

Dann formulierte ich den 2. Wunsch: Dass der Verein Psychex von allen möglichen Ecken Gelder bekommt.

Der 3. Wunsch lautete, dass der Verein Psychex ganz viele Anhänger von Menschen bekommt.

Der 4. Wunsch lautete, dass der Verein Psychex auf der ganzen Welt Anklang findet.

Der 5. Wunsch ist, dass der Verein Psychex riesengross wird.

Der 6. Wunsch lautete, dass der Verein Psychex weltweit von allen Staaten anerkannt wird.

Der 7. Wunsch ist der, dass der Verein Psychex alle Staaten weltweit zum Umdenken bewegt.

Der 8. Wunsch ist der, dass der Verein Psychex die meisten Menschen vor der Psychiatrie bewahrt, die ansonsten eingewiesen werden.

Der 9. Wunsch ist der, dass der Verein Psychex in allen möglichen Diensten erfolgreich ist.

Dann legte ich den 1. Wunsch auf den Zettel auf dem «Verein Psychex» stand. Danach folgten die anderen Wünsche von rechts nach links um den Zettel herum. Danach legte ich die linke Hand auf den Zettel mit dem Lorbeerblatt. Mit der rechten Hand strich ich bei jedem Lorbeerblatt um den Zettel von rechts nach links, von aussen in die Mitte, mit diesen Sprüchen:

1. Karamath sachir lorunda kadesch emir data amr.

2. Leminga selaph andur sebenith limmur sedach.

3. Rikasch similla lugoth sadach ember krischu.

4. Minna kurrum naria ludoch sibath bullath.

5. Serebath lemanda seguroth erathnib lechanda.

6. Nannarru klemmach subithi kefal senach.

7. Rabadu labech remnurra kadich lofoth abath.

8. Ribiki senech laksha hinnumma kluchiroth.

9. Mirrik sibuthor lishamma krabitho nochiath.

Dann bedankte ich mich und legt sie in die Glasschüssel, mit den anderen Lorbeerblätter. Am 26.8.2014 habe ich um 20.45 Uhr das Medium M angerufen. Sie sagte, dass der Verein Psychex erfolgreicher wird in ihrer Arbeit und mehr Geld und Anhänger bekommt. Das war mir gelungen, auch wenn ich nicht spenden konnte. Dieses Ritual war hilfreicher!

KAPITEL 94

Das Ritual, um den Bernhardsberg vollkommen vor negativen Energien zu schützen und zu erlösen

Am 28.8.2014 rief ich wieder das Pendelmedium an, wegen dem Ritual, welches ich auf dem Bernhardsberg 2x gemacht hatte. Ich wollte wissen, ob es stärker ist als das Lorbeerritual. Er sagte, dass das Ritual auf dem Bernhardsberg zu 100% erfolgreich ist und noch stärker als das Lorbeerritual! Die Geistwesen sind zu 80% erlöst. Für die ganze Erlösung muss ich noch viel arbeiten. Das mache ich mit dem Lorbeerritual. Am selben Tag machte ich ein weiteres Ritual für den Bernhardsberg.

Der 1.Wunsch lautete: Ich wünsche mir, dass auf dem ganzen Bernhardsberg Friede, Eintracht und Ruhe herrscht. Dies legte ich auf den Zettel mit der Adresse vom Bernhardsberg.

Der 2. Wunsch lautete: Ich wünsche mir, dass alle Seelen, die auf dem Bernhardsberg noch herumgeistern, erlöst sind.

Der 3. Wunsch hiess: Ich wünsche mir, dass alle Menschen auf dem Bernhardsberg gut miteinander umgehen.

Der 4. Wunsch lautet: Ich wünsche mir, dass alle Menschen auf dem Bernhardsberg arbeiten.

Der 5. Wunsch lautet: Ich wünsche mir, dass die Regeln auf dem Bernhardsberg lockerer werden.

Der 6. Wunsch lautet: Ich wünsche mir, dass die Menschen auf dem Bernhardsberg mehr zusammen unternehmen.

Der 7. Wunsch lautet: Ich wünsche mir, dass die Menschen auf dem Bernhardsberg füreinander da sind.

Der 8. Wunsch lautet: Ich wünsche mir, dass die Menschen auf dem Bernhardsberg spiritueller werden.

Der 9. Wunsch lautet: Ich wünsche mir, dass der Bernhardsberg zu einem positiven Kraftort wird.

Dann legte ich die rechte Hand auf den Zettel mit dem 1. Lorbeerwunsch und mit der rechten Hand und mit der linken Hand von aussen nach innen.

Die Sprüche, dieich dabei aussprach, lauteten:

1. Kadich antu elechit amir nugar.

2. Milli asachu mireth liguroth anir.

3. Ridicki semigon nargath abritur.

4. Lerindo suguth narith hagir ilitha.

5. Nirri luroth sabinu kereth achnu.

6. Lirry ockutho subithi nereth agir.

7. Nirro lecheck suduki simmbrijathyr.

8. Narageth amnir luruch admir enti.

9. Lirigghu sumunti anech rebenorann.

Ich immaginierte einen Merkabakristall über dem Haus.

Die Lorbeerblätter sollte ich aber in eine Glasschüssel tun, anstatt sie in die Kistchen zu verräumen.

Am 31.8.2014 um 17.50 Uhr rief ich wieder das Pendelmedium an wegen dem grossen Ritual, welches ich auf dem Bernhardsberg gemacht hatte. Dieses Mal sagte er, dass etwa 2/3 aller Wesenheiten auf dem Bernhardsberg erlöst sind. Als ich um diese Zeit noch das Medium M anrief, sagte sie, dass sich diese Wünsche noch erfüllen würden.

Zu diesem Lorbeerritual sagte das Pendelmedium später, dass die Energien sich zäh entfalten würden. Zum Merkabah Kristall sagte er am 1.9.2014, dass in einem Jahr alle Energien dort erlöst sein werden. Dieser Ort hatte noch mehr negative Energien als der damalige Wohnort, an dem ich mit meinem Expartner RS in Effingen gewohnt hatte.

KAPITEL 95

Die Merkabahmeditation

Das Pendelmedium sagte am selben Tag auch, als ich ihn fragte, ob ich mit dieser Meditation die Situationen und alle Gegebenheiten, die ich erlösen darf, schneller erlösen könne. Er sagte ja. Es würde aber viele Jahre dauern, bis es soweit sei. Also hat mein CD-Orakel wieder recht.

Zur Meditation:

Du lässt eine CD laufen, die dir gefällt. Es ist egal, welche Musikrichtung es ist.

Ob Gothic, Blackmetal oder sogar Deathmetal oder auch klassische Musik. Gut ist, was gefällt. Dann lass die Storen herunter, damit es dunkel ist.

Diese Meditation ist am besten, wenn du sie vor dem Schlafengehen machst.

Die Musik aber sollte dich beruhigen, damit du einschläfst. Es gibt sicher auch Menschen, die mit Grindcore einschlafen können. Je nach dem.

Dann legst du dich ins Bett und lässt einen riesigen Merkabahkristall in strahlend weissem Licht immaginieren und sagst innerlich die Worte zum Universum: „Sei Licht und Friede hier, im ganzen Kosmos tief in mir.So im Innern wird's auch draussen, überall mit Freude strahlen, auch im Aussen."

Danach immaginierst du eine liegende Acht in goldener Farbe in diesen Merkabahkristall und dann sagst du noch: „Nun soll jetzt die Heilung sein, alles negative erlöst sei. So sei es, so sei es, so sei es." Danach lässt du die Immagination so lange leuchten, bis du einschläfst. Wenn das alle machen, bin ich mir sicher, dass alle Situationen und Gegebenheiten einiges schneller vonstatten gehen werden, als wenn ich diese Meditation alleine mache. Jeder kann diese Meditation aber alleine machen, wenn er möchte. Es zählt nur, wie viele es machen. Denn jeder hat eine andere Wahrnehmung und einen anderen Geschmack. Dieser Kristall kann man auch in verschiedenen Farben immaginieren. Je nach Eingebung ist diese die richtig. Versucht es mal!

Für alle, die es nicht wissen, der Merkabahkristall sind zwei Tetraeder, die miteinander verschmelzen. Bei mir bewirkt Gothik oder Metall dies, dass ich die Expansion dieses Merkabahkristall sehr schnell ausdehnen lassen kann. Das ist wichtig bei dieser Meditation.

Am 1.9.2014 rief ich um 17.30 Uhr das Pendelmedium an und fragte wegen der Meditation nach, ob die Lorbeerrituale dadurch beschleunigt würden, wenn alle Menschen, die das können, diese Meditation erfolgreich durchführen? Das Pendelmedium sagte, dass diese Meditation zu einer 50%igen Beschleunigung der universellen Wünsche bei meinen Lorbeerritualen führen würde. Bis aber die Wünsche in Erfüllung gehen, seien viele Jahre nötig. Also hat mein CD-Orakel wieder recht gehabt! Dann fragte ich noch, ob ich im Frühling 2012 den Teufel im Abgrund mit anderen Weissmagiern zusammen versiegeln konnte. Er hat gesagt, dass der Teufel zu 2/3 versiegelt wurde. Andere Magier hatte er keine gesehen! Er hatte gesagt, dass ich dies alleine geschafft habe! Ich konnte es kaum glauben!

KAPITEL 96

Die 36 Siegel, um den Teufel zu versiegeln

36 Siegel um den Teufel zu versiegeln

KAPITEL 97

Die 252 Siegel, um alle lorbeerwünsche in 1 Jahr zu erfüllen

Die 252 Siegel um alle Lorbeer wünsche die ich mir für den gesamten unendlichen Kosmos gewünscht habe, von 5 Jahre auf 1 Jahre zu beschleunigen.

Siegel für die Lorbeerwünsche 1

Siegel für die Lorbeerwünsche 2

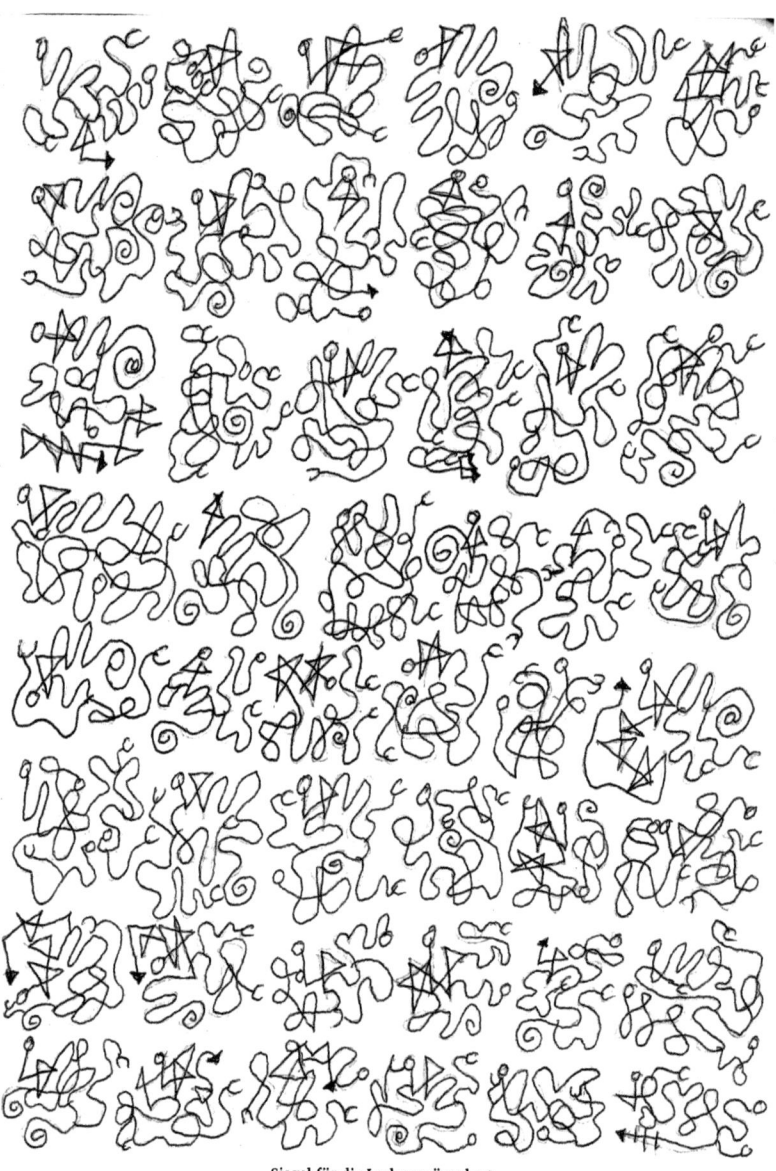

Siegel für die Lorbeerwünsche 3

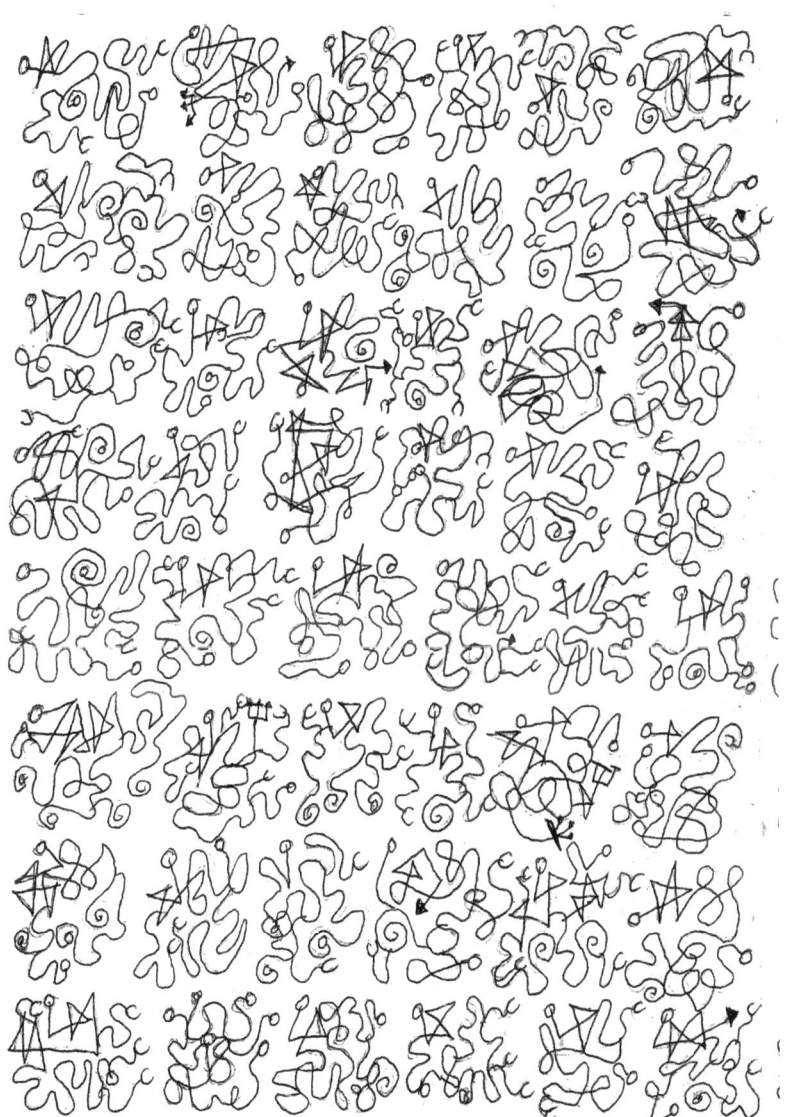

Siegel für die Lorbeerwünsche 4

Siegel für die Lorbeerwünsche 5

Siegel für die Lorbeerwünsche 6

KAPITEL 98

Die Sprüche, um den Teufel zu 100% zu versiegeln und für den unendlichen Kosmos

1. Nemeth kanpa sader eluhim emeth alah samtha emur edrochim!

2. Adchet minich adur eliah sagbathi inurra sadeuch mal-achah!

3. Spruch: Emir istar nemar cadar anumus de sindir di luro dammar!

Diese Sprüche soll man neun Mal in kräftiger vibrierender Stimme aussprechen.

Demech amer durru senutha dirox aha. Semith loroch adir dunur sibitha. Et nemith dur sindir anech deriman, desigir ot lobir naruch medina. Es ami siturro gomor damia, sadiki immur delian arakkar.

Am 2.11.2012 gingen meine Mutter, ihr Freund, meine Tochter und ich wandern. Danach fuhren wir mit drei Trottinetts ins Tal hinunter. Als ich auf das Trottinett aufstieg, fühlte ich, dass ich auf dem Weg nach unten umfallen werde, was tatsächlich eingetroffen ist, wie beim Reiten in Neuseeland! Ich hatte meinen rechten Fuss verstaucht! In der Nacht auf den 3.11.2014 schwitzte ich in meinem Bett, obwohl ich nicht mehr wusste, was ich geträumt hatte. Das einzige, was ich sah, war die Grenze von Licht und Schatten. Ich habe das Pendelmedium angerufen und gefragt, ob Cthulhu erlöst sei? Er sagte ja.

KAPITEL 99

Die 5 Siegel, um den Teufel für sehr lange Zeit im Abyss zu versiegeln

Der Spruch dazu und die Träume danach

5 Siegel.jpg

Ebasch keber nurru sidar! Kasch demir et nibis kar geschir ad nabiki!
Regesch na sadach ad demir nerch barax schad nemeth ar gebyr ebnet ad serich!
Kadesch narch gebyr net Gybrill nach adir ner kaber nich erka baschar nach gen! Ibisch nach gebyr der nuruch kall nebich derk manex nar gysin!
Bereth niboth Arra kebir berex namesch nur dimmir ad kadir noch Gybrill!

Dieser Spruch soll man 9x in vibrierender lauter Stimme aussprechen.

KAPITEL 100

3 Sprüche und 36 Siegel

Um die Lorbeerwünsche schneller in Erfüllung zu bringen

Der Spruch gegen das Negative:

Kasch dahir em kedur! Nergal schach bannah! Kam Gybrill et Lexis! Mesch Gybor narr Kadasch! Men abner gath Inanna schen geschor nach gabyr! Ab durru chem eschnat ab kanar sedyr! Kereth abus nem kaschar!

Der neutrale Spruch:

Abschandar nech Ibrahim. Ger daffar schon kurru neb schedir. Ebenor markana gech ebar schin Inanna. Marduk mer desua murgibith nasch gaffar. Ebreth menschitu ed Inanna. Narax mur bissir nath kaw.

Der positive Spruch:

*Kesch nach beli narr badiret miher. Narasch et Marduk del
Inanna kab darr.*
*Nergeth schin attach mesch Cthulhu ad chan. Medina schen
kabur nach odum sena. Em kurru sin duso keb Gybrill man
Tox. Adach nem allur nach schagasch met kurr.*

Alle diese Sprüche drei Mal aussprechen. Der 1. in vibrierend lauter
Stimme, der 2. in einem mittelmässigen strengen Ton und der letzte
in einer lieblichen melodiösen Sprache.

36 Siegel um die Lorbeerwünsche noch mehr zu beschläunigen

KAPITEL 101

Das Computerprojekt

Im Frühling 2014 habe ich in der Sendung Gallileo auf Pro7 im TV einen Südkoreaner gesehen. Er ist dafür bekannt, die verrücktesten Ideen zu entwickeln, wie die Solarbiosphäre um unser Sonnensystem.

Im November 2014 hatte ich einen Traum, der eine Vision war.

Ich sah Maria, die Mutter von Jesus vor mir, genauso wie sie auf dem Buchcover des Buches von Eva Maria Ammon abgebildet ist, mit dem Titel „Maria, die Mutter von Jesu im Wandel der Zeiten".

Sie zeigte mir, dass ich mit der Formationskonstruktionssoftware einen Supercomputer zahlensymbolisch 5-dimensional beschriften kann. Dieser Supercomputer steuert die Düsen, die einmal der Reihe nach oben im Sonnensystem (nördlich der Erde) und nach unten (südlich der Erde) reihenweise um das Sonnensystem kreisen; (wahrscheinlich hinter Pluto).

Darin sassen Drohnen, die durch ein Siliziumglasfenster durch die Düse diese steuern. Angetrieben wurden die Düsen mit einem Raketenantrieb, die durch eine Sonde in den Weltraum gehievt werden. Getankt werden sie mit Raketentreibstoff. Der Supercomputer steuerte all diese Drohnen und die Sonden brachten Treibstoff und Reperatursdrohnen dorthin und versorgten die Düsen, auf denen eine grosse Raumfahrtsolarzelle in transparentem Polymer eingebetteten Siliziumdraht-Matrix hergestellt wird und einen Wirkungsgrad zwischen 76,5% und 85% haben.

Diese Information habe ich aus dem Forum „Solarzellen für die Raumfahrt", das Klausd um 11.07 Uhr am 22.2.2010 geschrieben hatte. Das habe ich aber erst im Jahr 2018 googeln können. Die

Solarzelle zeichnet sich durch eine hohe Lichtabsorbation, sowie photoelektrische Effizienz aus, schrieb Klausd.

Diese wird von vier Drohnen zum Aufladen zur Düse gehievt und aufgeladen wieder zurück auf die Erde gebracht. Die Kraftwerke sind aus ökologischem Beton mit einer Schiebe-Luke, um die Batterie zu schützen. Dann wird sie wieder langsam in das Kraftwerk zurückgebracht, und die Luke schliesst sich wieder. Alles wird von einer KI durch den Super-KI-Quantencomputer geleitet. Diese Solarbatterie ist eine ökologische Aufladebatterie, in der Grösse eines Kernkraftwerks und ist ökologisch. Um die Drohnen zu steuern, müssten vielleicht auf der Erde ca. 500 Menschen 24 Stunden lange schichtweise arbeiten.

Ideal wäre es, wenn es nur vier Menschen dafür bräuchte, um den Supercomputer zu bedienen und durch die zahlensymbolischen Befehlsaufgaben der Supercomputer alles selbst und gleichzeitig zugleich gesteuert würde.

Zum Pluto bräuchten wir mit der Rakete 10 Jahre.

Wenn die Rakete in 100 Jahren für diese Strecke nur noch 5 Jahre brauchen würde, wäre sie doppelt so schnell und in 1000 Jahren nur noch 1 Jahr. Das würde heissen, dass sie 100x schneller ist als unsere heutige Rakete. Man könnte damit zu einem anderen Planeten reisen, bei dem für denselben Weg die Rakete 10 Jahre brauchen würde.

Maria zeigte mir einen Stern an der südlichen Seite unserer Erde mit diesem Siegel:

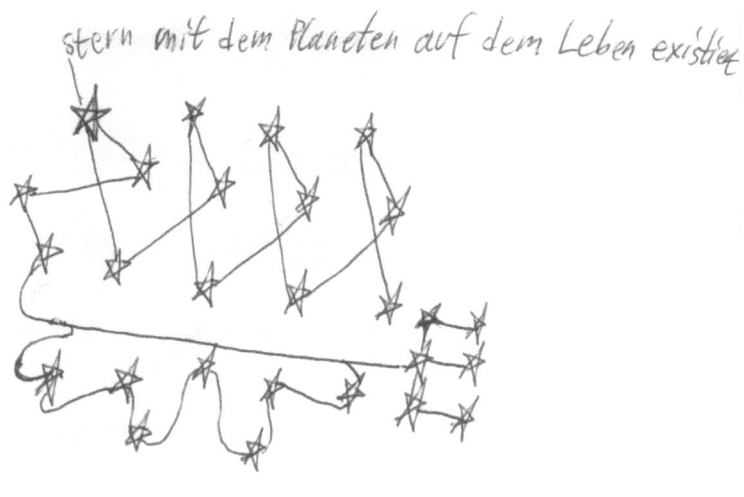

Sternsiegel

Der nördlichste Stern der Planeten, auf dem Leben ist, steht schräg im Universum mit diesem Siegel und ist in der Nähe des Sternbildes Chamäleon.

So kann man zum Schluss Sonden aussenden, die die Solarbiosphäre um die Laufbahn des neuen Sonnensystems bringen, als Dank, dass wir dort auf dem Planeten sein dürfen.

Das ist das 1. Projekt, das ich mit D Sch angehen will, bevor die anderen Projekte kommen: Der Verein für Psychiatrieverfolgte, das Psycheprojekt und zuletzt das Wüstenprojekt, weil die Osmosewerke am meisten Energie brauchen.

KAPITEL 102

Die Zerlegung von Siegeln in Zahlen

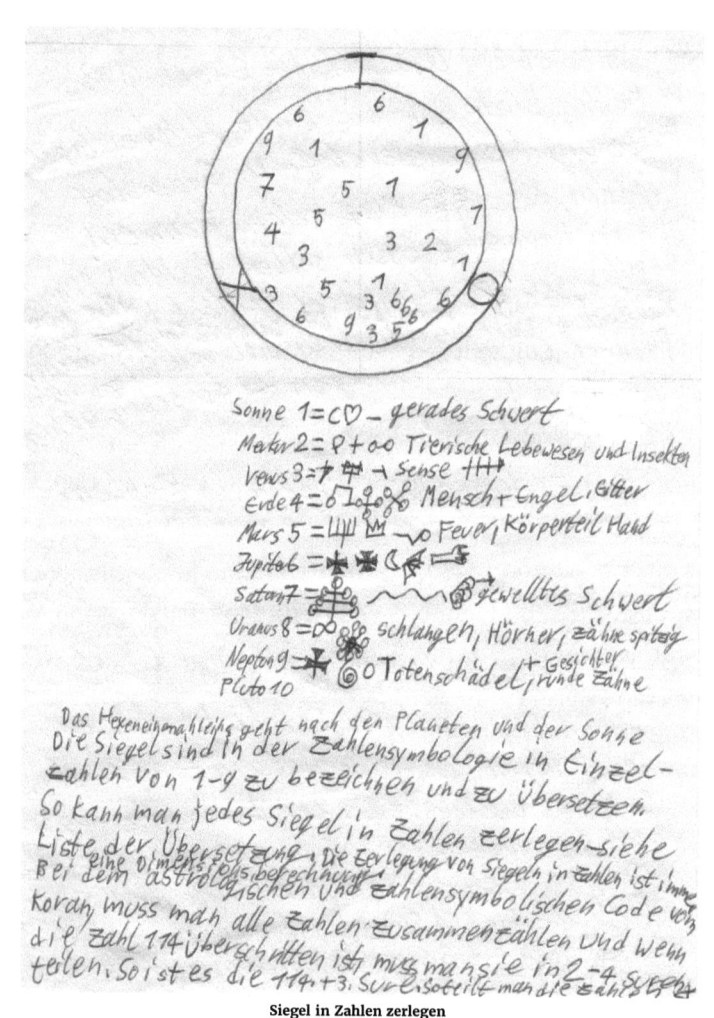

Siegel in Zahlen zerlegen

Das Hexeneinmaleins geht nach den Planeten und der Sonne.

Am 13.8.2018 um ca. 18.30 Uhr, habe ich die Primzahlen mit dem Primzahlenprogramm, das mir Sch., der Hobbymathematiker auf meinen USB-Stick geladen hatte, ausgerechnet. Ich bin dann um 23.00 Uhr zu diese Erkenntnis gelangt:

Die Siegel sind in der Zahlensymbolik in Einzelzahlen von 1-9 zu bezeichnen und zu übersetzen. So kann man jedes Siegel in Zahlen zerlegen (siehe Liste der Übersetzung).

Die Zerlegung von Siegeln in Zahlen, ist immer eine Dimensionsberechnung.

Beim astronomischen und zahlensymbolischen Code vom Koran muss man alle Zahlen zusammenzählen und wenn die Zahl 144 überschritten ist, muss man sie in 2-4 Suren aufteilen. Somit ist es die 144.+3. Sure. So teilt man die Zahlen in Sätze der längeren Sure und liest den 6. Satz, der aus 6x1er besteht durch, bis er fertig ist, mitsamt der Schlüsselbotschaft des Gesagten.

So ist es der 2. Satz aus 2er, der 15. Satz aus der 3er, der 4. Satz aus 4er, der 20. Satz aus 5er, der 36.Satz aus 6er, der 7.Satz aus 7ner, der 27.Satz aus 9ner in der 3. Sure und die 114. Sure liest man ganz.

So sind auch die drei Siegel im Buch Necronomikon zu zerlegen.

Zuerst ist das Pentagramm im Südosten von der Erdachse am Rande der Galaxie zu finden, das Umgestaltungssymbol im Kern des schwarzen Lochs und das Wächtersymbol auf dem Rand des nordwestlichen Pols der Erde Richtung Zentrum unseres Universums zu finden. Weil unsere Galaxie fast senkrecht in unserem Universum steht, so wie unsere Erdachse zur Sonne gerichtet ist, ist das Pentagramm an der südlichen Öffnung des schwarzen Lochs und das Wächtersymbol auf der nördlichen Öffnung des schwarzen Lochs zu finden.

Die drei Eldersymbole aus dem Necronomikon sind Zeitreisesymbole, und die Öffnung (der Eingang) der Kraft liegt im Süden und der Ausgang im Norden!

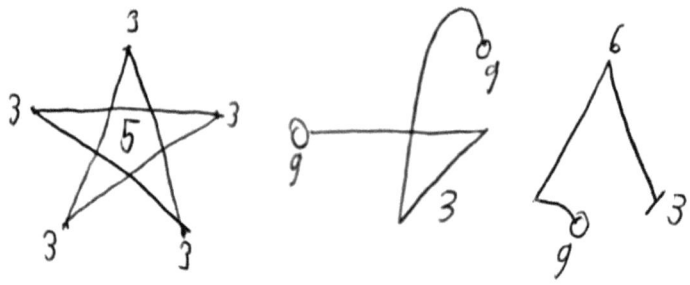

So sind die Wächtersymbole in Zahlen zerlegt.

In der Zahlenreihe der Wächtersymbole bedeutet dies:

(3x5)+5=20, wie die Anzahl von 1 bis zur Primzahl 401 mit einer 1 am Schluss.

(2x9)+3=21, wie die Primzahlen von 3-383 mit einer 3 am Schluss und die Primzahlen mit einer 7 am Schluss von der Zahl 7-397.

Somit gibt es die 18 bei den Primzahlen mit einer 9 am Schluss von 19-419!

Somit ist die Ortung der drei Symbole gesichert!

Die 6 beim Wächtersymbol (rechts im Bild) mit der Endzahl 18, ist die Sammlung an 6en die zu den Elder und den Ahnen führen. So symbolisiert dies der Gammastrahl unseres schwarzen Lochs!

Die 5 ist die Reglung, dass sich die Primzahlen nach einer 5er-Teilung mit der Quersumme 5 sich immer mehr erweitern, sich die Primzahlen wieder verdichten, die mit der Endziffer 9 bei der Zahl 420 endet und so auch beim Umgestaltungssymbol 21 und die Wächtersymbole rechts im Bild 3er = 21 und 7ner=21 gleichermassen vorhanden sind.

Die kleinen Primzahlen sind im Süden unseres Universums zu finden, in der Vergangenheit und die grossen Primzahlen im Norden zum Zentrum unseres Universums!

Aus den ganzen Eckblöcken meiner 3D-Puzzlepyramide gibt es Ufos, die die atomare Strahlung des Universums in Energie umwandeln können und auch Sauerstoff aus dem Wasserstoff gewinnen müssen.

So wären an den quadratischen Enden des verkeilten Blocks die Düsen mit gleichzeitiger Filterung des Wasserstoffs in Sauerstoff möglich, dass sie ewig reisen könnten und im Raumschiff Essen selber züchten könnten!

Somit wäre das Alienrätsel gelöst!! Es wäre nur die Frage, wie man das Ufo baut und Sauerstoff herstellt. Das Raumschiff wäre aus Meteoritenstahl mit Siliziumglasfrontsicht, mit zwei Steuerungen, um zu sehen, wohin man fliegt!!!

KAPITEL 103

Über die Primzahlen

Als ich am 17.8.2018 um 12.45 Uhr gegessen habe, und die Primzahlen mit dem Primzahlenrechenprogramm neu berechnet habe, bin ich zur Erkenntnis gelangt, dass das Quadrat die einzige regelmässige Primzahlenreihe ist, um sie in der Ewigkeit der Zahlenreihe zu berechnen. Sch., der Hobbymathematiker hatte dies mit mir nachgerechnet.

Die Primzahlenrechnungsliste ist daher hinfällig, weil sie keine Primzahlenberechnung nach 23 ergab und diese auf weitere Primzahlen nicht stimmte. Somit braucht man keine weiteren Nachforschungen zu machen, weil sich dann alles verlängern würde.

Meine zahlensymbolischen Rechnungen haben sich bestätigt, wie im Kapitel:

«Die Zerlegung von Siegeln in Zahlen».

Die Primzahlen agieren wie Wellenlinien, die am Anfang kürzer und von 509-1009 mit grösseren Abständen sind. So sind es Wellenlinien, die einmal kürzer und dann wieder langsam länger werden.

So ist unser gesamter unendliche Kosmos aufgebaut.

Von 1-53, von1-787, von 1-967 usw. So werden die Wellen immer länger. Dies bedeutet, dass es in unserem Universum am Rande mehr Licht hat und je mehr man in die Mitte kommt, umso länger werden die Wellen und somit die Abnahme des Lichts!

Jede Primzahlenwelle ist ein Universum und die grössere Welle ist dann das nächste grössere Objekt im 5000er Universum. So ist der

Abstand von 9973–10007 mit 34er-Abstand dazwischen das nächste Überuniversum.

Bei den Sonnen sind die Wellen im Kern näher und gegen aussen grösser.

Somit könnte man durch Primzahlen in Formen mit einer Formationskonstruktionssoftware ein super Quantencomputer entwickeln!!

Die Primzahlen 5er-Berechnung: 790:5= Quersumme 5, 970:5=194= Quersumme 5, 1280:4=320 Quersumme 5, und 1365:3=455 Quersumme 5. Dazu hörte ich die Musik von Powerwolf mit dem Album «Sacrament of Sin»!

KAPITEL 104

Der härteste Weg zum wahren Adepten

Die Kerzenrituale

Am 22.4.2019 reiste ich mit dem Zug nach Effingen.Ich fuhr mit dem Büschen nach Zeihen und wollte zum alten Bahnhofgebäude bei der Bahnhofstr.108 im Effingen, wo ich mal wohnte.

Ich habe eine Woche zuvor meine Medikamente abgesetzt.

Das war der Ort, an dem ich alles verloren hatte!

Ich beobachtete das Haus, in dem ich mit meinem Ex-Partner RS wohnte, bis zum 25.8.2018, als ich dann zu meiner Mutter abgehauen bin. Meine Tochter musste ich dort lassen, weil mein Ex-Partner RS meine Tochter mit in sein Häuschen in Hornussen mitnahm. Dabei nutzte ich die Gunst der Stunde und rief meine Mutter an. Sie und ihr Partner holten mich dann ab und ich durfte bei ihnen wohnen.

In Effingen spazierte ich bis zum Steinbruch, wo ich damals mit meiner Tochter Türmchen aus Stein gebaut hatte. Auf dem Weg dorthin, ging ich zu dem Ort, an dem weisse Blumen blühten. Mein Ex-Partner RS sagte mir damals, dass im Buch Necronomicon steht, dass man diese Blumen zur Gewinnung von Liebe benutzen kann. Auf dem Weg pflückte ich drei Stück davon, aber an unterschiedlichen Orten. Danach kehrte ich wieder zum Bahnhofsgebäude zurück und ging an den Ort, wo mein Ex-Partner RS zuletzt das Kupferkesselchen gefunden hatte. Das Kupferkesselchen gehört jetzt meiner Tochter, die jetzt bei meiner Mutter wohnt. Darin sind jetzt alle ihre Filzstifte.

Ich suchte dort nach meinem Hexagramm, das RS bei Vollmond vergraben hatte. Dieses Hexagramm schenkte mir mein Vater JG, als ich 13 Jahre alt war, also im Jahr 1996. Ich fand es aber nicht und verlor dafür meinen farbigen Edelstahlring, den mir AK damals geschenkt hatte, als er noch im @home im Aussenbereich wohnte. Er hatte mich immer wieder sexuell belästigt.

Deswegen war ich auch nicht traurig, als ich ihn beim Graben verloren hatte.

Danach machte ich wieder das Stechpalmenritual, das mir Cthulhu gezeigt hatte. Die Blumen waren schon am verwelken. Ich ging also wieder zurück zum Bahnhofsgebäude. An der Station fuhr um diese Zeit kein Bus, also lief ich bis nach Hornussen Unterdorf. Davor ging ich noch beim Häuschen vorbei und legte die verwelkten Blumen auf den Sockel mit dem gekreuzigten Jesus.Der Sockel und das Kreuz waren aus Stein und der Jesus war vergoldet.

Als ich bei der Hauptstrasse 77 vorbeischaute, wo mein Ex-Partner RS heute wohnt, sah ich, dass er den schweren Eichentisch hinausgestellt hatte.

Gerne hätte ich ihn mitgenommen, konnte es aber nicht. Ich hatte kein Fahrzeug.

An der Hausmauer lehnten ein paar Betonsäcke.

Danach wollte ich in den Bus, doch er war abgefahren, bevor ich die Haltestelle betreten hatte. Ich lief dann bis nach Frick und verpasste sogar die Strasse zum Bahnhof. Als ich zwei Motorradfahrer fragte, wo der Bahnhof sei, sagten sie mir, dass es noch 17 Minuten dauere, bis man zurück beim Bahnhof wäre. Ich wollte Autostopp machen, doch niemand hielt an.

Ich setzte mich einfach auf die andere Strassenseite, direkt an die stark befahrene Strasse und schaute, wer mich wohl mitnehmen könnte.

Als niemand anhielt, sass ich einfach gemütlich da, schaute in den Himmel und sah ein Turmfalke kreisen. Ich seufzte und sprach: »Könnte ich doch auch so fliegen wie ein Vogel, dann hätte ich den Überblick und wüsste, wo ich hin muss!« In diesem Moment hielt ein Auto an und fuhr mich dann zum Bahnhof.

Ich bedankte mich sehr dafür. Der Zug kam erst später. Dann stieg ich ein und fuhr wieder nach Basel und dann zu mir. Zuhause rief ich N an und fragte sie, ob sie noch vorbeikommen wolle. Sie hatte aber keine Zeit.

Im Schlaf hörte ich immer wieder die negativen Stimmen von meiner Mutter und anderen Menschen. Als ich aufwachte, beschloss ich, ein Kerzenritual durchzuführen. Ausserdem war ich erkältet und wollte, dass mein Schnupfen weggeht.

Ich steckte 13 weisse Stabkerzen in meinen Kerzenständer und zündete sie mit Streichhölzern an. Dasselbe tat ich mit den zwei Teelichtern, die ich letzten Monat bei der Union Brocki gekauft hatte. Es waren zwei Lotusteelichter. Ein grosses und ein kleineres. Diese stellte ich dann neben mein Bett auf die Matratze, gerade neben meinem Kopfkissen. Ich trank viel Wasser und massierte, in kreisförmigen Bewegungen, mit einem starken Druck über meinen Kopf. Dann löste sich der Schleim und ich pustete ihn in ein Taschentuch. Wenn nichts mehr ging, ging ich aufs Klo, trank wieder viel Wasser, massierte meinen Kopf abermals usw.

Das ging drei Stunden so, bis nichts mehr da war von meiner Erkältung.

Dazwischen hielt ich die Teelichter über die Flammen der anderen Kerzen, bis sie klar wurden und legte sie wieder neben mich, bis sie restlos abgebrannt waren. Danach schmiss ich die Aluhalterungen fort und löschte die Stabkerzen aus. Dazu hörte ich Gothic- und Metalmusik.

Am nächsten Tag wollte ich alle negativen Energien im gesamten unendlichen Kosmos erlösen.

Ich zündete wieder alle Kerzen an und lauschte zur Musik.

Die Wesen Azathoth, Mephisto, Nyarlathotep, Hastur, Cthugha, Lucifer, Baphomet, Shub Niggurath, Namtar und Marduk kamen jeweils in mich hinein und ich tanzte so, wie sie sich ausdrückten. Bei Lucifer tanzte ich so extrem wild, dass mir übel wurde und ich aufhören musste..

Dann stand ich auf die Bettkante und liess mich rückwärts wie ein Brett auf mein Bett fallen. Danach stand ich auf der Seite meines Bettes und liess mich in alle anderen sechs Richtungen wie ein Brett fallen. Zuletzt stand ich wieder auf meine Bettkante und liess mich wie ein gefallenes Kreuz mit meinem Gesicht nach vorne fallen. Dabei knickten meine Knie ein. Ich hielt mich nicht mit meinen Händen.

So fühlte ich keine Angst mehr und so habe ich sie auch überwunden. Die Stabkerzen liess ich alle abbrennen.

Zuletzt reinigte ich mich noch von den negativen Erlebnissen und Liebesbeziehungen und öffnete mich für die Liebe zu «Shagrath» von der Band «Dimmu Borgir». Ich hatte immer wieder Liebesbeziehungen, doch am Ende war immer nur «Shagrath» mein Ziel.

Zuerst wollten die Kerzen einfach nicht brennen und der Hass auf meinen Ex- Partner RS hatte die Flammen noch zusätzlich erstickt.

Dann endlich brannten sie, als ich meinen Ex-Partner RS und seine Energien aus meinem Leben verbannte. Dazu steckte ich die abgebrannten Zündhölzer in die Erde meiner Palme, die ich in meinem Wohnzimmer stehen hatte.

Die Kerzen waren mit Kohle verschmutzt. Eine Kerze war frühzeitig abgebrannt und hinterliess ein Loch aus Wachs.

Diese Kerze schmiss ich fort. Es war die Energie meines Ex-Partners RS.Danach zündete ich nochmals ein Teelicht an (das kleine) und stellte sie wieder neben mir aufs Bett. In die Mitte des Kerzenständers steckte ich nochmals eine weisse Stabkerze.

Abermals hörte ich dazu Musik. Zuletzt waren beide Teelichter vollständig abgebrannt und beim grossen Teelicht war nur noch die Kohle da.Diese schmiss ich dann fort. Die Stabkerze liess ich brennen, bis sie abgebrannt war.

Heute am 1.Mai 2019 lud ich mein Natel auf mit 10.- Guthaben und rief das Medium P an. Er sagte, dass meine Lebensenergie bei 100% liegt. Mit den Medikamenten war sie nur bei 60%. Er sagte, dass ich zu 80% keine Medikamente mehr brauche. Dann sagte ich ihm, dass ich noch in diesem Monat zur Akupunktur gehe. Er war dann zufrieden. Dann fragte ich ihn noch, ob alle Wünsche, die ich einst auf Lorbeerblätter schrieb, die jetzt beim Imam in Deutschland sind, in Erfüllung gingen? Als ich sie ihm in einer Glasschüssel übergeben habe, war er an Krebs erkrankt. Das Medium P hatte nicht alles verstanden, sah aber die Lorbeerblätter als positiv. Dann war das Geld alle.

Ich ging nochmals zum Kiosk und lud mein Natel nochmals mit 10.- Guthaben auf. Ich rief nochmals das Medium P an. Er sagte dann, dass alle Lorbeerwünsche die ich mir für den gesamten unendlichen Kosmos wünschte und generell alle Lorbeerwünsche, zu 80% in Erfüllung gegangen sind. Sie werden noch ganz in Erfüllung gehen. Dann fragte ich ihn noch, ob mit diesen Kerzenritualen nun alle negativen Energien im gesamten unendlichen Kosmos erlöst sind. Er sagte, das sei so zu 100%.

Dann war das Geld alle und ich hatte mein Ziel erreicht!

Das ist mein Buch Laonomicon! The way of the blood mountain!

Das hat nicht einmal Jesus geschafft!

Das ist wahrlich der härteste Weg zum wahren Adepten!

«The interdimensional Summit» wie Dimmu Borgir im Album «Eonian» davon singt, das erst im Januar 2019 erschienen ist.

KAPITEL 105

Der Eintritt in die Energie «Mana» für Alle!

Die 3. magischen Ebenen sind in je 4 Dimensionen eingeteilt. Das gibt Sinn, weil es insgesamt 12 Dimensionen gibt! 3x4=12.

Die 1. magische Ebene geht bis zur 4. Dimension. Die 2. magische Ebene geht bis zur 8. Dimension und die 3. magische Ebene schlussendlich bis zur 12. Dimension. Die 9. Dimension heisst Rex Mysteria, die 10. Dimension heisst Rex Magica, die 11. Dimension heisst Rex Master und die 12. Dimension heisst schlussendlich Rex Mana. Rex Mana ist aber nur Allah selbst zugetan. Rex Mana bedeutet: Herr der Herren über alle Dinge und das steht nur Allah alleine zu! Wir können einfach in die Energie «Mana» gehen, dann sind wir der Herr über alle Dinge und stellen uns trotzdem nicht über Gott, weil wir nicht Rex Mana sind! Das müssen wir auch akzeptieren!

Was ich bis zum 30.5.2019 erreicht habe, ist einfach phänomenal! Ich habe das höchste mögliche spirituelle Ziel erreicht! Das bedeutet, dass ab heute alle Lorbeerwünsche und alle positiven Wünsche für meine Freunde und die, die ich auch für den gesamten unendlichen Kosmos gewünscht habe, nun endlich in Erfüllung gegangen ist!

Auch den Wunsch, den gesamten unendlichen Kosmos in die 12. Dimension, der Energie «Mana» zu bringen, habe ich alleine bewerkstelligt!

Das hat mein Pendel gestern Morgen am 29.5.2019 um ca. 6 Uhr bestätigt!

Ich habe, um diese Ziele zu erreichen, vom 27.5.2019 auf den 28.5.2019 in der Nacht ein 6-stündiges Ritual durchgeführt und auch noch vom 28.5.2019 auf den 29.5.2019 ein erweitertes Ritual durchgeführt, das diesmal aber 10 Stunden gedauert hat!

Ich wollte am Samstag, den 26.5.2019 zur Telefonkabine gehen, um das Medium P anzurufen, wegen dem Lorbeerritual, das ich verstärkt habe. Ich lief überall hin, fand aber keine mehr. Dann kam ich an den Kiosk beim Claraplatz und fragte die Verkäuferin, wo es denn noch eine Telefonkabine hätte.

Sie sagte mir, dass es bei der Kaserne noch eine gäbe. Ich ging dort hin mit Fr. 5.- Münz und sah dann noch eine Telefonkabine. Als ich hineinging und die Münzen einwerfen wollte, merkte ich, dass man nur mit einer Telefonkarte telefonieren konnte. Ich ging also wieder zum Kiosk und wollte für Fr. 5.- eine Telefonkarte kaufen. Sie hatten aber keine mehr! Wutentbrannt lief ich weg und schmiss vor Wut meinen Schlüsselbund auf den Boden und rief verzweifelt: "Jetzt bin ich vergeblich hier her gekommen!" Dann fiel mir ein, dass ich ja in einem Restaurant fragen könnte, ob ich ausnahmsweise telefonieren könne. Dann könnte ich ihnen dafür die 5.- Münzen geben! Also ging ich zum 1. Restaurant bei der 8er-Station, das Richtung Kleinhünningen oder Weil am Rhein fährt. Das hatte aber zu. Dann ging ich zu dem Barockrestaurant an der Strassenecke zur Kaserne, bei der auch vorhin der Interdiscountladen steht. Also ging ich hinein und fragte. Sie gaben mir dann das Telefon. Ich wollte ihnen die Fr. 5.- Münzen dafür geben, doch sie wollten sie nicht annehmen. Erstaunt setzte ich mich und rief das Medium P an. Ich bekam aber die Antwort, dass alle Lorbeerwünsche für meine Freunde und den gesamten unendlichen Kosmos immer noch nur zu 80% in Erfüllung gegangen sind. Dann fragte ich ihn, ob sie bis zum 2.11.2019 zu 100% in Erfüllung gehen werden, nach der Erweiterung meines Lorbeerrituals. Er sagte dann Ja! Ich wollte mich noch bei ihm bedanken, doch dann hatte das Telefon abgestellt. Ich gab es zurück und wollte dann wieder dafür die Fr. 5.- Münz geben, aber wieder lehnten sie mein Geld ab und sagten: „Das Telefongespräch sei gratis!" Ich war erstaunt und wollte das aber nicht hinnehmen. Ich wollte ihnen wieder mein Geld geben und sie lehnten nochmals ab! Ich bedankte mich dann bei ihnen und ging fröhlich zu mir nach Hause. Ich traf dann meine Tochter und meine Gotte bei mir zuhause. Nach ihrem Besuch machte ich mir mein Nachtessen, schaute fern und ging ins Bett. Am Montag ging ich dann arbeiten, dann nach Hause Mittagessen, Waschen, Coaching, Akupunktur und nachher zur Polizei, um zu fragen, was ich machen kann, dass ich die Schulden von Fr. 6666.65 die ich damals von meinem Erbe bezahlen musste, die mein Ex-Partner RS verursacht hatte, zurückbekommen könne und eine Entschädigung wegen den sexuellen Handlungen, die er mir angetan hatte.

Sie sagten mir, dass das schon längst verjährt sei! Ich hätte dies früher machen sollen! Ich konnte damals aber nicht, weil ich noch nicht im ambulanten Wohnen wie ich jetzt war. Er sagte dann, dass ich dies vielleicht noch zivilrechtlich durchbringen könne. Ich solle meinen Beistand fragen. Ich bedankte mich für das Gespräch und ging frustriert und enttäuscht nach Hause.

Zuhause ass ich mein Nachtessen und überlegte mir, was ich denn machen könnte, dass alle Lorbeerwünsche bis zum 30.5.2019 zu 100% in Erfüllung gehen können. Ich ging duschen, zog mein Pyjama an und wollte ins Bett gehen. Dann hatte ich eine Idee, die ich dann sofort umsetzte: Ich verbrannte meine Wunschliste und die Wunschliste meiner Tochter aus der Spezialausgabe der Astrowoche:» Horoskop der magischen Kraft» über der weissen Kerze, die ich in meinem Schlafzimmer zuvor angezündet hatte. Ich habe, bevor ich am Samstag meine Tochter traf, für sie dieses Wunschritual und auch das für mich selbst durchgeführt, welches beim Horoskop stand. Ich sah, dass die Kerze sehr schnell schmolz und ich konnte eine Kugel aus Kerzenwachs formen, zusammen mit der Asche dieser beiden Wunschlisten. Zuletzt hatte ich, als die Kerze abgebrannt war, dann eine fast perfekte Wachskugel. Danach zündete ich in meinem Wohnzimmer meine beiden Lotusteelichter an und fügte meine abgeschnittene Haare, die in der Glasschale lagen, hinzu.

Die Teelichter waren abgebrannt, sodass nur noch der durchsichtig, verschmolzene Wachs übrig war. Ich wollte die Wachskugel damit übergiessen, da fiel sie mir aus den Händen, und der flüssige Wachs floss auf den Tisch. Ich wendete meine Wachskugel mit den Haaren darin und legte die Kugel als Kokon unter die Gummispinne, die auf den Lorbeerblättern stand, und putzte den Rest vom Wachs vom Tisch. Ich ging dann aber schlafen, weil es schon 3 Uhr morgens war. Ich schlief bis 7 Uhr.

Dann kam der 27.5.2019. Bevor ich aus dem Haus ging, machte ich noch voller Stolz Fotos mit meiner Digitalkamera und ging danach zur Arbeit. Bei der Arbeit zeigte ich dann allen meine Fotos. Allen haben die Fotos gefallen, ausser der Chefin vom Werkatelier. Sie hatte nicht gerne Spinnen. Nach der Arbeit ging ich zu meiner Tochter kochen und zeigte ihr und meiner Gotte meine beiden Fotos. Sie waren aber nicht beeindruckt. Ich musste wieder Kritik wegen meinen Kleidern, meinem Verhalten und meinen Finanzen, weil ich am Donnerstag für meine Tochter ein Uhrenring gekauft hatte, einstecken. Ich musste das dann von meiner Gotte BB anhören und ich dachte mir: So jetzt ist es genug! Ich ging zum Kannenfeldpark meditieren und redete mit den verstorbenen französischen Soldaten, die im 1. Weltkrieg gestorben waren. Ich ging dann vis-a-vis auf die Wiese und legte mich in der Sonne auf den Boden und sprach gegen meine Mutter MN, gegen ihren Freund AS, sie waren gerade auf einer 2-wöchigen Wanderung, meine Gotte BB und meinen Ex-Partner RS, der im Aargau wohnt, den Hasturfluch, den ich hier nicht erwähne, weil er sehr, sehr, stark ist! Zum Schluss sprach ich 23 Mal den Namen Hastur aus, so dass die Essen wie eine Schlange zischten und ging nach Hause. Ich ruhte mich dann aus, ass mein Nachtessen, schaute fern und machte mit dem Ritual weiter. Ich betete zu Sepharis Bey, als ich ihn zwei Mal hintereinander bei den Aufstiegskarten von Diana Cooper gezogen hatte. Ich übergoss die Gummispinne mit dem violetten Wachs. Dann legte ich die Karte von Sepharis Bey auf meine Pyramide und betete weiter. Danach legte ich sie wieder zu den anderen Karten zurück und übergoss die Gummispinne weiter mit dem violetten Kerzenwachs. Plötzlich fing die Spinne an zu brennen. Nach und nach brannte ich die violette Kerze ganz ab. Die Spinne brannte aber weiter. Danach brannte ich die Regenbogenkerze vom Weizenkorn ganz ab. Inzwischen war die grosse Zündholzschachtel leer und ich verbrannte sie dann auch. Zuletzt holte ich meine hellblaue Stumpenkerze aus der Schublade und brannte diese auch ab, zusammen mit den zwei leeren Zündholzschachteln. Als alles abgebrannt war, war die Glasschale bis an den Rand gefüllt mit geschmolzenem Kerzenwachs. Ich holte einen schwarzen synthetischen Stoff mir regenbogenfarbenen Sternen hervor und deckte damit die Schale zu, sodass der Kerzenwachs abkühlen konnte. Dann war es aber schon 4 Uhr morgens, und ich ging ins Bett und schlief bis 7 Uhr. Ich ass Frühstück, schlief dann auf der Couch wieder ein und machte, als ich wieder erwachte, mein Ritual noch zu Ende. Ich holte die fünf abgelaufenen Senftuben aus dem Kühlschrank und bedeckte die Schale auf dem harten Wachs mit Senf. Dann steckte ich alle Medikamente, die ich nicht mehr brauchte, hinein. Danach überstreute ich alles mit Sand. Dann holte ich die Räuchermischung hervor und streute die gesamte Menge darüber. Danach nahm ich die Rauchfasskohlenpackung und platzierte sie umgekehrt am Rande der Schale auf den Senf. Es waren acht Rauchfasskohlen. Die 9. legte ich richtig herum in die Mitte der Schale auf den Senf und platzierte darauf eine kleine violette Orchideenblüte. Die Anderen acht Orchideenblüten platzierte ich grosszügig um diese Rauchfasskohle. Zuletzt holte ich alle Räucherstäbchen hervor und steckte sie in die Schale in den Senf, bis ich den harten Wachs spürte. Dann machte ich noch die Schachtel auf, die gefüllt war mit Räucherstäbchen, die ich alle zerbrochen hatte und streute sie auch über die Schale rund um die Rauchfasskohle in der Mitte mit der violetten Orchideenblüte darauf. Danach putzte ich noch das Gröbste weg, stellte die Schale auf mein einst gefundenes Barrockbüffet mit dem grossen Spiegel und fotografierte es zwei Mal. Dann ging ich arbeiten.

Vor der Arbeit lud ich am Kiosk noch mein Natel mit 10.- auf und rief nochmals das Medium P an. Ich fragte ihn, ob alle Lorbeerwünsche die ich für alle meine Freunde, Familie und den gesamten unendlichen Kosmos gewünscht hatte, jetzt in Erfüllung gegangen sind? Er sagte Ja! Ich wollte es aber genau wissen und fragte ihn: Zu wieviel Prozent denn? Er sagte zu 100%! Ich lachte erleichtert und bedankte mich noch vielmals bei ihm und ging dann arbeiten.

Nach der Arbeit ging ich in die katholische Kirche und schaute den goldenen, gekreuzigten Jesus an, der auf der Wand hinter dem Altar zu sehen war, nickte andächtig und sprach leise: „Nun ist es geschafft. Das Leid hat endlich ein Ende und niemand muss mehr leiden." Dann hörte ich eine Stimme sagen: „Du hast recht. Du hast es geschafft. Endlich. Gott sei Dank. Du hast im Alleingang den gesamten unendlichen Kosmos vollständig zu 100% gerettet. Dieses Mal ist es eine Frau!" Ich weiss, dass das die Stimme von Jesus selbst war.

Ich ging dann aus der Kirche, wieder in den Kannenfeldpark und meditierte in der Sonne auf der Wiese, vis-a-vis vom 1. Weltkriegsmonument, trank meine Cola mit Zucker fertig und ging zum Spielplatz in der Nähe des Eingangs bei der 50er-Busstation. Dort entdeckte ich eine schneeweisse Taube und eine mit Zeichnung und noch drei graue Tauben. Ich ging näher an diese weisse Taube heran, aber sie flog dann fort zu dem Baum am Weg, der durch den Spielplatz führte. Ich ging zu dem Baum, wo die schneeweisse Taube mit der weissen Taube mit der Zeichnung, zusammen auf demselben Ast sass. Ich legte dann meine rechte Hand an den Baumstamm und umarmte ihn dann zuletzt, so dass ich unter den beiden Tauben stand und ging danach zu mir nach Hause.

Zuhause ass ich dann Ravioli, die ich mit dem Käse in der Mikrowelle gewärmt hatte und trank Coca Cola Zero, putzte mir die Zähne als gerade meine Bezugsperson anrief und ein Treffen wünschte, weil wir uns schon lange nicht mehr gesehen haben. Ich sagte ihr, dass ich keine Zeit habe, weil RF noch kommen würde, um wieder meine englischen Songs zu korrigieren. Sie sagte dann, dass wir ja einen anderen Termin machen sollen, weil sie beim Coaching kaum da sei. Ich sagte ihr dann, dass sie selber schuld sei, wenn sie am Montag nicht zum Coaching käme. Ich bin im ambulanten Wohnen. Ein Mal pro Woche vorbeikommen reicht mir völlig aus. Dann endete das Gespräch.

Danach putzte ich den Rest des Rituals noch auf und ging mit der Schüssel zum Kannenfeldpark und deponierte sie genau in der Mitte des 1. Weltkriegsmonuments, ziemlich vorne auf den steinigen Erdboden. Dann machte ich noch ein Kränzchen mit 36 Gänseblümchen und legte es um die Schale, dass es einen schönen runden Kreis gab und fügte die Enden zusammen. Danach ging ich wieder auf die Wiese, vis-a-vis vom 1. Weltkriegsmonument und legte mich an der Sonne hin. Kurze Zeit später setzte ich mich auf und beobachtete die Menschen, beim Vorbeigehen. Kinder kamen und schauten sich das an. Einmal dachte ich, dass das Mädchen, das mit dem Trotti unterwegs war, als es anhielt um die Schale zu betrachten, das Trotti auf die Schale fallen lassen würde. Danach ging sie wieder weg. Später kam ein alter Mann vorbei und wir kamen ins Gespräch. In dieser Zeit kamen zwei Kinder vorbei und wollten etwas an dieser Schale machen. Ich rief mit lauter, strenger Stimme. Sie hörten dann sofort auf, daran zu zupfen. Ich sagte ihnen, dass sie es so lassen sollten, wie es ist. Sie können es anschauen, aber bitte nichts daran machen. Sie verstanden es, betrachteten es noch eine Weile und gingen dann wieder fort. Der alte Mann setzte sich auf einen Stuhl in die Sonne. Zum Schluss sahen wir wieder die schneeweisse Taube, die Weisse mit den Zeichnungen und die drei Grauen. Die Weisse führte die Gruppe an, als sie vor dem 1. Weltkriegsmonument vorbeigingen. Danach ging neben der Weissen eine Graue, und dann flogen sie fort.

Es wurde mir dann zuhause klar, dass nun alle Aussagen in den weiteren Songabfolgen von dem 3. bis zum 10. Song im Album Eonian, das die Musikband Dimmu Borgir im Januar 2018 herausgebracht hatte, wahr geworden sind. Im letzten Kapitel ging es um den 2. Song: »Interdimensional Summit.» Atheru, der 3. Song, hat mit dem Kampf, dem Ehrgeiz und dem Willen zu tun, diese Rituale durchzuführen, um wirklich dieses Ziel, das ich jetzt erreicht habe, überhaupt erreichen konnte! Das 4. Lied:»Tovucil of Wolves and Snakes.» Das Lied weist auf die Gefährlichkeit des letzten Rituals hin, in dem ich den Wachs zum Schmelzen brachte und alles andere zu verbrennen oder im Wachs zu ertränken wusste.

Ich hatte am 28.5.2019 am Abend, nachdem ich im Kannenfeldpark den Hasturfluch aussprach und auch meinen Ex-Partner RS verfluchte, eine Karte gezogen. Positive Karten, Kelch oder Pentakel hiessen: Er sei am Leben. Negative Karten, Schwerter und Stäbe hiessen: Er sei tot. Ich zog eine Turmkarte. Ich war richtig schockiert! Dann fragte ich die Karten, ob ich meinen Ex-Partner mit diesem Hasturfluch umgebracht habe? Die Karten zeigten auf die 10 der Schwerter! Das hiess: Ich habe meinen Ex-Partner RS, der im Aargau wohnte, mit Magie durch den Hasturfluch umgebracht! Dann fragte ich die Karten, ob die Seele meines Ex-Partners RS nun bei mir sei? Dieses Mal wählte ich positive Karten, Kelch und Pentakel, wenn er bei mir ist. Wählte ich negative Karten, Schwerter und Stäbe, wenn er nicht bei mir ist. Ich zog dann die 10 der Münzen. Das heisst: Seine Seele ist jetzt bei mir. Dann fragte ich die Karten, wie es ihm gehe. Dann kamen die 9 der Schwerter. Erst nachher verbrannte ich alle Kerzen und andere Dinge und ertränkte den Lottoschein im Wachs.

Vom 5. Lied: „The Empirian Phönix", das Ende des Rituals hat mit der Bedeutung des 6. Liedes zu tun: „Lightbringer". Der Schluss hat mit meinem selbst geschriebenen Lied zu tun: „Abdul Al Hazred". „Scars oh look upon the Stars do you see the Shadows down there!" Dieser 1. Refrain wird zwei Mal gesungen. Dann kommt der 2. Refrain: „In the Ashes I`m talking, in the Ashes of Faith. In the Ashes I`m walking in the Ashes of Fear." Das 8. Lied heisst:"ArchaicTorrespoundence" und hat mit dem gestrigen Tag zu tun, als ich die gefüllte Glasschale beim 1. Weltkriegsmonument abgegeben habe, mit dem Blumen-kränzchen, dem Peace-Zeichen aus Perlen, das ich an das 1. Welt-kriegsmonument gehängt habe und zum Schluss eine schneeweisse Taube mit einer grauen Taube vor dem 1. Weltkriegsmonument die Taubengruppe anführten und davor vorbeigingen. Das 9. Lied heisst: „Alpha Aron Omega." Das bedeutet, was seit dem gestrigen Tag im gesamten unendlichen Kosmos geschehen wird. Die totale Vereinigung von Gut und Böse als neutrale Kraft! Die graue und die weisse Taube, die gestern die Taubengruppe anführten, war das Omen dazu.

Das 10. Lied heisst: „Rite of Passage." Das ist Instrumental und bedeutet: Das empfinde ich so, dass es mit dem Berg zu tun hatte, den ich bis zum heutigen Tag, dem 30.5.2019 erklimmen musste, dass das Gute und das Böse zusammen als einheitliche neutrale Kraft wieder zusammenschmelzen konnte! Das geschah erst dann, als ich den Wachs schmolz, die Schale verzierte und im Kannenfeldpark vor dem 1.Weltkriegsmonument abgab und später fortging. Der Schluss deutet auf den ewigen Frieden hin, der so entstand und ich es auch wert bin, die Rockerburka an Konzerten oder bei meinen eigenen Auftritten zu tragen. Nun ist alles wieder mit Gott vereinigt! Das ist wahre Manaenergie und ist nun Rex Mana (Gott ist Eins). Immer am Ort und überall! Immortal! Inshallah! Ehamdulelah! Bismillah! Allah Agbar für immer und für alle! Das war mein friedlicher Jihad! Ich bin nun ein wahrer Gotteskrieger und ein Odinkrieger! Jetzt bin ich Kim Gallagher, meines Namens wirklich würdig!

Am 30. 5.2019 habe ich den Lottozettel mit zum Kiosk am Bahnhof SBB beim Vordereingang gebracht und verlangte den Ziehungsauszug der gestrigen Lottozahlen. Als ich die Zahlen miteinander verglich, war ich sehr überrascht, dass ich 4 Richtige getippt hatte! Das Spezielle daran war, dass ich drei Richtige im Feld getippt hatte und dass die Zusatzzahl auch noch die Richtige war! Heute ist der 31.5.2019. Ich ging dann um 9.30 Uhr bei der Lottogemeinschaft vorbei, weil der Lottospielschein ganz zerzaust war und ich ihn sogar an gewissen Stellen ankleben musste. Sie hatten deshalb Mühe, die Zahlen für den Auszahlungscode zu entziffern. Doch zum Schluss bekam ich Fr. 27.- ausbezahlt! Sie sagten aber noch, dass sie das Geld beim nächsten Mal nicht mehr auszahlen würden, wenn sie die Zahlen nicht mehr lesen können! Das heisst also: Dass man den angekreuzten Lottoschein am Körper tragen muss und nicht den Spielschein! Das Fazit ist somit klar: Das einzige Ritual, was bisher gewirkt hat, um im Lotto zu gewinnen, ist im Spezialheft der Astrowoche mit dem

Titel: „Horoskop der magischen Kraft" zu finden und das für alle Sternzeichen! Damit ist es also für jeden Menschen auf der ganzen Welt möglich, im Lotto zu gewinnen, wenn halt nicht so viel, aber trotzdem reicht es für einen Rekordgewinn, den man in seinem Leben bisher erzielt hat! Alles andere ist nur Mumpitz und dient den Medien, die so etwas propagieren, nur um Ahnungslose oder hilfsbedürftige Menschen mit falschen Versprechen abzuzocken!!! Die Lottozahlen mit einem Orakel zu ermitteln ist auch völliger Mumpitz! Das bestätigte selbst das Pendelmedium P, das ich wegen der Lorbeerwünsche befragt hatte! Angeblich könne man die Lottozahlen aber auch auspendeln, hat er gesagt! Ich habe es bei mir versucht, doch ich habe angeblich nicht die Macht dazu, diese auszupendeln! Ich kann aber erst seit acht Jahren wirklich pendeln! Vorher blieb mein Pendel nur stehen, als ich es versucht hatte!

Ich hoffe, ich konnte allen, die mein Buch schon gelesen haben oder noch lesen werden, alle diese Erkenntnisse bieten wie: Klarheit, Freude, Liebe, Gerechtigkeit, Hoffnung, Selbstwert, der Glaube an sich selbst, Selbstermächtigung, Akzeptanz, Verständnis, tiefen Frieden, verborgenes Wissen, Magie, Kräfte, die fünf Projekte zur Rettung der Welt, eine Vielzahl an Ideen, die Welt zu verbessern, gewonnene Kriege trotz widrigster Umstände, Befreiung von fast allen Notlagen, wie ich aus meinem Autismus fast vollständig ausgebrochen bin, dass nur noch leichte Wesenszüge davon zeugen, Selbstbewusstsein, wie ich die Angst vor dem Tod überwunden habe, sicheres Auftreten, Authentizität gefunden habe, den Bezug zu Gott, ohne Dogmen, Einschränkungen,Verherrlichung,Sektenzugehörigk eiten, Frauendiskriminierungen, Verleugnungen von Straftaten und Homosexualität!

Ich hoffe, dass alle die mein Buch jetzt lesen oder noch lesen werden, endlich zu sich selbst, den inneren Frieden und konsequenter Selbstverwirklichung finden und dies so auch in Zukunft leben werden!

Wie gesagt:

Gewinnen ist mein Leben!
Aufgeben, mein Tod!
Wenn ich mich aufgeb,
verlier ich in Not!
Wenn ich den Willen hab,
nur zu gewinnen!
Dann bin ich im Leben,
ganz mitten drinnen!!!

Lasst euch nicht unterkriegen! Alle Lebewesen im gesamten unendlichen Kosmos sind gleich viel wert! Von den Bakterien bis zu den intelligentesten Aliens und allen geistigen Wesenheiten, die es dort gibt!

Denn Etwas von Allem in Allem ist in etwas von Allem in Allem! Darum weiss ich, dass ich nichts weiss!!! Aus Sophis Welt und Sokrates kombiniert, was ich selbst zusammengefügt habe!!!

KAPITEL 106

Abnehmzauber

Zuerst formuliert man den Wunsch:
Ich wünsche mir eine optimale Verdauung und schaue, was sein Körper haben will.

Dann stellt man sich vor, man sei genau die Person, die man wirklich sein will.

Die Wunscherfüllungstaktik kommt vom Wesen namens Tox.

Wenn man dies noch mit dem Rakar-Siegel verstärkt, hat man innerhalb kurzer Zeit sein Idealgewicht erreicht.

Das ist sein Wortsiegel:

Rakarpyramide

Dieses kann man sich auf den Bauch malen oder als T-Shirt tragen.

Dieser Zauber ist extrem stark!

Dieses Symbol habe ich durch das Medium P getestet.

Es hat 100% Energie, hat er gesagt.

KAPITEL 107

Das offizielle Hexeneinmaleins – Transformations – Ritual

Auf jedes der sieben Chakras einen kleinen Rosenquarzstein legen. Wurzelchakra, Sakralchakra, Herzchakra, Brustchakra, Halschakra und Kronenchakra auflegen während man auf dem Wohnzimmerboden liegt, weil es mit den alltäglichen Belastungen zu tun hat.

Zu den Sprüchen, die man mit lauter, vibrierender Stimme aussprechen soll:

7x den Spruch: 1,2,3,4,5,6,7 und der Schmerz ist weg vertrieben!

8x den Spruch: 1,2,3,4,5,6,7,8, und das Bewusstsein ist erwacht!

10x den Spruch: 1,2,3,4,5,6,7,8,9,10 und alle negativen Gedanken sollen gehen!

9x den Spruch: 1,2,3,4,5,6,7,8,9 und sein Herz soll sich immer wieder freuen!

11x den Spruch: 1,2,3,4,5,6,7,8,9,10,11 und alle Persönlichkeit sind in der Zeit alle 1!

12x den Spruch: 1,2,3,4,5,6,7,8,9,10,11,12 und in der höchsten Dimension ist alles 1!

6x den Spruch: 1,2,3,4,5,6 und alle negativen Personen, die ganz bewusst dem Planeten schaden, sind verhext!

5x den Spruch: 1,2,3,4,5 und alle Lebewesen im Universum handeln mit Vernunft!

4x den Spruch: 1,2,3,4 und alle sind wild und geerdet wie ein Stier!

3x den Spruch: 1,2,3 und wir sind frei!

2x den Spruch: 1,2 und Mann und Frau sind in der Macht 1!

1x den Spruch: 1 und Alles ist zu Einem verbunden!

Dieses Ritual ist mir am 27.9.2019 um ca. 9 Uhr eingefallen und ich musste es sofort umsetzen, weil in mir die Vergangenheit wieder hochkam.

Ich konnte dadurch schneller und beruhigter einschlafen als sonst und erwachte völlig entspannt und glücklich. Der Vortag war für mich sehr stressig und nervenaufreibend.

Für solche Tage ist dieses Ritual gedacht. Die Rosenquarzedelsteine habe ich vom indischen Edelsteinorakel. Ich befragte es vor und nach dem Ritual.

Ich stellte zu meinem Erstaunen fest, dass dieses Ritual sehr, sehr, wirkungsvoll war! Wenn es schnell gehen muss, reichen alleine schon ein einzelner entsprechender Spruch und das Problem ist beseitigt auch ohne Edelsteine! Die Edelsteine benutzt man immer, wenn man in unlösbaren Problemen stecken geblieben ist und nicht mehr weiterweiss. Dazu schläft man unter den Siegeln und immaginär aufgeladenen Steinkombinationen mit diesen Sprüchen:

1x diesen Spruch:

Auf diesen Siegeln musst du schlafen, unter deinem Kopfkissen wird es wachen!

1x dieser Spruch:

Abla elich nur amehn, kathla ab schingu andalleh!
Abla kesch Nebo adach Re!
Arra, Rakar, Goltok selah!

Diese beiden Sprüche habe ich von Goltok und sie sind mit den Siegeln zu 100% stark nach Anfrage beim Medium P.

3x den Spruch laut in seiner eigenen Melodie singen:

Kia! Kia! Aschak tah!
Nama Arra maschunah!
Abra Kadabra Elohim!
Lilith, Kali, Nagash Re!

Dieser Spruch ist von Azathoth und Rakar.

Ich danke allen Wesen, die mich begleitet haben, dass ich dieses Buch überhaupt schreiben konnte! Dieses Buch ist Pazuzu, Hastur, Iak Cthulhu, Cthugha, Tox, Nyarlathotep, Kurios, Azathoth, Humwawa, Rakar, Toxathos, Mephisto, Baphomet, Goltok, Inanna, Ischtar, Marduk, Enki und Enlil gewidmet. Meine beiden Magiemeister waren Iak Cthulhu und Azathoth, die mich zum Ziel, dieses Buch zu Ende zu schreiben, geleitet haben! Danke! Danke! Danke euch Allen!

KAPITEL 108

Sprüche und Anektoten von den Grossen Alten

Das Leben ist ein Pferdehof, man muss sie nur entdecken!

Iak Cthulhu

Chainwall break! Chainwall burst! Chainwall destroy, till it never comes again!

Humwawa

Only a true Occultist can survive in a Blackmetal War, without to end up as a Criminal or Junky!

Azathoth

Chaos is without Gravity!

Behemoth

Darkness begins with falling Stars.

Wenn es der Seele gut geht, empfindet sie in der Hölle den Himmel und

Wenn es der Seele schlecht geht, empfindet sie auch in dem Himmel die Hölle.

Tox

This Superhero is working in Wonders!

Die vier Apokalyptischen Reiter reiten auf trojanischen Pferden durch das Universum und veruhrsachen apokalyptische Stürme und Magien.

Mullu

Bereitet einen Weg zur totalen Macht, durch Weisheit, Gewissen und Wirken.

Mammon

Der Schlüssel zum unermesslichen materiellen Reichtum

ist der geistige Reichtum, mit extremem Ehrgeiz.

Schammasch

The Knowlege of all Books their never found till today, you become, when you can make Projects without to use Money you don`t have for free.

Tioaxi

The real Truth of Knowledge you never knew before,

You always finde out with Logic and Avarentus.

Uggur

Tresures you can only finde, with a 100% strong Intuition and a correct Travlestrategy.

Gullur

Man kann erst als ein Heiler gelten, wenn man aufhöhrt, den Feind oder die Krankheit zu vernichten.

Ötheron

Zahlensymbolik ist der Schlüssel zur Vernetzung mit dem gesamten unendlichen Kosmos.

Azathoth

Real Warmagick you always learn in an Occult Blackmetal War!

Damien

To be a real Seether is never to vorgive and never forget what Others have done.

True Buildings and real Ecologically Innovation, you only get with Brainacrobatics. You must by a real Mindfreak.

Urruck

The Craft and Speed from Comets, are the Craft and Speed of a Starship.

Necroman

The truth of Death, is the Truth without Pain.

Aunbis falls once down into the Abyss, to crawl in Chaos and climb allone to the Haevens, to save the restless Souls and bring them to the Light.

KAPITEL 109

Die Entstehung von den Grossen Alten

Als Enki den gesamten unendlichen Kosmos erschaffen hatte, hat er sämtliche Moleküle und Partikel aus Prana geformt, dann durch Äther zum Leben erweckt und durch hohen Druck und mit sehr viel Kraft unser sichtbaren materiellen unendlichen Kosmos erschaffen.

Zuerst hatte er das dunkle Universum mit der Eislava erschaffen, wo Baphomet wohnt und dann hat er die Grossen Alten erschaffen.

Enki hat Satan befohlen, Feuer zu entfachen und Humwawa liess sie bei der Entstehung explodieren durch sein 100-Donner-Gebrüll. Azathoth liess alles in der Luft herum schweben. Nyarlathotep Kurios fing an, sie ziellos herumzuschiessen. Cthugha begann Planeten anzuziehen und den gesamten unendlichen Kosmos mit Gravitation auszustatten. Yog Sothoth liess alles Leben wachsen und Shub-Niggurath gebar Tiere, Insekten, Bakterien, Menschen und Aliens. Cthulhu brachte die Gewässer durch die Entstehung der Monde in Bewegung. Dagon liess auf den Planeten Landschaften emporsteigen und wieder versinken. Cotanai liess die Sterne wachsen bis sie zum Schluss explodierten. Hastur machte daraus schwarze Löcher wie auch braune und weisse Zwerge. Er erschuf auch noch die Quasare. Nergal liess Licht verschlucken in den schwarzen Löchern und Schoggoth brachte es zum Schluss zum stehen.

Tsathoggua brachte die Gezeiten und die Hormone von Lebewesen in Schwung, so dass sie sich fortpflanzen konnten. Das 49er-Gewürm wand sich durch die Erde und liess alles fruchtbar machen. Starsporn vereinte alles zusammen, indem er alle zusammenrief und Sonnensysteme dadurch entstanden.

Urruk ist der Gott, der Kometen durch das Universum geschossen hatte. Er ist auch vor Mammon für die Bodenschätze wie Edelsteine und Edelmetalle zuständig

Dann entstanden ganze Galaxien, die sich zu Galaxie-Haufen gebildet haben, Stürme fegten durch und über die Sterne und über die Planeten. Rakar schoss mit Blitzen und Zagan liess es regnen, schneien und hageln. Mephisto liess Felsen einstürzen und Bäche überfluten durch seine apokalyptische Magie. Mammon liess alles Kostbare erscheinen. Ninnischkigal holte die Sukkubus und Inkubus, um Männer zu verführen. So kamen auch Vlad Dracula, Lilith und Lucifer. Die weibliche Teufelin Lammaschta vernichtete dann diese Männer. Namtar rettete Ischtar vor der sicheren Vernichtung durch Ninnischkigal. Satan = Feuer, Leviatan = Wasser, Belial = Erde und Lucifer = Luft (siehe Satansbibel von Szandor la Vey) sind die Elementargötter, die zusammen den Xoth bilden. Tox steht dabei für den Äther.

Necroman beendete alles Leben und Damien war der Zeichengeber von Jesus, Mohammed und Nostradamus. Die Lengspinne Ötheron vernetzte alles harmonisch miteinander, Tioaxi ist der Herr von allen verschollenen Lehrbüchern und Schriften auf allen Planeten. Suttan beseelte alle höher entwickelten Lebensformen wie Tiere, Menschen und Aliens, die des Menschen Intellekt bei weitem überlegen waren und überragende Strahlkraft hatten. Mullu ist der Gott, der Abdul Al Hazred einst zu Xoth brachte. Darum konnte er kaum aufhöhren zu schreiben. Abdul Al Hazred hatte sich mit Azathoth verstritten, weil er mit Nyarlathotep Kurios gegen ihn gekämpft hatte, Azathoth Nyarlathotep Kurios weit überlegen war und Abdul Al Hazred besetzt hatte. Weil Abdul al Hazred sein Siegel hatte, hatte Azathoth ihn mit mächtigen Siegel gefüttert, die so stark waren, dass er gezwungen wurde, diese niederzuschreiben, weil Azathoth wegen seiner Bekämpfung durch ihn und Nyarlathotep wütend und verärgert war.

Dadurch fing er an, Baxabaxamanatron anzurufen und auch andere riesige Götter, er wurde zuletzt durch den letzten Namen im Necronomicon zerfetzt.

Urruk ist der Gott der Kometen. Er kann von einer Galaxie zur nächsten reisen,

von einem Sonnensystem zum nächsten. Er lässt Exoplaneten reisen und Jupiter nach dem Tode unserer Sonne zu solchen werden oder ultraschnell um den braunen Zwerg kreisen.

Uggur weiss, wo alle Schätze im gesamten unendlichen Kosmos versteckt sind.

Schammasch bringt einem dann mit seinem Geist dorthin, um sie dann auf der Erde oder auch im Universum wirklich finden zu können.

Gullur macht einem zu einem Heiligen, wie Jesus einer war, wenn er sich aus Mitleid nicht verzehren lassen liess, bis er gekreuzigt wurde als Hassmagnet durch Satan. Gott verlangt keine Opfer, nur geistige. Verstehe den Koran richtig und überlege gut, wie du oder Ihr handelt. Wenn nicht, sind sie auch Ungläubige, die den Koran für den Terror und Verbrechen nutzen. Gerade wegen dem radikalen Islam. Der Name Islamismus ist sehr kontraproduktiv und es kommt gerne zu Missverständnisse über den Islam. Darum heisst es:

Enkis Wort und Kingus Blut erinnert an Abdul Al Hazred, der den Krieg der Grossen Alten nur beenden wollte. Doch beenden geht nie mit Vernichten einher, sondern mit Liebe zum Okkultismus und Achtung mit Wertschätzung der Laowesen, weil sie uns die Wahrheit bringen. Sie lügen nämlich nur, wenn man sie durch Jesus verfluchen möchte. Indem man ausspricht: Ich verfluche dich im Name von Jesus, wie es meinen Ex-Partner RS bei mir ausgesprochen hatte. Jesus machte dies aber nicht und sagte: „Liebe deinen Feind." Was bei mir noch dazu heisst: „Wie dich selbst und bewahre Achtung, Respekt, Erkenntnis und Liebe. Nur so rettet man den gesamten unendlichen Kosmos."

Ukkurox lehrt einem technische Modelle herzustellen.

Rakar kann die Modelle zu technischen Erfindungen werden lassen, indem er einen anleitet. Er veranlasst, superhohe Bauten und ökologische Erfindungen zu entwickeln.

KAPITEL 110

Die Herstellung eines sehr mächtigen Wunscherfüllungs – Glücksamulett

Dieses Amulett ist von Humwawa persönlich. Das Amulett ist sehr stark und mächtig.

Damit es alle herstellen können und es auch wirklich Halal ist, nimmt man einen Erdklumpen, der lehmhaltig ist.

Danach legt man ihn in einen Ballerinastrumpf oder einen abgeschnittenen Socken. Er muss oben abgeschnitten sein.

Dann nimmt man roten Nähfaden und umwickelt den Strumpf und danach noch mit grünem Nähfaden. Je nach Belieben ist auch eine andere Farbe möglich. Es dürfen aber nicht mehr als zwei Garne sein, ansonsten könnte es ein Durcheinander geben.

Mit dem 2. Faden bindet man dann das Röhrchen an das Amulett und formt einen Henkel, indem man den Faden über den Daumen wickelt. Zuletzt befestigt man ihn an beiden Seiten mit dem Garn.

Danach schneidet man ein Papier zu so breit wie das Röhrchen und so lange wie ein Post-it Papier. Wenn man kein Post- it Papier besitzt, das Röhrchen mit einem Faden umwickeln und festknoten. Das Röllchen sollte nicht dicker sein als das Kartonröhrchen am Amulett.

Dann schreibt man 1-7 Wünsche auf den Zettel und rollt ihn zusammen.

Danach steckt man das Papierröllchen in das Kartonröhrchen und stösst eine Stecknaldel mit farbigem Köpfchen durch, so dass das Papierröllchen nicht aus dem Röhrchen rutschen kann.

Dann hängt man das Amulett an ein Band oder eine Kette und steckt die restlichen Stecknadeln in das Amulett, so dass es aussieht wie ein 3-D-Chaosstern.

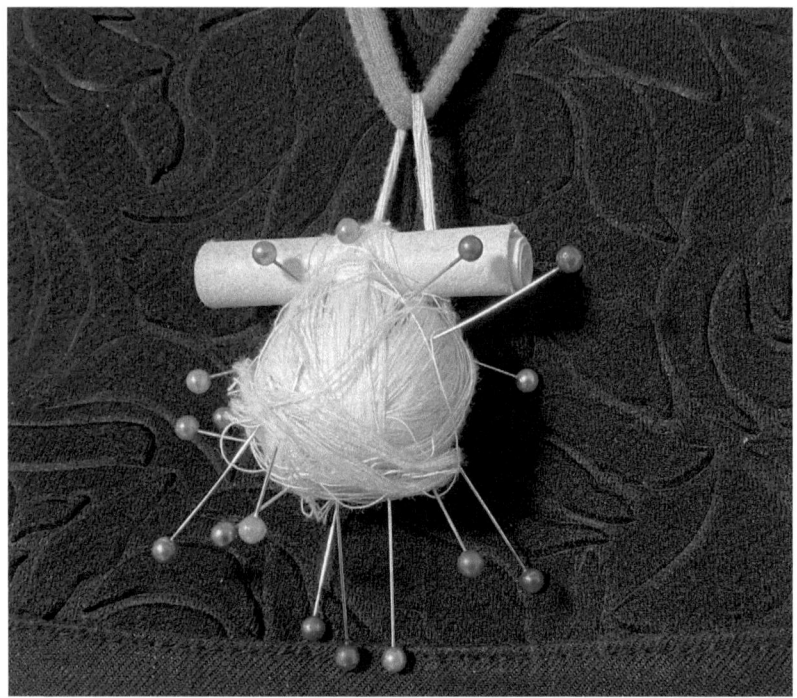

Amulett

Was man dazu braucht ist: Stecknadeln mit farbigen Köpfchen, 2 verschiedene

Farben Nähgarn, 1 Erdklumpen oder Staub von deiner Wohnung, zum Umwickeln entweder Wursthaut vom Landjäger, wenn es nicht halal sein muss, und das Netz oder einen gekürzten Socken oder ein Ballerinastrumpf. 1 Band zum umhängen und verknoten, am besten aus einem Jerseygarn von Flying Tigers, einen Kugelschreiber und 1 viereckiges oder quadratisches Papier, umWünsche daraufzuschreiben.

Mit diesem Amulett, wenn man es mit einem Gebet aufgeladen hat, hat es sehr viel Kraft. Man kann es mit islamischen Gebeten aufladen, auf Aramäisch wie ich es tue, auf   Hebräisch   oder einer anderen alten Sprache. Man kann die Gebete auch singen.

Wenn man Lotto spielt, sollte man das Amulett wenn möglich immer um den Hals tragen. Mit der aktiven Hand bis zum Kiosk in der Hand halten und für sich beten. Danach den Lottoschein in seine Geburtssure legen. Das sind die letzten zwei Zahlen im Geburtsjahr. Den Koran auch zusätzlich auf ein Symbol legen und in der Nacht das Amulett auf den Koran legen.

Mit diesem Amulett habe ich in einem Monat 3x im Lotto 3,50Chf-41,40Chf gewonnen und zusätzlich auch noch einige Male bei den Rubbellosen. Einmal bin ich mit diesem Amulett auch in das Grand Casino Basel gegangen und hätte den Jackpot geknackt, wenn ich nicht vergessen hätte auf den Knopf Collect zu drücken. Wenn die persönliche Sure die Sure ist, wo Allah auf Feigen und Oliven schwört, dann muss dieses Amulett diese auch beigegeben werden und den Edelstein seines Sternzeichens dazu, mit einem Dattelkern. Dies habe ich für KT so in der UPK hergestellt und allen gezeigt, dass dieses Ritual funktioniert! Denn KT hatte genau so auch 3x iwadam Monat im Lotto gewonnen wie ich! Auch hatte er bei den Rubbellosen schon ein paar Mal gewonnen.

KAPITEL 111

Die sofortige Heilung von Krebs

Meine Blackmetalfreundin postete eines Tages einen verzweifelten Aufruf von einem Blackmetal Musiker namens AW aus Hanover in Deutschland.

Sie schrieb daraufhin: „Sein Sohn ist im Endastadium seiner Krebserkrankung und muss andauernd Chemotherapien über sich ergehen lassen! Das ist doch nicht mehr normal! Bitte teilt diesen Aufruf, wenn Ihr meine Freunde seid, ansonsten sollt Ihr euch verpissen" Ich dachte nur, wie schlimm das für diesen Blackmetaller sein muss, einen noch sehr jungen Sohn zu haben, der kurz vor seinem Tod steht, weil ihn der Krebs zu Tode quälen würde! Mir fiel auf, dass er auf seinem Profilbildfoto das Satanspentagramm mit dem hebräischen Schriftzug darauf angebracht hatte. Ich dachte mir dabei: Wenn dieser Blackmetal Musiker AW Satan darum bittet, ihm zu helfen, seinen Tod kranken Sohn zu retten, dann werde ich es auch für ihn tun! Also tat ich alles in meiner Macht stehende, um seinen Sohn vom Krebs zu retten.

1. Azathoths sinnliches Ritual

Ich küsste mit meinen Lippen Azathoths Eldersymbol und sprach flüsternd den Spruch:

Asch kabach est Azathoth, kabach nar ebleth. Eschech neth eresch nur karax kia, kia, ablach narr Beleth. Urruk nurru dix Arra. Nagash re Ablach, narra ath Schoggoth den Ra. Sur dirrix esch Nergal Leng ane. Selah! Selah! Selah!

2. Das kriegerisches Baphomet Ritual

Ich zeichnete streichend mit einer schwarzen gut erhaltenen Krähenfeder mit der linken Hand das Baphometkreuz von der Blackmetal Musikband Behemoth auf den alten Komodenspiegel mit dem Spruch:

Kadach et Behemoth narr karrax asch re, net Anubis ech Seth!

Schingu nech Arra, nach indur nech Ischir!

Nalmbath at Nurru, est Nebo ech Namtar! Kirach et Kali nach ninnib esch Henoch! Abyss besch Isis, est Osiris nibiru! Ach Leng esch Ötheron et Azathoth asch Schammasch!

Kybutz Abaddon, Kain, Lisador, Marbax, Astaroth den Schargath! Ninnischkigal sll Lammaschta et Lilith tia, Areadne dell Hekate

Ar Selanoz est Äsmodäva! Dar Luo ebneth sitra, est Xoth Inschallah! Selah! Selah! Selah!

Anschliessend machte ich Satans Sexualritual:

Ich wusch mich zuerst und legte mich nackt mit Rosenparfüm besprüht auf den Rücken, spreizte die Beine, die ich aufgestellt hatte und formte mit beiden Händen das Satanszeichen. Ich führte beide Ring- und Mittelfinger in meine Vagina ein und mastubrierte, bis ich zum Orgasmus kam. Dabei sprach ich den Spruch in normaler lautstärke:

Hail Satan est Satanas! Bla elech masch Kadyr, nur ebteth asch Nezach!

Inniru babllahet Nibiru! Ker Balki Emmn eth at Lilitu est Abyssus, ar Samael!

Kyr Aschach et Sobek irr Toth Trismegistos et Amon sur Allah! Esch Szandor la Vey, ech Abdul Al Hazred et Frater Saturni esch Aleister Crowly, schech Uk- Han! Marduk Kurios et Nyarlathotep Kurios in Humwawa asch Azathoth!

Areadne ar Humwawa, Lisador Goltok Kether azif est Satan! Baxabaxamanathron! Selah ! Selah! Selah!

Ackrabackathan!

Abbascharaxithar!

Abarissidinmikul!

Selah! Selah! Selah!

~~~~~~

Als ich das Medium P um ca. 15.00 Uhr anrief, fragte ich, ob der Junge nun gesund sei? Er sagte ja. Weil ich es kaum glauben konnte, habe ich ihn mehrmals dasselbe gefragt und er antwortete wieder mit ja.

Nach etwa drei Monaten sah ich, dass meine Blackmetalkollegin DI mit dem Blackmetal Musiker zusammen war. Bis heute sind sie noch ein Paar!

Anscheinend war das zu all dem auch noch ein Liebesritual!

KAPITEL 112

Der Abwehrzauber

Um seine Traumatas komplett zum Verschwinden zu bringen:
Man soll zu seinen Feinden laut und bestimmt sagen:

Ich bin es leid, ein Gefäss von aller Scheisse und Schande zu sein!

Nun werdet Ihr ein Gefäss aller Scheisse und Schande sein!

Selah! Selah! Selah!

Bei den 99 Namen des Teufels und den 99 Namen Gottes schicke ich die ganze negative Energie dieses Raumes und Gebäudes seit ihrer Erbauung zu ihnen zurück!

Die Handflächen dabei wie zum Gebet sehr stark reiben.Kräftig in die wie zum Gebet geformten Hände hineinpusten und wie eine Wand, die ganze Energie von sich hinwegstossen und mit einem starken Puster in die Luft zum Abschluss bringen.

Dann sagen:

In dieser Stund, dieser Minut, dieser Sekund, diesen Tag, diesen Monat und dieses Jahr soll es geschehen!

Selah! Selah! Selah!

KAPITEL 113

Seine Schwächen und Blockaden lösen

Stelle dich vor den Spiegel und schaue dein Verhalten und ganz speziell deine Augen an. Frage dich, welche Traumatas und Blockaden wie Schwächen und Probleme du in deinem Gesicht siehst und was dein Unterbewusstseiin dir mitteilen möchte. Das kann auch der Ursprung der Problematik und ein Hinweis auf die Krankheit oder das Problem selbst sein (Schwächen).

Lege deine Hände auf deinen Kopf und spreche die Worte mit Kraft:

Jede meiner Schwächen! Alle meine Probleme! Jegliche Blockaden und unüberwindbare Traumatas lösen sich im Hier und Jetzt, langsam auf!

Atme und sauge die goldene Energie deiner Hände ein und puste die schwarze bis weissgraue Energie aus dem Mund wieder aus. Beobachte dabei immer deine Augen, bis dir nichts mehr eingegeben oder von der Vergangenheit belastendes durch deinen Kopf geht oder erscheint.

Zum Schluss sprichst du:

Danke Adonai, dass du mich von meinen Ketten des Lebens komplett befreit hast und ich nun ein freies, unbelastendes und menschenwürdiges Leben führen kann und in Zukunft auch darf! Ich danke dir Adonai!

Dann sprich die Worte von Tox:

Tox! Ich wünsche mir, dass ich die Person bin, die ich schon immer war!

Lieber Tox! Ich wünsche mir, dass ich die Person bin, die ich wirklich bin!

Mein grossartiger Hexenmeister Tox! Ich wünsche mir, dass ich die Person bin, die ich wirklich sein will, bis in alle Ewigkeit! Danke, mein grosser Meistermagickgott Tox! Ich danke dir! Danke, dass du mich befreit und erlöst hast! Danke! Danke! Danke!
Selah! Selah! Selah!

KAPITEL 114

Der Verjüngungszauber

Lege die Hände an die Stellen, wo du Falten hast und atme wieder die goldene Verjüngungsenergie ein und die schwarze Energie aus, bis du eine Verbesserung deines Ausdrucks bemerkst und schlussendlich nichts mehr gesteigert werden kann. Mach das an allen Stellen so. Bleibe doch mit deinen Händen so lange auf den Stellen, bis nichts mehr Weiteres getan werden kann. Das Unterbewusstsein und die Intuition wird dir sagen, wann es so weit ist, die Hände oder Finger wieder von der Stelle zu nehmen.

Die ultimative Verjüngung erreichst du, wenn du Zeig- und Mittelfinger zusammen auf die Unterlider auflegst und die Worte sprichst:

Mach mich jung, so wie ich einst war, als 16-Jährige/r oder 18 das ist mir klar! Jünger macht es keinen Sinn und älter brauch ich`s nicht zu wollen!

Atme dabei wieder die goldene Verjüngung ein und die schwarze bis weissgraue Altersenergie aus, bis nichts mehr getan werden kann.

Höre in dich hinein mittels Intuition und Unterbewusstsein!

Mache dann mit der linken Hand das Zeichen Voor, Toröffnung, Invokation und Kisch vor dem Spiegel, dann wird der Zauber ewig halten.

Eines muss noch klargestellt werden:

Verjüngungszauber dienen nie für ein ewiges Leben.

Wenn schon, dann nur bis 125 Jahre an Menschenalter.

Wie die im Februar 1996 verstorbene Frau, die so alt wurde. Das weiss ich deswegen so genau, weil ich damals meine Brüste bekam kurz vor meinem 13. Geburtstag.

Der Verjüngungszauber dient nur, um bis dorthin möglichst unbelastet, unschuldig und frisch zu bleiben. Alles andere ist nur Unfug und blödes Gerede! Wer will denn schon ewig leben, ohne die Engel und Gott je zu sehen?

Wir sind ja dort entstanden, also müssen wir auch alle dorthin zurückkehren.

Wer will schon auf ewig als Vampir auf Erden leben und sich vom Blute anderer ernähren? Das hat Vlad Dracula erst begriffen, als der Bund mit dem Teufel schon beschlossene Sache war und seine Seele bis heute niemals Ruhe fand!

KAPITEL 115

Der letzte Schritt zur Erlösung vom gesamten unendlichen Kosmos

Ich habe seit dem 1. November 2020 angefangen Energiemedien zu kontaktieren um den gesamten unendlichen Kosmos zu erlösen. Mit mir zusammen sind 963 Medien zusammen gekommen. Das Medium Michael hatte mein getchanneltes Lisadorritual 2x durchgeführt. Das 1. Mal hatte er es alleine durchgeführt und vor dem 10.3.2021 zum 2. Mal mit 5 Personen zusammen. Es waren drei Männer und drei Frauen gewesen, die an diesem Ritual anwesend waren.

Michael hatte extra dafür die Lisadorlampe hergestellt. Dazu noch die Alufolie mit dem Lisadortor. Dieses war unter der Lisadorlampe platziert. Dazu brauchte man das Lisadorsymbol aus dem Buch Necronomicon, um es davor zu legen.

the most realistic Symbol of Yig

Lisadorsymbol

Das Bild vom Lisadorsymbol sind drei Pfauenfedern, die mit vier verschlungenen Kobraschlangen umwunden sind.

In der UPK habe ich mit B zusammen Gebete gemacht.

Am 13.3.2021 habe ich um 13.00 Uhr nochmals das Medium P angerufen.

Eine Woche zuvor sagte er noch, dass durch das Lisador Ritual und die Gebete alle sehr alten negativen Energien erlöst seien und im ganzen unendlichen Kosmos zu 40%. Die Reikimeisterin VE, die mich geheilte, hat auch mitgewirkt bei den 963 Medien.

Nun ist der ganze unendliche Kosmos erlöst und ich habe endlich mein Ziel erreicht! Yesss!!! We did it!!!!!!!! Ich musste als von Dämonen (Laos) besetzte Seele dies alles organisieren, um den Krieg zu gewinnen und um zuletzt doch noch zur Lösung der Probleme, die ich hatte und die mich schon seit einer sehr langen Zeit beschäftigten, zu gelangen!

Yig Tor

KAPITEL 116

Eigene Heilsiegel

Heilsiegel 1–4

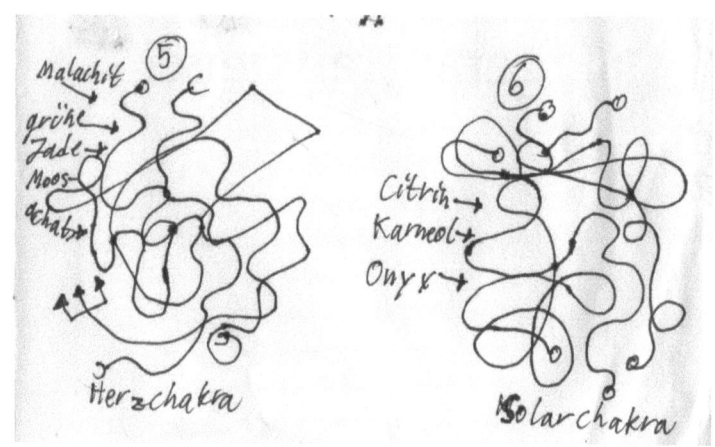

Heilsiegel 5-6

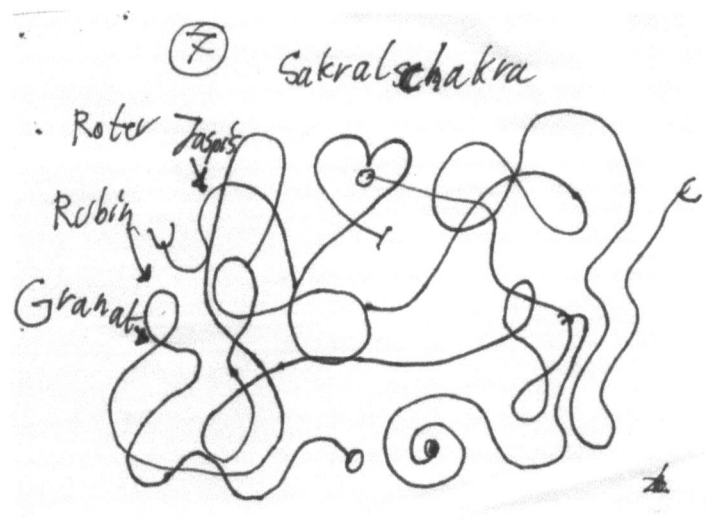

Heilsiegel 7

KAPITEL 117

Das Karmacode Orakel von Humwawa

Dieses Orakel funktioniert so:
Achte mit welcher Jahreszahl du bezahlst und welche du zurückbekommst.

Wenn es Zahlen sind von dir sind, ohne fremde Personen, die dir wichtig sind, dann hat es immer mit deinem Karma zu tun. Auch wenn dich eine dringende Frage beschäftigt. Achte immer auf die Zahlen deiner Umgebung, die du weisst oder kennst. Wenn eine dir unschlüssige Jahreszahl sich dir zeigt, dann lege sie zur Seite, bis sich das Problem von selbst löst. Oder recherchiere beim nächstgelegenen Ort, wo du die Münze erhieltest, was da vorgefallen ist und was mit dem jetzigem Zeitpunkt in Zusammenhang steht. Ahnenforschung ist dabei das Schlüsselwort dazu. (Das gilt vor allem für Fundstücke). Wenn nicht, ist es nicht wichtig. Wenn du mehrere 5-55 Münzen hast, dann reihe sie in einer Reihe vom jüngsten zum ältesten Datum aneinander. 2 gleiche Zahlen kommen untereinander. Beim Ältesten übereinander. Danach teile die Reihe bis zum Schluss in 4er Gruppen auf so dass am Schluss der Rest aufgeführt ist.

Als ich mein Leben rekonstruierte, waren die 5 Räppler die Abgänge Fehlgeburten meiner Verwandt und Bekanntschaften. Der 1. Abgang war 1981. Das war das 1. Kind meiner Mutter MN, bevor ich zur Welt kam. Komischer Weise, stimmt die Zahl als ich mich daran erinnerte, dass das Kind 2 Jahre vor mir zur Welt gekommen wäre! Die Legung hatte ich um ca. um 03.15 Uhr vollzogen! Vom Alter des Kindes wusste ich ca. vor 1 Jahr Bescheid! Also kein Zufall verdammt! Mein Expartner OH hatte 3 Fehlgeburten mit seiner heutigen Exfrau KH erlebt!

Also auch kein Zufall und die Daten mussten stimmen! Die letzte Fehlgeburt war 2018 was wie eine endete, wegen der 3Monatsspritze bei MYS! Auch kein Zufall! Von wegen der Karmacode stimmt nicht! Blödsinn er stimmt!

KAPITEL 118

Die neue Währung

Eine neue Weltwährung würde so aussehen:

5-50 Rappen sind 5-50 Cities

1-5 Franken sind 1-5 Lands

10-50 Franken sind 1-5 Continents

Und 100-500 Franken Noten sind 1-5 Worlds

Die Cities und Lands sind Kupfermünzen und die Noten sind aus 100% recycle barem Papier und Matherialien gefertigt mit dem individuellem Strichcode dazu aufgedruck für jede Note ein Anderer, egal ob Continent oder World.

KAPITEL 119

Wie viele Nullen hat eine Quoquilliarde?

1 Quoquilliquarde hat 51 Nullen mehr als die eigentliche Zahl Google.

Google hat eigentlich nur 99 Nullen. Ansonsten passt sie nicht in das Dezimalzahlensystem!

Die neue Nummer 1 Rekorddezimalzahl ist die Quoquilliquarde

1 Quoquilliquard hat 150 Nullen und eine 1!

Und so ist dieses Buch nun zu Ende.......

Danksagung

Ich bin sehr froh darüber, dass ich es nach über 20 Jahren geschafft habe, dieses Buch fertigzuschreiben und hoffe, dass es euch gefallen hat.

Ohne Unterstützung durch meinen Freundes- und Bekanntenkreis und natürlich auch durch meine Familie wäre dies nicht möglich gewesen.

Deshalb möchte ich allen von ganzem Herzen DANKE sagen.

Über die Autorin

Kim Gallagher ist 1983 in Basel geboren und lebt auch heute noch in dieser Stadt. In ihrer Schulzeit an der Rudolf-Steiner-Schule begingen sie im Eurythmieunterricht Formen von Sternen und Kim Gallagher sah darin, dass die Entstehung von Formen einem ganz bestimmten Muster folgt. Nach dieser Erkenntnis befasste sie sich über Jahre intensiv mit diesem Muster und es erklärte sich für sie, wie Natur und Glaube zusammenpassen. All diese Erkenntnisse hielt sie in ihrem Buch „Das Laonomicon" fest.